Uni-Taschenbücher 876

UTB

Eine Arbeitsgemeinschaft der Verlage

Birkhäuser Verlag Basel und Stuttgart
Wilhelm Fink Verlag München
Gustav Fischer Verlag Stuttgart
Francke Verlag München
Paul Haupt Verlag Bern und Stuttgart
Dr. Alfred Hüthig Verlag Heidelberg
Leske Verlag + Budrich GmbH Opladen
J.C.B. Mohr (Paul Siebeck) Tübingen
C.F. Müller Juristischer Verlag - R. v. Decker's Verlag Heidelberg
Quelle & Meyer Heidelberg
Ernst Reinhardt Verlag München und Basel
K.G. Saur München · New York · London · Paris
F.K. Schattauer Verlag Stuttgart · New York
Ferdinand Schöningh Verlag Paderborn
Dr. Dietrich Steinkopff Verlag Darmstadt
Eugen Ulmer Verlag Stuttgart
Vandenhoeck & Ruprecht in Göttingen und Zürich

Schriftenreihe: Dialog Philosophie
Grundlagen der Erziehungs- und
Sozialwissenschaften
Herausgegeben von Jürgen Naeher

Jürgen Naeher

Einführung in die Idealistische Dialektik Hegels

Lehr-/Lerntext

Leske Verlag + Budrich GmbH, Opladen 1981

Der Autor

Dr. Jürgen Naeher, M.A., geb. 1947, ist Wissenschaftlicher Assistent (H 1) am Erziehungswissenschaftlichen Institut der Universität Düsseldorf.

Der Hauptteil dieses Buches wurde 1978/79 abgeschlossen.

© 1981 by Leske Verlag + Budrich GmbH, Opladen
Druck: Hain-Druck GmbH, Meisenheim/Glan
Buchbinderische Verarbeitung: Sigloch-Henzler, Stuttgart
Einbandgestaltung: A. Krugmann, Stuttgart
Printed in Germany
ISBN 3-8100-0272-0

Inhalt

Vorwort 7

Einleitung 9

I. Hinführung – zu den Hegeltexten, Kommentaren und Aufgaben (Erste Orientierung über notwendiges Vorwissen) 21

II. Der Anfang der „Phänomenologie des Geistes", Kapitel 1 49

III. Exkurse: Einbeziehung des Anfangs der „Wissenschaft der Logik" 65

IV. Fortgang des Anfangs: „Phänomenologie des Geistes", Kapitel 1 – der 3. und 4. Absatz 83

V. Kommentare zu den weiteren Absätzen des 1. Kapitels der „Phänomenologie des Geistes" 103

VI. Gesamtrückblick und Vorausblick 145

VII. Ausblick: Nachhegelsche Dialektik 149

VIII. Literatur (in Auswahl) 159

IX. Text-Anhang 165

X. Lösungsvorschläge zu den Aufgaben 171

XI. Glossar 185

Vorwort

„Besonders der Anfang der ‚Phänomenologie des Geistes', nämlich die Dialektik der sinnlichen Gewißheit, setzt dem Verständnis oft einen scheinbar unüberwindlichen Widerstand entgegen."[1]

Ein Buch, das, wie das vorliegende, in die Idealistische Dialektik (Hegels) vorrangig am Beispiel der berühmten „Phänomenologie des Geistes" (im folgenden: PhdG) einführen will, am Beispiel also eines der schwierigsten Texte der philosophischen Literatur überhaupt: muß das auch ein besonders schwieriges Buch sein?

Es wäre unverantwortlich, in diesem Vorwort den Eindruck nahezulegen, daß es — *trotzdem* — durchweg „ganz leicht" zugehen wird, z. B. aufgrund der Darstellung. Unverantwortlich nicht nur, weil dem *Text* der PhdG vom besonders schwierigen Anfang her gefolgt wird — über eine weite Strecke.

„Kein Problem!" sagt die Sprache des Alltags ja dort, wo es wahrhaftig um keine philosophischen Probleme geht, um keine philosophischen Problemstellungen. Jedenfalls um noch keine, bzw. um solche, die noch nicht als philosophisches Problem bewußt sind.

Philosophie — Dialektik zumal — ist kein bequemer Weg zum Ziel; keine bequeme Methode etwa (griech.: methodos heißt ja: der Weg).

„*Vermittlung*", ein zentrales Motiv der Dialektik, ist kein „goldener *Mittel*weg" (Vermittlung, einmal populär gesprochen: als „Synthese" von „These" und „Antithese").

Banalisierung darf nicht der Preis sein; Vereinfachung darf nicht Simplifizierung, Abkürzung nicht *Ver*kürzung bedeuten.

---

1 W. Wieland: Hegels Dialektik der sinnl. Gewißheit, a.a.O., S. 69. — Die kompletten Literaturangaben zum Thema Dialektik (insbes. Hegels) finden sich im Literatur-Verzeichnis, im Anhang. —

Im Gegenteil muß sich die Einführung oftmals längere Wege suchen; am Wegesrand (des Textes) immer wieder innehalten, zurückblicken, voraus — über ihn hinaus . . .

Didaktisch halte ich mit Hegel erst den *entfalteten* Begriff, die *entfaltete*, mithin *zugemutete* Theorie für *zumutbar*, für „konkret" (in einem höheren Sinne); halte ich m. a. W. erst durch solche Entfaltung hindurch ernstzunehmende Annäherung für möglich.

Was dem Leser, der diesen Weg selber gehen muß, abgenommen werden konnte, ist m. E. dadurch bezeichnet, daß ein ziemlicher Teil der philosophischen „Anstrengung des *Begriffs*" (wie Hegel es genannt hat; d. i.: — des *Begreifens*) meinerseits darauf verwendet wurde, den Text, wie seine Interpretation, möglichst weitgehend und möglichst Vielen verständlich zu machen[1].

Dem sind selbstverständlich Grenzen gesetzt; auf seiten des Lesers (der „Zielgruppe") dürfte immerhin die Möglichkeit, *„wissenschaftliche* Weiterbildung" betreiben zu können, von diesem Buch gefordert sein — Weiterbildung, wie sie etwa ernstzunehmendes Fernstudium anbietet (Funkkollegs, Fernuniversität Hagen[2]) . . .

Diese Einführung in die Idealistische Dialektik (Hegels) geht, wie ein Strang der Reihe „*Dialog Philosophie*" insgesamt, u. a. von dem leitenden Gedanken aus: Philosophie sollte nicht nur für Wenige verständlich sein; wo sie beansprucht, in gewisser Weise für alle da zu sein, wo sie nämlich beansprucht: sich verantwortungsbewußt für alle Gedanken zu machen — und: über alle(s) . . .

Leichte Überforderung, die dies Buch passagenweise abverlangt — nach Theorien der Pädagogischen Psychologie überhaupt erst „motivierend" —, sie scheint mir auf besondere Weise in der Sache begründet, die das Zentrum dieses Buches ausmacht: der Idealistischen Dialektik Hegels . . .

---

1 Eingelöst werden sollte damit, wo irgend möglich, der Anspruch der „Wissenschaft" (d. i.: Philosophie), wie ihn bereits Hegel formuliert: der Anspruch auf „Verständlichkeit", als Verzicht auf „esoterisches Besitztum einiger Einzelner" (PhdG, Vorrede, a.a.O., S. 16f.; im folgenden zitiert nach der Ausgabe des Meiner-Verlages. Stuttgart [6]1952. — Hervorh., wo nicht anders angegeben, v. Hegel). —

2 Vgl. dazu etwa: J. Naeher: Bildungssystematische Bedingungen eines Fernstudiums im Medienverbund — Hochschule, Weiterbildung, Massenmedien. In: J. H. Knoll (Hg.): Internationales Jahrbuch der Erwachsenenbildung. Bd. 6 (1978), S. 35-60. —

Einleitung

Ein auf besondere Weise *philosophiegeschichtlich* akzentuiertes Thema wie die Idealistische Dialektik*¹ Hegels, der darzustellende Bezug (ausgesprochen oder unausgesprochen) zu philosophischen Systemen* von Vorgängern, erinnert zugleich daran, daß die traditionelle Rolle der Philosophie die der ‚Mutter' der Wissenschaften war, bzw. sein sollte: Hegel will noch einmal, darin der großen antiken Metaphysik* verwandt, die Wissenschaften philosophisch zusammenfassen — und zwar wesentlich, indem er die gesamte Philosophie vor seiner Zeit zusammenzufassen sucht². Die arbeitsteilige Denkweise, welche das menschliche Denken in „Fächer", in Wissenschaften und deren Gegenstandsbereiche, Methoden usf. zerlegt, sollte auf diese Weise noch einmal aufgehoben werden — bewußt widersprüchlich —, inmitten einer Gesellschaft, die von Arbeitsteilung bereits extrem bestimmt war.

Damit kommt zugleich die *werkgeschichtliche* Dimension unserer Einführung in die Idealistische Dialektik ins Spiel — Hegels Werk *insgesamt*, als ein *philosophisches* System von Wissenschaften (etwa: Gegenstandsbereichen usf.), die damit *philosophisch* gefaßt werden.

Auf die *philosophiegeschichtliche* wie *werkgeschichtliche* Dimension werden wir zuerst im Rahmen unserer *Hinführung* (Kap. I) eingehen. Hier muß der Hinweis genügen, daß Hegel die PhdG ursprünglich als *„Erste(n) Teil"* eines *„System(s) der Wissenschaft"* konzipiert hat.

---

1 Die mit * gekennzeichneten Begriffe werden im Glossar (Anhang, S. 185ff.) erläutert. Prinzipiell wird der jeweilige Begriff bereits im Text selber verdeutlicht — zunehmend gilt dies für den Zusammenhang des Textes und hier insbes. für den Hauptteil des Buches. Das Glossar holt demnach mehr Zusätzliches, Hintergründe ein. —
2 In der (im Nachhinein verfaßten) Vorrede zur PhdG spricht Hegel in diesem Zusammenhang von der „fortschreitende(n) Entwicklung der Wahrheit"* (a.a.O., S. 10). —

Die PhdG *soll* daher selber, *in nuce**, im Keim, ein solches philosophisches System bereits entwickeln und wurde demgemäß etwa als Programm der *Geistes*wissenschaften gelesen (vgl. unten, S. 156, Anm. 2).
(Der Beginn der Reihe *"Dialog Philosophie"* mit der *PhdG* hat auch Gründe, die mit der Konzeption *kritisch* gefaßter Geisteswissenschaften zusammenhängen!)
Hegel schrieb in der berühmten Vorrede:

"Die wahre Gestalt, in welcher die Wahrheit existiert, kann allein das wissenschaftliche System derselben sein. Daran mitzuarbeiten, daß die Philosophie der Form der Wissenschaft näherkomme, – dem Ziele, ihren Namen der *Liebe* zum *Wissen* ablegen zu können und *wirkliches Wissen* zu sein, – ist es, was ich mir vorgesetzt." (A.a.O., S. 12).

Und schließlich:

"Daß das Wahre nur als System wirklich, oder daß die Substanz wesentlich Subjekt ist, ist in der Vorstellung ausgedrückt, welche das Absolute als *Geist* ausspricht, . . ." (a.a.O., S. 24).

Zu dem von Hegel solcherart programmatisch bestimmten "wirklichen Wissen" – als letztlich: "absolutem Wissen" – gehört wesentlich, daß die "wahre Gestalt, in welcher die Wahrheit existiert", sich in der *Geschichte* ("Weltgeschichte"; a.a.O., S. 28) als Gestal*ten* des Geistes objektiviert und damit zugleich *reale* Gestalten darstellen soll, nicht allein* "logische".
(Vgl. Inhaltsverzeichnis der PhdG, unten, S. 43ff.).
Hegel widmet (insbes. in späteren Vorlesungen) solchen und ähnlichen Gestalten, Gegenstandsbereichen philosophisch gefaßter Wissenschaft(en), eigene Darstellungen. Diese Darstellungen entsprechen klassischen philosophischen Disziplinen, u. a.: Geschichtsphilosophie, Staats- (Rechtsphilosophie), Religionsphilosophie, Kunstphilosophie (Ästhetik); aber auch: Naturphilosophie (einschließlich: einer Philosophie der Sittlichkeit).
Immer wieder kommt bei der philosophischen Gestaltung jener *"wirklichen"* Gestalten die insbesondere in der PhdG (und in der "Wissenschaft der Logik"; im folgenden: WdL) entwickelte Dialektik zum tragen, als eine (i. w. S.) erkenntnistheoretische* Methode"[1]. Deshalb, weil auch Geschichts-,

---

1 Zur besonderen "Methode" Hegelscher Dialektik, jenseits von bloßem "Formalismus" (a.a.O., S. 41), vgl. a. a.O., S. 39ff. – Hegel: "Ebensowenig ist . . . derjenige Gebrauch dieser Form

Staats-, Religionsphilosophie, usf. für Hegel letztendlich in der Idee der *dialektischen* Einheit des Geistes kulminieren — Dialektik ist ihm zugleich Gesetz der Wirklichkeit, wie ihrer Erkenntnis.

Dies legitimiert, daß man Hegels Dialektik, wie sie das vorliegende Buch erarbeiten läßt, auch *ohne vorschnelle* Übertragung bis in die (zunächst: *philosophischen*) Einzeldisziplinen und in ihre Gegenstandsbereiche erst einmal folgen kann[1]. Daß sich *Erkenntnistheorie** zu *jenen* nicht unmittelbar, vielmehr selber *dialektisch* verhält, ist dabei in jedem Fall zu berücksichtigen.

Dürfte solche Übertragung von Erkenntnistheorie (im zunächst weitesten Sinne) auf Einzeldisziplinen bereits nicht unkritisch geschehen, so ist freilich noch problematischer zu sehen, wiefern man — etwa von diesen philosophischen Disziplinen her — wahrhaft produktive Übertragung (Transfer, i. w. S.) auf entsprechende Wissenschaften (bzw. Fächer) leisten kann; z. B.: Geschichte, Politik, Soziologie/ Gesellschaftslehre (u. ä.), Religion, Kunst, Literatur/-Wissenschaften, Musik, aber auch z. B. auf die Sprachwissenschaften[2] (bereits das von unserer Einführung kommentierte 1. Kap. der PhdG geht auf die Sprache ein).

Gerade Übertragung auf gegenwärtige Philosopheme/ Theoreme kann dabei m. E. nur heißen: *in Beziehung setzen;* das Erkennen und Schaffen von notwendigen Bedingungen, von Grundlagen, die *Vergleich* ermöglichen, die ihn anstoßen. Nicht kann Transfer das rezepthaft projizierende Identischsetzen mit gegenwärtigen (und absehbar künftigen) wissenschaftlichen Theoremen sein.

M. a. W. sollen *Aspekte* der Wissenschaften, Fächer, Sachgebiete angesprochen sein, die sich in besonderem Maße

(d. i.: die wahrhafte Form in ihrem wahrhaften Inhalte; J. N.) für etwas Wissenschaftliches zu halten, durch den wir sie zum leblosen Schema, zu einem eigentlichen Schemen und die wissenschaftliche Organisation zur Tabelle herabgebracht sehen." (A.a.O., S. 41). —

1 Insofern ist für unsere Einführung in die „Methode" der Idealistischen Dialektik Hegels erst von zweiter Bedeutung, wie Hegel später den Stellenwert der PhdG und damit zugleich sein System verändert hat. Vgl. dazu knapp, unten, Kap. I (z. „werkgeschichtlichen Stellenwert" der PhdG). Ausführlich dazu: O. Pöggeler: G. W. F. Hegel: Philosophie als System, a.a.O. —

2 Seit längerem zeigen sie sich von Sprachphilosophie beeinflußt. — Zur sprachphilosophischen Dimension der Hegelschen Philosophie, vgl.: J. Simon: Das Problem der Sprache bei Hegel, a.a.O. —

philosophischer Reflexion erschließen, wie sie andererseits diese Reflexion aufschließen helfen. Freilich auch solche Aspekte, denen man derartige Reflektierbarkeit nicht ohne weiteres „ansieht". Dem entspricht, daß nicht allein „fachspezifische" Elemente Hegelscher Philosophie in Betracht kommen (z. B. für die Soziologie: staats-, geschichtsphilosophische).

Der Gang des (zunächst mehr *inhaltlich* verstandenen) Transfers kann bis zu jenen Grenzen reichen, wo ein „Fach" in das andere übergeht (z. B. Literaturwissenschaften in Geschichtsphilosophie); der *strukturierende* Stufengang, welcher Hegelsche Dialektik ausmacht und wie er in diesem Buch von der „Erkenntnistheorie" her vorgeführt wird, kann schließlich in mannigfaltige Denk-, Erkenntnisprozesse produktiv eingebracht werden (mehr *formal* verstanden).

Damit dürfte der Hegelschen Dialektik eine hohe Bedeutung auch für die neuere Diskussion um *Wissenschaftstheorie* zukommen. Dem entspricht, daß Hegels „System der Wissenschaft" (dessen 1. Teil die PhdG darstellen soll) den Status des „Erkennens" (vgl. Vorrede der PhdG), der Erkenntnis, davon herleitet, wiefern dieses Erkennen für das Wissen, für die Wissenschaftlichkeit konstitutiv ist.

Eine ganz besondere Rolle aber kommt m. E. den Möglichkeiten zu, Hegels Dialektik in den Bereich der *Erziehungswissenschaften* einbeziehen zu können. Hierbei ist nicht allein an Hegels Darstellungen zu Sittlichkeit und Moralität gedacht[1], an die besondere Affinität von Ethik und Pädagogik/Erziehungswissenschaften. Als Wissenschaft des Geistes, als besondere „Erkenntnistheorie", hat etwa die PhdG insgesamt (auch gleichsam „inhaltlich", nicht allein methodologisch) viel mit jenen Wissenschaften zu tun, die sich auf pädagogische, didaktische, auf lehr-lerntheoretische Weise mit dem „Geist" (und seinen Objektivationen) auseinandersetzen[2].

---

1 Vgl. etwa: PhdG, C., BB. Der Geist, a.a.O., insbes. S. 313ff. u. 423ff. –

2 Sofern Sie (etwa als Lehrer oder Hochschullehrer, als Student) eine solche Wissenschaft vertreten, sei Ihnen dieser Band daher in besonderer Weise nahegelegt; zugleich die Geduld, wie auch die Perspektive, Transfer im Rahmen von Folge-Bänden dieser Reihe leisten zu können. – Ein solcher Transfer ist mit „Dialog Philosophie – Grundlagen der Erziehungs- und Sozialwissenschaften" ganz wesentlich gemeint. – Zum Thema einer dialektischen Erkenntnistheorie, die zugleich pädagogisch (-psychologisch) konzipiert ist, vgl.: K. F..Riegel (Hg.): Zur Ontogenese dialektischer Operationen, a.a.O. –

Vermittelt hat dies mit unserer „Einführung in die Idealistische Dialektik Hegels" *insgesamt* zu tun:
Wenn Hegels PdhG einen Stufengang des Geistes, des Bewußtseins nachvollzieht, der vom (nur vorgeblich „rein") Anschaulichen, Konkreten zum letztlich höchsten philosophischen Begriff, zum vermittelt „Abstrakten" und damit zu höherer „Konkretion" (weil *Entfaltung*) führt (so, wie es etwa in vielen Unterrichts-, ja Lern-Prozessen der Fall ist, sei es abgekürzt), dann wird dabei von Hegel tatsächlich auch, modern gesprochen, ein „*Lernprozeß*" (i. w. S.) vorgeführt; und zwar in *(zugleich)* mindestens zweifacher Weise — und jeweils noch mehrfach in sich gebrochen:

1. als derjenige „Lernprozeß", bei dem sich der Geist seiner selbst bewußt wird — *zugleich im* Einzelnen, im Individuum; und dies — *zugleich* — als ein auch geschichtlicher Prozeß:

Hegel:
„Der einzelne muß auch dem Inhalte nach die Bildungsstufen des allgemeinen Geistes durchlaufen, aber als vom Geiste schon abgelegte Gestalten, als Stufen eines Wegs, der ausgearbeitet und geebnet ist; . . ." (a.a.O., S. 27)[1].

2. als derjenige „Lernprozeß", den der Leser eines solchen Hegelschen Werkes dabei durchläuft, indem er den Gang des „(Welt)Geistes" nachvollzieht.

Was schien notwendiger, als daß diese ‚Einführung in die Idealistische Dialektik Hegels — am Beispiel der PhdG', bei der durchgeführten (didaktischen) Planung bzw. „Organisation" dieses Lernprozesses (welcher der des Lesers sein soll), sich selber der Abfolge von Hegels *Text*, prinzipiell Wort für Wort, zumindest Satz für Satz, Absatz für Absatz kommentierend anvertraute: didaktische Stufe für didaktische Stufe . . .

---

[1] U. a. dies Theorem, das Hegel, als das vom „Fortschreiten" (ebda.), bezeichnenderweise ein „pädagogische(s)" nennt (ebda.) und das die „Geschichte der Bildung der Welt erkennen" läßt (ebda.), hat entsprechend gerade in der Pädagogik, insbes. in der „Geisteswissenschaftlichen Pädagogik" bzw. der „Geisteswissenschaftlichen Bildungstheorie" Wirkung hervorgebracht; auch kritische; ein Folgeband dieser Reihe wird u. a. hierauf Bezug nehmen. — Hier verwende ich den Begriff des Lernprozesses, der in den Erziehungswissenschaften den Bildungs-Begriff wesentlich abgelöst hat, übergreifend: als „Arbeitsbegriff" soll er heuristisch*, vorläufig, Bildung und Lernen (vgl. PhdG, a.a.O., S. 17) abdecken. —

Kommt schließlich mit der Möglichkeit, Hegels Dialektik wie Sie sie hier kennenlernen, auf Ihnen vertraute Sachgebiete (Fächer etc.) transferieren zu können, die Bedeutung dieser Philosophie für die *aktuale* Situation herein, so ist diese Bedeutung keineswegs auf die Wirkung beschränkt, welche von Hegel auf Gegenwartsphilosophien noch immer ausgeht (auf nachhegelsche Dialektik z. B.; *solche* Philosophiegeschichte spricht der Schluß dieses Buches in Aspekten an, indem die Linien unserer Hegel-Interpretation verlängert werden!)

Ein Beispiel aus der Geschichts- und Sozialphilosophie: Lenin stellte (1914!) fest, ,,daß nach einem halben Jahrhundert keiner von den Marxisten Marx begreifen könne, ohne zuvor die *ganze* Logik Hegels durchstudiert zu haben"[1]; und sinngemäß wurde derartiges oft für die PhdG konstatiert.

Also Hegel studieren, um – z. B. – Marx besser verstehen zu können, die Materialismus-Diskussion? Nicht nur. Zumindest nicht als eine Reduktion sozialphilosophischer Fragestellungen auf Philosophiegeschichte. Vielmehr als vitalen Nachvollzug, vitales Nachvollziehenkönnen von Diskussionen, die *u. a.* in den Sozialwissenschaften (auch in den Erziehungswissenschaften) zentral z. B. dem *Erfahrungs**-Begriff gelten – als einem Theorem mit offenbar hohem ,,spezifischen Gewicht". (,,Wissenschaft der *Erfahrung* des Bewußtseyns" im übrigen sollte die PhdG ursprünglich heißen!)

Damit hängt z. T. durchaus zusammen, daß ein bedeutender Strang der Forschung, sowohl innerhalb der Philosophie als auch namentlich innerhalb der Erziehungs- und Sozialwissenschaften, sich gegenwärtig (und seit geraumer Zeit) verstärkt dem Problem des *Alltags* zuwendet[2]: Das Verhält-

---

1 F. Fulda/D. Henrich (Hg.): Materialien . . ., a.a.O., S. 23f. –
2 Verdeutlicht sei dies am Beispiel der ,,Ethnomethodologie", einem Strang insbes. der Soziologie: Sie setzt bei den individuellen Gesellschaftsmitgliedern (,,Ethnen") an – deren ,,alltäglichen Handlungssituationen", in denen ,,das Individuum . . . seine Wissenssysteme reflexiv, methodisch und situationsbezogen zu gebrauchen" ,,kompetent" ist (E. Weingarten/F. Sack: Ethnomethodologie. Die methodische Kontruktion der Realität. In: E. Weingarten u. a. [Hg.]: Ethnomethodologie. Beiträge zu einer Soziologie des Alltagshandelns. Frankfurt/M. 1976, S. 20).–
Zur erziehungswissenschaftlichen Diskussion etwa: K. Mollenhauer/C. Rittelmeyer: Methoden der Erziehungswissenschaft. München 1977, passim. –

nis von Philosphie, von Wissenschaft(en) zum Alltag, z. B. zur Alltagserfahrung, zur Alltagssprache[1], wird immer mehr zum Gegenstand, bis hin zu methodologischen Überlegungen zu Verfahren der Er-Forschung. Für die (betr.) Philosophien bedeutete dies m. E., wie sehr ihnen im wesentlichen deutlich wurde, daß sie den traditionellen Anspruch der Philosophie, *Mutter* der Wissenschaft(en) sein zu können, nur dann annähernd durchzuhalten bzw. wieder aufzunehmen imstande sind — wie auch immer verwandelt —, wenn sie sich zugleich als ein *Verwandter* der lebendigen Menschen zu *erkennen* geben. Wenn sie den individuellen, wie gesellschaftlich begriffenen Menschen nicht letztlich allein lassen. Wenn sie zu dessen Emanzipation wahrhaft beitragen.

Philosophie übernimmt damit eine hohe Verantwortung. Je mehr einzelne Wissenschaften zwar Fortschritt(e), z. B. technologisch, gebracht haben, im anderen Extrem aber die zunehmende Vernichtung der Natur — letztlich der Natur des Menschen selber; je mehr Wissenschaften dies zumindest nicht verhindern konnten, desto mehr müßte Philosophie ernst zu machen suchen mit ihrer Funktion und Aufgabe, gerade den (im gleichsam *wörtlichen* Sinne) ,,Humanwissenschaften"[2], wo nicht Mutter zu sein, so doch noch verantwortlich zur Seite zu treten. Zu dieser Verantwortung gehört dann freilich, daß Philosophie den Menschen auch in seiner *alltäglichen* Situation gleichsam abholt[3].

Z. B., indem sie seine Alltags-Sprache reflektiert.

Dieser Bezug auf die Alltags-Sprache muß auch in jenem zweiten Sinne gelten: demjenigen Sinne, irgend verständlich zu sein — ohne sich ,,anzubiedern", ohne Alltags- und Wissenschafts-Sprache nur zu vertauschen, zu vermischen. Dies heißt m. a. W. nicht, daß Philosophie, wie plötzlich,

---

1 Exemplarisch kann hier die ,Philosophie der normalen Sprache' (,,ordinary language philosophy") genannt werden, u. a. die Vertreter: J. L. Austin, G. Ryle, P. F. Strawson, H. P. Grice. Ebenso wie Theoreme von J. Habermas zu einer Kommunikationstheorie, die jene ordinary language philosophy aufnimmt, wurde diese angelsächsische Philosophie selber durch den späten Wittgenstein angeregt. (Im Zusammenhang mit Hegel, vgl. dazu unten, S. 53, bzw. den Wittgenstein-Text im Anhang.) —

2 Gemeint sind insbesondere jene Wissenschaften, die die Praxis der (i. w. S.) Erziehungs- und Sozialberufe (,,helping professions") reflektieren, auch in der Vorwegnahme von Bedingungen, unter denen solche Praxis möglich wird. —

3 Imgrunde hat sie dies immer wieder versucht, spätestens seit dem 19. Jh. —

aus dem geschichtlich ausgearbeiteten Zusammenhang ihrer hochkomplexen Problemstellungen gleichsam herausspringen kann; wo solches überhaupt versucht wird, da ist jene simple Vereinfachung der *Sprache* das Resultat, welche eine unzulässige Vereinfachung der *Probleme* mit sich bringt. (Was bereits das *Vorwort* zur „Anstrengung des Begriffs", zur Notwendigkeit der *Entfaltung* von Theorie gesagt hat, ist hier hinzuzudenken).

Noch einmal: Verkürzt man die Entfaltung von Theorien, ihrer Begriffe, in der Annahme, sie würden damit anschaulicher („konkreter"), so werden sie gerade abstrakt. Erst das Entfalten von („abstrakten") Theorien, so *abstrakt* es sich auch zunächst darstellen mag, macht sie „konkret".

Es ist damit erneut wenigstens *umrissen,* worum es der Hegelschen PhdG, wie zugleich dieser Einführung in sie gehen wird, formal, wie inhaltlich: um die Entfaltung des Begriffs; um die Anschauung*, das „unmittelbare", gleichsam alltägliche „natürliche Bewußtsein" (PhdG), das nach Hegel freilich erst als Begriff zugleich, letztlich als „absolutes Wissen" bei sich selber ist.

Da Hegel auch das „natürliche Bewußtsein" nicht in einer *alltäglichen* Sprache formulieren kann, eben weil es ein *imgrunde* bereits hochkomplexes Bewußtsein ist, das in der Philosophie zu sich kommen soll, erschien innerhalb einer *Einführung* in die Idealistische Dialektik (Hegels) von Anfang an etwas wie *didaktische Transformation* vonnöten[1].

Wissenschaftliche Bücher bemühen sich prinzipiell um einen einsichtigen Aufbau. Wofern dieser Aufbau auf jene besondere Weise durchschaubar gemacht wird, mit der es das vorliegende Buch unternimmt, soll das Zurechtfinden irgend erleichtert werden, durchaus auch dort, wo der Leser den (verdeutlichten) Aufbau als nicht plausibel empfindet. Es präsentiert sich dem Leser mithin keine geglättete Gesamtstruktur; die Spuren der Erarbeitung sollen vielmehr insoweit sichtbar bleiben, als sie Stufen des Lernprozesses seitens des Lesers darstellen dürften. Insofern sind es durch-

---

1 Diese Transformation ist nicht zu verwechseln mit jenem Transfer, jener Übertragung, die Ihnen auch am Ende des Bandes als selber zu leisten überantwortet ist — jedenfalls, solange nicht Folge-Bände diesen Transfer vorführen, bzw. anregen: ist nicht zu verwechseln mit der Möglichkeit der Übertragung auf andere Werke Hegels, auf Werke von Nachfolgern; auf vielfältige Fach- und Sachgebiete. —

aus auch *simulierte* Spuren der „Erarbeitung"; solche, die sich erinnern wollen, wie Erkenntnisse über Dialektik einmal gewonnen wurden, und die dies zugleich (i. w. S.) *„formulieren"*.
Formal gesehen gehört dazu etwa auch das häufige Zerlegen von Hegel-Textteilen und Kommentar.
Auf den ersten Blick könnte dies Buch für ein „Programm" gehalten werden, welches „Programmiertes Lernen" („PL") abverlangt. Doch dies nur auf den ersten Blick: Da sind zwar die Stichworte am Rand der Seiten („Marginalien"), da sind die Aufgaben, die immer wieder den Gang des Kommentars unterbrechen, dazu auffordern, sie zu lösen (beides ab Kap. II).
Ohne Frage sind *Elemente* von „Programmiertem Lernen" tatsächlich unterlegt. Insofern nämlich „PL" m. E. für die Darstellung der Sache fruchtbare Elemente birgt. Dies ist zugleich nicht mehr „PL":

Die Marginalien

Ihnen kommt durchaus (auch) eine den „Lernprozeß" (im o. g. Sinne) *„steuernde"* Funktion zu. Doch will der Text, allein deshalb, nicht als starr ablaufendes Programm gelesen werden.

Die erste Funktion der Marginalien (Hinweis zur Typographie: die unterstrichenen Marginalien)
Z. B.: Aufgabe, Wiederholung, Zusammenfassung etc.

Diese (mehr formalen) Marginalien geben an, markieren, wie Wegweiser, an welcher Stelle des Lernprozesses Sie gerade stehen.

Sie wollen nicht Anweisungen geben; eher: Anleitungen, Anregungen u. dgl. (Der Lehrer/Dozent kann und soll auf diese Weise nicht ersetzt werden — allenfalls bei der ersten Lektüre). Sie sollten daher öfter „ausprobieren", von diesen Anleitungen abzuweichen. Z. B., eine Wiederholung, eine Zusammenfassung nicht in Anspruch zu nehmen, ein Beispiel nur zu „überlesen"; sich Alternativen auszudenken. Zugleich zu diesem Ziel und Zweck wurden die einzelnen Lernschritte kenntlich gemacht! (Ermöglicht wird nicht zuletzt, die „Geschwindigkeit", mit der diese Lernschritte aufeinander folgen, eher selbst zu bestimmen, etwa das Innehalten, das Zurück-, gar das Vorausgehen, das Überspringen).

Die zweite Funktion der Marginalien (Hinweis zur Typographie: nichtunterstrichene Marginalien)
Z. B.: „Aufhebung" bei Hegel.

Diese (mehr inhaltlichen) Marginalien geben Orientierungen, mit welchen Sachgehalten Sie sich gerade befassen.
Oft stellen jene Stichworte daher Hegelsche Begriffe, bzw. ganze Zitatteile dar, oder stehen ihnen nahe.
Auch insofern solche „inhaltlichen" Marginalien die „formalen" dominieren, entfernt sich diese „Einführung in die Idealistische Dialektik Hegels" von „PL".
Zusammenfassend läßt sich zu den Marginalien feststellen, daß sie manchesmal zunächst als bloße Verdopplung des im Text Gesagten wirken können, als allzuselbstverständlich; daß sie jedoch nicht zuletzt beim vertiefenden Lesen, schließlich beim Nachschlagen, Hilfen geben können. Und, daß sie als „inhaltliche", bereits beim ersten Erarbeiten motivieren sollen, solche begrifflich geschärften Zusammenfassungen selbst an den Texten zu unternehmen.

Die Aufgaben/die Lösungsvorschläge

„Aufgabe 1" − dies ist ein Beispiel für eine Marginalie. So, wie Sie diesen Orientierungshilfen insgesamt nicht ohne weiteres folgen müssen, so müssen Sie die Aufgaben nicht unbedingt lösen − zumal nicht alle.
Wie sehr es, im Sinne der „Selbstüberprüfung", zu empfehlen ist, kann das Lösen doch exemplarisch, oder nachgängig, nach und nach erfolgen.
Der Fortgang sollte auch dann verständlich sein, wenn Sie die Aufgaben nicht lösen. In diesem Falle kommt den *Erläuterungen* (nach jeder Aufgabe) besondere Bedeutung zu.
D. h.: Aufgabe − Lösung(svorschlag) − (Erläuterung), das ist kein Schema, das zwingen will. Aufgabe − Lösung, das kann auch wie ein *Dialog* gelesen werden, bei dem Probleme aufgeworfen, artikuliert werden (etwa wie im Seminar; im Unterricht) − und bei dem dann Antworten *versucht* werden.
Mir schien, daß durch diese dialogische Struktur besonders deutlich wird, daß Philosophie (spätestens seit Platon, der Platonischen Dialektik) die Kunst des Immer-Weiter-Fragens ist: *„Dialog Philosophie"!* (Der Titel der Reihe, in der dies Buch steht, hat auch diesen Sinn).

Mir schien diese Struktur einem Buch über die Hegelsche Dialektik besonders angemessen:

— weil Philosophie gerade in der Dialektik, wie sie Hegel vollenden will, die hohe Kunst erreicht, Fragen Antworten zu konfrontieren, zu „Synthesen" als vorläufig letzten Antworten und zugleich neuen Fragen zu gelangen;

— weil auch Hegel, deshalb nicht zufällig, in der PhdG von Anfang an einen Dialog sich abspielen läßt: zwischen dem naiven, vorwissenschaftlichen Bewußtsein und dem Bewußtsein der Philosophie (dem „absoluten Wissen", als das der „absolute Geist" sich selber weiß, als das er sich selber bewußt ist).

Abschließend: Mit der didaktisch organisierten Anlage des Buches ist nicht in eins eine „Lehrmeinung" gesetzt, die gleichsam „einzupauken" wäre. Einzig angesichts der besonderen Komplexität des zu interpretierenden, zu kommentierenden Textes, seiner philosophiegeschichtlichen, werkgeschichtlichen und werkimmanenten Dimension (vgl. die folgende *Hinführung*), mußte auf eine *Dokumentation* der entsprechend komplexen, vielfältigen Forschungsmeinungen in diesem Band noch verzichtet werden; wiewohl solche Forschungsmeinungen bereits implizite eingingen[1].

---

1 Besondere Impulse verdanke ich dabei K. H. Haag, namentlich einigen seiner Lehrveranstaltungen an der Frankfurter J. W. Goethe-Universität zwischen 1968 und 1971. —
Hinweise verdanke ich insbes. M. Meyer, sowie L. Zahn. —

I. Hinführung — zu den Hegeltexten, Kommentaren und Aufgaben (Erste Orientierung über notwendiges Vorwissen)[1]

1. Zum philosophiegeschichtlichen Stellenwert

Hier soll die besondere Stelle bezeichnet werden, welche die Idealistische Dialektik Hegels im Ganzen der ihr zuvorlaufenden Philosophiegeschichte einnimmt.

Konnte die Einleitung davon sprechen, daß Hegels Dialektik selber in hohem Maße die Geschichte der Philosophie herbeiruft, weil sie sich als Abschluß der großen europäischen Systeme versteht, so reicht es im Rahmen einer Einführung in jene Dialektik zu, *exemplarisch* Aspekte vor Augen zu führen, auf die Hegel in *besonderer* Weise Bezug nimmt. Sollen solche Aspekte (bzw. Elemente) im Laufe unserer Darstellung nach und nach dort *vertiefend* eingeholt werden, wo sie Hegels Text verlangt, so will die folgende Charakterisierung des philosophiegeschichtlichen Stellenwerts vorab zum unmittelbaren *Anfang* der PhdG *hinführen*. Gerade, um dem Leser nicht die Möglichkeit eines weitgehend unbefangenen Erarbeitens zu verstellen, diese Möglichkeit vielmehr vorzubereiten.

In jenem Anfang der PhdG spielt Hegel auf Vorgänger zwar lediglich an. Doch ist gleichwohl die Auseinandersetzung mit Grundannahmen philosophiegeschichtlicher Positionen zentral für seine Argumentation — umso exemplarischer. Es sind dies insbes.: die Positionen des *Rationalismus* und des *Empirismus*.

1.1 Der Rationalismus

Exemplarische Vertreter des Rationalismus (Hauptwerke, u. a.):

---

[1] Vgl. als *weitere* primär orientierende Abschnitte: etwa Kap. III (insbes. den 2. Exkurs). —

R. Descartes (1596-1650): Discours de la méthode, pour bien conduire la raison et chercher la vérité dans les sciences (1637). –
Ders.: Meditationes de prima philosophia (1641). –
Ders.: Principia philosophiae (1644). –
B. de Spinoza (1632-1677): Ethica, ordine geometrico demonstrata (1677). –
G. W. Leibniz (1646-1716): Monadologie (1714; posthum veröff., 1840). –
Ders.: Essais de théodizée sur la bonté de Dieu, la liberté de l'homme et l'origine du mal (1710). –
Ders.: Neue Versuche über den menschlichen Verstand (1704; posthum veröff., 1765). –

Metaphysik und Rationalismus

Gegenüber der Metaphysik von Antike und Mittelalter vollzieht rationalistische Philosophie die berühmte neuzeitliche Wende zum Subjekt.*
Der metaphysische Realismus des Aristoteles (384/83 v. Chr. - 322/21), wie der scholastische* des Thomas von Aquin (1225/26 - 1274), hatte noch dem Wesen*, der Wahrheit der Dinge – den Wesenheiten in den Dingen – Vorrang zugemessen. Diese Wesenheiten sollten durch die philosophische Abstraktion* erkannt werden: objektive Erkenntnis sollte Erkenntnis des Objektiven sein.
Der Rationalismus hält an *Metaphysik* (nur) insofern fest, als er gleichsam die Wesenheiten und damit Wahrheit aus den Dingen heraus in das Bewußtsein, ins Ich verlegt. Erkenntnis wird ihrer selbst gewiß.

Descartes

Descartes (dessen Ansatz der Exemplarizität unseres Zusammenhangs genügen kann) stellt die Dinge radikal infrage, die gesamte Außenwelt („res extensa"): Die Dinge, ihre Existenz, werden methodischem Zweifel unterzogen. Damit erhebt sich für Descartes die Frage, was es denn sei, das überhaupt noch wirklich gewußt, erkannt, – begriffen werden kann, als etwas, das wirklich existiert. Und er kommt zu der Antwort:
Ob die Dinge existieren, weiß ich nicht. Einzig gewiß ist mir, daß
„ich denke: also bin ich" („cogito ergo sum"). Mein *Denken** ist mir *gewiß*, sonst nichts.

Dies ‚Ich denke' ist die höchste Gewißheit des Rationalismus.
Von hier: mein Wissen, Erkennen; selbst von hier erst: mein Begreifen (Descartes: „comprendre" — „embrasser de la pensée"[1]).

1.2 Der Empirismus
(Kritik am Rationalismus)

Exemplarische Vertreter des Empirismus (Hauptwerke, u. a.):

F. Bacon[2] (1561-1626): Novum organon scientiarum (1620). —
J. Locke (1632-1704): Essay concerning human understanding (1690). —
D. Hume (1711-1776): An enquiry concerning human understanding (1748). —

Nominalismus* und Empirismus

Der Empirismus teilt zwar, zunächst betrachtet, mit dem Rationalismus die neuzeitliche Wende zum Subjektiven. Nicht folgt er dabei dessen Reminiszenz, dessen (wie auch immer leiser) Erinnerung an traditionelle Metaphysik.
Im Gegenteil kritisiert er zugleich den Rationalismus, indem er, in der Nachfolge des spätmittelalterlichen *Nominalismus* (und dessen radikaler Wendung gegen die Metaphysik), die Begriffe für *lediglich* subjektiv erklärt. Die Tendenz dieser Begriffe auf Allgemeinheit und Wahrheit wird zurückgenommen: Sie sollen als bloße Zeichen, wie Etiketten, die Dinge be-zeichnen — *nominalistisch* gesprochen: als bloße „signa" (lat. für: Zeichen), als ein „flatus vocis" (lat. für: Hauch der Stimme). Damit aber ist das Subjekt gänzlich leer geworden, das Denken ist alles andere als die höchste Gewißheit, wie bei Descartes.

---

1 Werke. Hg. Adam/Tannery 1, S. 152. —
2 Ein besonders *reflektierter* Vorläufer, der etwa seine Theorie des *Wissens* zugleich mit der *Vernunft* konfrontiert, mit allgemeiner *Wahrheit* (Wahrheiten). Metaphysik und Physik werden dabei freilich streng abgegrenzt: Metaphysik ist keine Wurzel mehr, wie noch bei Descartes — im Gegenteil. —

„Gewiß", d. h.: einzig *real,* sollen dem Nominalismus *und* Empirismus gerade jene *Dinge* sein, deren Existenz Descartes noch bezweifelt hatte. Jedoch: Indem die Dinge zwar einzig real sind, aber durch Begriffe nur wie durch Etiketten zu bezeichnen, sinken sie herab zu bloßen Sinnesdaten, zu chaotischem Material für die Subjektivität (wie auch der Nominalismus-Empirismus letztlich selber sieht).
Wir können nachträglich vollziehen, daß auch Descartes bereits die nominalistische Kritik am Wesen der Dinge aufnimmt, mit ihnen als etwas gleichsam Chaotischem beginnt — aber nur beginnt, um zum ‚Ich denke' als letzter Gewißheit zu gelangen!

Hume

Hume (dessen Ansatz in den folgenden Interpretationen zu Hegel, modellhaft für „Empirismus", benannt wird) sieht sich entsprechend vor der folgenden Fragestellung: Wenn das Subjekt des Empirismus leer ist (Locke: „tabula rasa"); wenn die Dinge als Sinnesdaten auf es einwirken und das Erkennen diese „empirischen" Daten lediglich mit Begriffen, wie mit Etiketten strukturiert: wie kann man dann noch zu einem Allgemeinen der Dinge kommen? Z. B.: vom einzelnen Tisch zu seinem Wesen (‚alle Tische'). Gar nicht mehr!
Hume zieht die Konsequenz und schließt aus, daß es ein solches Allgemeines, ein Wesen gäbe. Seine Antwort: Allgemein erscheinen uns die Dinge nur, indem wir sie durch bloße *„Assoziation",* durch Gewohnheit verknüpfen.

‚Die Dinge sind einzig real' — *dies kann die höchste „Gewißheit" des Empirismus genannt werden.*
Vorrang kommt ihrer *sinnlichen* Erfahrung zu.

„Gewißheit" — gerade um der Möglichkeit des *Vergleichens* willen, wird hier ein Begriff aufgenommen, der eher für die metaphysisch-rationalistische Tradition charakteristisch ist: Man denke an Descartes' „cogito ergo sum" als unbezweifelbarem Wissen, — als Gewißheit, die weiteres Wissen, die Begreifen ermöglicht. — Es ist eine gleichsam ins Subjekt verlagerte Wahrheit, deren Grund außer dem ‚Ich denke' letztlich noch einmal Gott sein soll. (Auch Hegel führt noch einmal Gottesbeweise, die Kant kritisiert hatte.)
So sehr nun der Begriff „Gewißheit" im Zusammenhang des *Empi-*

rismus aufgenommen wird, um gerade das *ganz Andere* der empiristischen „Gewißheit", auf der Folie des Rationalismus, zu charakterisieren – legitim ist seine Verwendung zudem deshalb, weil „Gewißheit", philosophiegeschichtlich gesehen, zugleich: „unmittelbar", „auf Anschauung beruhend" meinen kann. – Modifiziert gilt diese kritische Einschränkung auch, wenn im folgenden von *Kants „Gewißheit"* gesprochen wird – gesprochen nämlich in einem *übertragenen* Sinne!

Diese *übertragene* Redeweise (Gewißheit, Wahrheit, usw.) im Zusammenhang *verschiedenster* philosophischer Positionen, nimmt bereits die Redeweise Hegels auf. –

1.3 Ein besonderer „Rationalismus"
(Erste Synthese von Rationalismus und Empirismus)

I. Kant (1724-1804) als Vertreter der Transzendentalphilosophie* im Deutschen Idealismus* vor Hegel

(Hauptwerke, u. a.):

— Kritik der reinen Vernunft (1781). *(Zit.: K. d. r. V.;* nach der Ausg. *B*). —
— Kritik der praktischen Vernunft (1788). —
— Kritik der Urteilskraft (1790). —

Kant räumt in seiner berühmten „Transzendentalen Deduktion der reinen Verstandesbegriffe" (K. d.r. V., B 129-169)[1] – gegen Locke, gegen Hume – dem gleichsam rationalistischen ‚Ich denke' wieder einen hohen Rang ein:

„Das: *Ich denke,* muß alle meine Vorstellungen begleiten *können;* denn sonst würde etwas in mir vorgestellt werden, was gar nicht gedacht werden könnte ..." (B 131 f.).

---

[1] Primär auf den Kant solcher grundlegenden und – nicht nur im Bezug auf Hegel – besonders folgenreichen Theoreme sowie auf ihre systematischen Zusammenhänge soll sich diese Hinführung zur Idealistischen Dialektik Hegels beziehen. Die kontroverse Diskussion solcher Theoreme sowie: Inkonsistenzen in der Darstellung Kants müssen dabei ausgeblendet werden. Erreicht doch schon in der gewählten Vorgehensweise das (Kantische) Begriffsgefüge einen hohen Komplexitätsgrad, der auch ein inhaltlicher ist. Er hängt mit der Komplexität des Hegelschen Begriffsgefüges bereits am Anfang der PhdG zusammen. Insofern ist wechselseitige Durchdringung späterer Kapitel mit diesem Abschnitt von besonderer Bedeutung. –

Aber mit diesem Rationalismus, bei dem hierbei angesetzt wird, ist kein Zweifel an der Existenz der Außenwelt verknüpft („... Diejenige Vorstellung, die vor allem Denken gegeben sein kann, heißt *Anschauung*."; ebda.). Dies ‚Ich denke' geht über Descartes' Gewißheit hinaus – als ‚Begleitung' der „Vorstellungen" bleibt es letztlich auch, mehrdeutig, mit der („empiristischen") Mannigfaltigkeit der Dinge im Zusammenhang. Zugleich dabei (*aspekt*haft: durchaus metaphysisch) mit ihrem Wesen, als „Ding an sich" nämlich.

Rationalismus *und* zugleich Empirismus sind Momente des Kantischen Ansatzes.

Vom *Subjekt* her gesprochen, folgt daraus: ein *„transzendentales"* ‚*Ich denke*' („transzendentales Subjekt") und ein *„empirisches Subjekt";* m. a. W.: die Einheit des Denkens (vgl. z. B. B 132) und die „empirische Einheit des Bewußtseins" (vgl. etwa B 139 f.). *Dessen* „Vorstellungen" „mögen Anschauungen oder Begriffe sein" (B 143) – *als bloße „Assoziation* der Vorstellungen" (Hume!) sind sie noch „ganz zufällig" (B 140), auf das ‚Ich denke' verwiesen. Der Vorstellungbegriff ist mehrwertig.

„... wir haben es doch nur mit unsern Vorstellungen zu tun; wie die Dinge an sich selbst (ohne Rücksicht auf Vorstellungen, dadurch sie uns affizieren,) sein mögen, ist gänzlich außer unsrer Erkenntnissphäre. ... (D. h., daß; J. N.) die Erscheinungen nicht Dinge an sich selbst, und gleichwohl doch das einzige sind, was uns zur Erkenntnis gegeben werden kann. ..." (B 235).

Vom *Objekt*, vom Ding her gesprochen, entfaltet Kant die (wohl besonders eingängige, jedenfalls populäre) systematisch folgenreiche Unterscheidung von *„Ding an sich"* und *„Erscheinung"*.

Das Ding an sich ist sozusagen Material an sich, bloßes Material, insofern unerkennbar. Es liefert jenes „Mannigfaltige in einer gegebenen Anschauung" (vgl. z. B. B 143), in welches das ‚Ich denke' *vor* aller Erfahrung („a priori") Einheit bringt, und damit allererst *Erfahrung möglich* macht: einen „durch Erfahrung" („a posteriori") letztlich *erkennbaren*[1] Gegenstand (vgl. B 2 f.), der als *Erscheinung*

---

1 B 126 spricht etwa von „Erfahrungserkenntnis": Es ist hier ein

(in Raum und Zeit), „vermittelst der Sinnlichkeit" (B 33), gegeben wird. *In* dieser *Erfahrung,* als „empirischer *Erkenntnis* der Gegenstände" (B 125 f., 165 etc.), sind Anschauung und Begriff (Denken), wiewohl notwendig zu trennen, zugleich auf einander bezogen:

„Nun enthält aber alle Erfahrung außer der Anschauung der Sinne . . . noch einen Begriff . . ." (B 126).
„Es sind aber zwei Bedingungen, unter denen allein die Erkenntnis eines Gegenstandes möglich ist, erstlich Anschauung, dadurch derselbe (,) aber nur als Erscheinung gegeben wird; zweitens Begriff, dadurch ein Gegenstand gedacht wird, der dieser Anschauung entspricht." (B 125 f.).

Zentral für Transzendentalphilosophie ist genau diese Reflexion auf *„Bedingungen" möglicher* empirischer Erkenntnis, bzw. Erfahrung.

Zu diesen transzendentalen* Bedingungen gehören neben den reinen Verstandesbegriffen, den Kategorien des reinen ‚Ich denke', die reinen Formen der sinnlichen Anschauung: Raum und Zeit (vgl. z. B. B 148, sowie die „Transzendentale Ästhetik", B 33 - 73). –
„In dem Ganzen aller möglichen Erfahrung . . ., . . . in der allgemeinen Beziehung auf dieselbe besteht die transzendentale Wahrheit, die vor aller empirischen vorhergeht . . ." (B 185).

Jene transzendentalen Bedingungen können die höchste „Gewißheit" Kants genannt werden: etwa das reine ‚Ich denke' (im Zusammenhang mit dem empirischen Ich).
Aber auch der Einsicht in die *Un*erkennbarkeit des Ding an sich – auch der *Unterscheidung von Ding an sich und Erscheinung* – kommt ein vergleichbarer Status zu[1]. Das Ding an sich kann freilich nur *ex negativo* „Gewißheit" heißen, soll es doch *un*erkennbar sein; wiewohl denkbar. Erkennbar i. S. der Erfahrung ist nur die Erscheinung, insofern ihr ein gedachter Gegenstand entspricht.

Erkenntnisbegriff i. w. S. angesetzt, der auch sozusagen „empiristische" Erkenntnis einschließt. –
1 Allerdings ist das Ding an sich eher *transzendent** als transzendental*. – Jede dieser „Gewißheiten" entspringt keiner dogmatischen Setzung. Hegel bestreitet allerdings genau dies. –

Zusammenfassung
(Zugleich: Vorbemerkung zur Verwendung der Begriffe im Kap. II)

Die rationalistisch-empiristische Doppelstruktur des Kantschen Ansatzes, wie sie sich etwa in den Unterscheidungen von einerseits transzendentalem ‚Ich denke'[1] und empirischem Ich, von andererseits Ding an sich und Erscheinung differenziert ausprägte, schlägt auch durch sowohl auf die Struktur des empirischen Ich selber als auch auf die der *Erscheinung:* Sie geraten selber in sich zweiwertig. Liest man die K. d. r. V. im Zusammenhang, so kann konstatiert werden, daß Kant dem weitgehend Rechnung trägt: z. B. durch eine, bereits im Bezug auf Erfahrung, zweiwertige Bestimmung des *Erkenntnis*-Begriffs, in welchem Denken *und* Anschauung zusammenkommen. Analog: durch die Konstruktion der *Erkennbarkeit* des als *Erscheinung* Gegebenen, in welcher Konstruktion auch Denkbarkeit, nicht nur Anschaubarkeit zusammenkommt.

Wenn in den folgenden Interpretationen zu Hegel, namentlich zu Anfang des Kap. II, in den Aufgaben, im Zusammenhang mit *Rationalismus* etwa von Erkenntnis/Begreifen (Gewißheit, Wissen) eindeutiger gefaßt die Rede ist, – im Zusammenhang mit *Empirismus* etwa von Erscheinung –, dann soll kein Rückfall hinter die an Kant dargestellte Position impliziert sein. Vielmehr ein methodisches Zurückgehen. Ein historisches (philosophiegeschichtlich) und zugleich ein systematisches: Denn auch von Kant selber werden Erfahrung, Erkenntnis *zunächst einmal*, vorrangig, von empiristischer („empirischer") Anschauung her aufgebaut – von (letztlich *reiner*) sinnlicher *Anschauung* und *Erscheinung* aus – um dann zunehmend ausdifferenziert zu werden, im Zusammenhang mit Denken.

---

[1] Dessen besondere Konstruktion im Zusammenhang des Theorems einer „ursprünglich synthetischen Einheit der Apperzeption" (B 131 ff.), aber auch die eigentliche Deduktion der reinen Verstandesbegriffe, der Kategorien, mußte hier undiskutiert bleiben. Erst recht: der besondere Status der *Vernunft*, welcher unten im Zusammenhang des Begreifens und Wissens wenigstens angedeutet werden kann – eine Voraussetzung zum Verständnis dessen, was z. B. *Idee* bzw. *Geist* bei Hegel heißt. –

Diesem Gang fühlen wir uns, historisch und systematisch gesehen, verpflichtet. Zumal er didaktisch einleuchtend erscheint.

Wenn Kant mithin im folgenden zunächst als „besonderer *Rationalismus"* („*Idealismus"*) figuriert, dann *insofern* er *gegen* den Empirismus Momente des Rationalismus prägnant gefaßt hat (wenn auch transzendental gewendet): insbesondere das ‚Ich denke' — und von hier: Erkenntnis einerseits, Begreifen andererseits . . .

Begreifen bei Kant

Mit dem Theorem vom Begreifen verbindet sich ein zentraler Schritt der Kantischen K. d. r. V. Er wird angezeigt durch die begriffliche Unterscheidung: „Vernunftbegriffe dienen zum *Begreifen*, wie Verstandesbegriffe zum *Verstehen* (der Wahrnehmungen)." (B 376). Den Kategorien als reinen Verstandesbegriffen treten damit noch einmal Begriffe an die Seite: „die *transzendentalen Ideen"* (B 386), Ideen, „die den Verstandesgebrauch im Ganzen der gesamten Erfahrung nach Prinzipien bestimmen" (B 378).

Zur Verdeutlichung des Zusammenhangs: „In der Tat ist Mannigfaltigkeit der Regeln und Einheit der Prinzipien eine Forderung der Vernunft, um den Verstand mit sich selbst in durchgängigen Zusammenhang zu bringen, so wie der Verstand das Mannigfaltige der Anschauung unter Begriffe und dadurch jene in Verknüpfung bringt." (B 362).

Wissen bei Kant (im Gegensatz zum Meinen)

Zur Stellung des Wissens in diesem Kontext:
„Im transzendentalen Gebrauche der Vernunft ist . . . Meinen freilich zu wenig, aber Wissen auch zu **viel** . . . (B 851). Wissen ist „Erweiterung unserer Erkenntnis" (B 324).
(Bes. die Ausführungen zur *Vernunft* sollen hier nur zur Kenntnis genommen werden).

2. Zum werkgeschichtlichen Stellenwert (PhdG — Elemente einer Systematik)

Hier schließlich soll die besondere Stelle möglichst knapp bezeichnet werden, welche die PhdG als Exemplum (Idealistischer Dialektik) im Ganzen des Hegelschen Werkes einnimmt. M. a. W. wird im folgenden der beispielhafte Charakter der ausgewählten Texte, ihrer Interpretationen, aufgewiesen. Dies kann sich nur als skizzenhafter *Grundriß* des gesamten Gebäudes Hegelscher Philosophie darstellen, als Möglichkeit zu allererster Orientierung[1], soll anders nicht der Zugang zu Texten und Kommentaren gerade verwirrt, zumindest unnötig retardiert, verschleppt werden.

Von Bausteinen des Gebäudes, welches das Hegelsche System ausmacht, sprach bereits unsere Einleitung – im Zusammenhang mit Möglichkeiten der (reflektierten) Übertragung der i. w. S. *erkenntnistheoretisch* entfalteten Dialektik (PhdG) auf, zunächst, Hegelsche Werke im Gefolge: der Übertragung etwa auf die Geschichts-, Staats(Rechts-), Religions-, Kunstphilosophie (Ästhetik); auf Naturphilosophie, einschließlich einer Philosophie der Sittlichkeit.

Zunächst seien Hegelsche Hauptwerke im Zusammenhang benannt:

G. W. F. Hegel (1770 - 1831)

(Hauptwerke, u. a.):

- Jugendschriften (im wesentl. posthum veröff.).
  Religiöse und politische Fragestellungen. –
- Differenz des Fichte'schen und Schelling'schen Systems der Philosophie ... (1801).
  Eine Abhandlung, mit der sich Hegel an der kontroversen Diskussion um die Philosophie des „(Deutschen) Idealismus" beteiligt. –
- Phänomenologie des Geistes. System der Wissenschaft. Erster Teil. (Wissenschaft der Erfahrung des Bewußtseins) (1807).
  Die erste umfangreiche Systemschrift.
  Resultiert wesentlich aus Hegels Lehrtätigkeit an der Universität Jena. –
- Wissenschaft der Logik. 1. Bd. Die objektive Logik (1812 f.). 2. Bd. Die subjektive Logik oder Lehre vom Begriff (1816).
  Philosophie – als „Wissenschaft" („System") konzipiert.
  Aus der Zeit als Rektor und Philosophielehrer am Nürnberger Gymnasium. –
- Enzyklopädie der philosophischen Wissenschaften im Grundrisse (1817; erweitert: 1827 u. 1830).
  Konzeption eines Systems.
  Abgefaßt als Fundament von Hegels Heidelberger (Okt. 1816 bis Sommer 1818), schließlich Berliner Vorlesungen (Okt. 1818 bis wenige Tage vor d. Tode) – der Entfaltung sämtlicher Teile seines Systems. –

---

1 Dieser Abschnitt kann zugleich im Zusammenhang mit den Ausblicken gegen Schluß des Bandes gesehen werden. Zur weiteren Orientierung, s. bes. die weiterführenden Literatur-Angaben im Anhang. –

- Grundlinien der Philosophie des Rechts oder Naturrecht und Staatswissenschaft im Grundrisse (1820 f.).
  Lehrbuch.
  Analog der Enzyklopädie, gedacht „zum Gebrauch für seine (d. i.: Hegels; J. N.) Vorlesungen" (in Berlin). –
- Vorlesungen (posthum veröff.).:
  Vorlesungen über die Philosophie der Religion (1832). –
  Vorlesungen über die Geschichte der Philosophie (1833-1836). –
  Vorlesungen über die Ästhetik (1835-1838). –
  Vorlesungen über die Philosophie der Geschichte (1837). –
  (U. a.). –
  Diese Vorlesungen sind insbesondere auf der Grundlage von Mit-, bzw. Nachschriften durch Schüler, sowie von Manuskripten Hegels auf uns gekommen. –

Hegels System – Aspekte der Selbsteinschätzung (PhdG und WdL)

In der Vorrede (von 1812) zur „Wissenschaft der Logik" (WdL) schreibt Hegel, nachdem er sich – wie unausgesprochen bereits in der Einleitung, aber auch in der Vorrede zur PhdG – gegen den Kantianismus seiner Zeit gewendet hat:

„Was nun auch für die Sache und für die Form der Wissenschaft bereits ... geschehen sein mag; die logische Wissenschaft, welche die eigentliche Metaphysik oder rein spekulative Philosophie ausmacht, hat sich bisher noch sehr vernachlässigt gesehen. ... – Der wesentliche Gesichtspunkt ist, daß es überhaupt um einen neuen Begriff wissenschaftlicher Behandlung zu tun ist. Die Philosophie, indem sie Wissenschaft sein soll, kann, wie ich anderwärts erinnert (*Fußnote*: PhdG, Vorr. z. 1. Ausg.; J. N.) habe, hiezu ihre Methode nicht von einer untergeordneten Wissenschaft, wie die Mathematik ist, borgen ... Sondern es kann nur *die Natur des Inhalts* sein, welche sich im wissenschaftlichen Erkennen *bewegt,* indem zugleich diese *eigne Reflexion* des Inhalts es ist, *welche seine Bestimmung* selbst erst setzt und *erzeugt.*"[1]

Darin ist schon viel von dem ausgesagt, was die WdL[2] ausmacht – und, was zugleich über sie hinausgeht:

---

1 WdL, a.a.O., S. 5f. (im folgenden zit. nach der Ausgabe des Meiner-Verlages: Stuttgart ³1967). –
2 An dieser Stelle kann nicht im einzelnen diskutiert werden, was etwa Logik bei Hegel – zumal in der Entwicklung seines Gesamtwerkes – heißt. Das Verhältnis PhdG/*WdL* ist erst Gegenstand des Kap. III, nachdem Sie den Ansatz der PhdG eingehender kennengelernt haben. –

Die *Fußnote,* welche auf die Vorrede zur *PhdG* verweist, stellt einen späten Zusatz Hegels (von 1831 nämlich) dar; Hegel war noch kurz vor dem Tode mit der Vorbereitung einer zweiten Ausgabe sowohl der PhdG als auch der WdL befaßt.

Als eine bemerkenswerte (i. w. S.) werkgeschichtliche Charakterisierung von Hegel selber, notiert dieser Zusatz des weiteren:

„Die eigentliche Ausführung (der Methode der Philosophie als Wissenschaft: *PhdG;* J. N.) ist die Erkenntnis der Methode (! J. N.), und hat ihre Stelle in der Logik* selbst." (A.a.O., S. 6).

Kann man zentrale Intentionen der PhdG, erneut mit Hegel selber, als die Darstellung der *Methode der Erkenntnis* (von absoluter Wirklichkeit)[1] fassen, die WdL aber (wie zitiert) wesentlich als die *„Erkenntnis der Methode",* so offenbar für beide Werke von einer Erkenntnis her, die sich im „absoluten Wissen", dem Gipfelpunkt der PhdG, bereits expliziert; und die sich damit in der *gesamten* PhdG expliziert, da diese, von Anfang an, von jenem Wissen her angelegt ist, als das der absolute Geist sich selber bewußt sein soll.

PhdG und WdL würden, so betrachtet, konvergieren, ohne damit identisch zu werden. Sie verhielten sich, von einem zentralen konzeptionellen Moment her, komplementär zu einander.

Hegels Bestimmung des Stellenwertes von PhdG und WdL gipfelt, jener (zitierten) Vorrede der WdL, in der Betrachtung des wissenschaftlich-philosophischen Erkennens, dessen „Methode" als (dialektischer!) Bewegung „des Inhalts" — als seine „eigne Reflexion", die Bewegung seiner „Natur".

„Diese geistige Bewegung, ... die somit die immanente Entwicklung des Begriffes ist, ist die absolute Methode des Erkennens (!), und zugleich die immanente Seele des Inhaltes selbst. — Auf diesem sich selbst konstruierenden Wege allein, behaupte ich, ist die Philosophie fähig objektive, demonstrierte Wissenschaft zu sein. — In dieser Weise habe ich das *Bewußtsein,* in der *Phänomenologie des Geistes* darzustellen versucht. Das Bewußtsein ist (dort; J. N.) der Geist als konkretes und zwar in der Äußerlichkeit befangenes Wissen; aber die Fortbewegung dieses Gegenstandes beruht allein, wie die Entwicklung alles natürlichen und geistigen Lebens, auf der

---

[1] Vgl. etwa PhdG, a.a.O., S. 19, sowie unsere Fußnote 1, oben, S. 10f. —

Natur der *reinen Wesenheiten,* die den Inhalt der Logik ausmachen. Das Bewußtsein, als der erscheinende Geist, welcher sich auf seinem Wege von seiner Unmittelbarkeit und äußerlichen Konkretion befreit, wird zum reinen Wissen, das sich jene reinen Wesenheiten selbst, wie sie an und für sich sind, zum Gegenstand gibt. Sie sind die reinen Gedanken, der sein Wesen denkende Geist. Ihre Selbstbewegung ist ihr geistiges Leben und ist das, wodurch sich die Wissenschaft konstituiert, und dessen Darstellung sie ist.
Es ist hiemit die Beziehung der Wissenschaft, die ich *Phänomenologie des Geistes* nenne, zur Logik angegeben. — Was das äußerliche Verhältnis (! J. N.) betrifft, so war dem ersten Teil *des Systems der Wissenschaft (Fußnote!* J. N.), der die Phänomenologie enthält, ein zweiter Teil zu folgen bestimmt, welcher die Logik und die beiden realen (! J. N.) Wissenschaften der Philosophie, die Philosophie der Natur und die Philosophie des Geistes, enthalten sollte und das System der Wissenschaft beschlossen haben würde." (A.a. O., S. 7).

Die WdL sollte demnach an die PhdG begründet anknüpfen. Beide sollten sich an einander bestimmen: als Explikation von *Geist* bzw. *Wesen(heiten).* Die Fußnote nun, wiederum ein systematisierender Zusatz von 1830, richtet unsere Aufmerksamkeit auf einige Konsequenzen aus der von Hegel nur angedeuteten konzeptionellen Entwicklung; auf
– das Fortfallen des Titels „System der Wissenschaft. Erster Teil" für die geplante 2. Ausgabe der PhdG, sowie auf
– den Status der „Enzyklopädie der philosophischen Wissenschaften" (1830 – aber auch: 1827, 1817) als Stellvertretung der (oben von Hegel erwähnten) Abfolge Logik – Philosophie der Natur – Philosophie des Geistes, jenes einmal intendierten zweiten Teiles eines Systems der Wissenschaft.

Es fragt sich nun, was hinter dem Fortfallen des Haupt-Titels der PhdG („„Erster Teil" eines „Systems der Wissenschaft") verborgen liegt, von Hegel nicht angesprochen; es fragt sich, was dieser Verzicht bedeutet:
Die PhdG war ganz ursprünglich konzipiert als *Einleitung* in jenes System, das Hegel bereits in Jena (wahrscheinlich früher) in einer Abfolge wie: Logik (bzw. Metaphysik) – Naturphilosophie – Geistesphilosophie im Plan verfolgte – auf eine wie auch immer sich modifizierende Weise. (*Zumindest:* als Einleitung in jenen ersten Teil, die Logik). Statt einer Logik hatte sich m. a. W. dann die PhdG als ersten Teil vorgelagert – Ausweitung der mit ihr intendierten

Einführung ins System: zu einem ersten Opus, einem ersten Teil des „Systems der Wissenschaft" selber. — Sodaß Hegel eben solche Eigendynamik der PhdG später offenbar partiell rückgängig machen wollte.

Scheint die vorläufige Verdrängung der Logik durch die PhdG jedoch die These der Konvergenz bzw. Komplementarität von PhdG und WdL[1] eher zu stützen als zu widerlegen, so bleibt die These auch durch jene Zurücknahme seitens Hegel m. E. weitgehend unberührt.

Festzuhalten ist freilich schon hier, soll es um den gesamten Hegel gehen, daß der Wegfall solcher Bezeichnung nicht sogleich als einzig „*äußerlich*" abgetan oder, dem entsprechend, als Änderung der (bloßen) Bezeichnung, des Etiketts *respektiert* werden kann. Festzuhalten ist, daß dieser Wegfall zugleich tiefgreifende Veränderungen in der *Entwicklung* des Systems signalisiert, die bei einer Rekonstruktion des Ganzen (etwa einem Transferieren der PhdG) mit zu berücksichtigen wären.

Die *Bedeutung* solcher Veränderungen kann von jenem weiteren Aspekt, wie er durch die Vorrede zur WdL angesprochen wurde, dem Aspekt der Enzyklopädie als dem quasi-Ersatz für einen zweiten Teil des Systems, wenigstens teilweise umschrieben werden. Zugleich als Ausdruck eines sich *durchhaltenden* Prinzips, das vorläufig mit dem Gedanken von der „Konvergenz" (PhdG/WdL) bezeichnet wurde.

Konvergenz — vs. Divergenz der Teile und systematische Transferierbarkeit

Oft genug wurde Hegels „System" von der Enzyklopädie her gelesen. Das noch gegenwärtige Bild dieses Systems ist, bis hinein in philosophische (und andere) Lexika, von Konzeptionen im Zusammenhang eben jener Enzyklopädie bestimmt.

---

1 Die WdL ist freilich nicht unmittelbar identisch mit jener Logik, die Hegel (spätestens) seit Jena konzipierte; doch baut Hegel in der Logik sowohl der WdL als auch der Enzyklopädie in einer Logik des Seins und des Wesens „in bewundernswürdiger Weise die Darstellung jener Thematik aus, die nach dem Plan (immerhin; J. N.) der letzten Jenaer Jahre in die ersten beiden Abschnitte der sechsteiligen spekulativen Philosophie gehörte." (O. Pöggeler: G. W. F. Hegel: Philosophie als System, a.a.O., S. 174). —

Für die Berechtigung dessen spräche bereits die Tatsache, daß der dort umrissene *Zusammenhang* der Logik mit den (nach den Worten der Vorrede zur WdL) „beiden realen Wissenschaften der Philosophie, ... Philosophie der Natur und ... Philosophie des Geistes" Hegel spätestens *seit der Jenaer Zeit* beschäftigte. Insbesondere aber, die Tatsache, daß die Enzyklopädie in *drei Etappen:* 1817, 1827 und 1830 Zeugnis gab von einem wahrhaft auch *werkgeschichtlich* das Ganze umspannenden *System:* Als Zeugnis zwar für dessen beständig dynamische *Entwicklung,* für Modifikation, für Erweiterung – in eins damit aber als ein Dokument für die *Konsistenz* des Systems, auch in seinen Veränderungen. Nicht zuletzt das Festhalten an jenem Zusammenhang von Logik – Philosophie der Natur – Philosophie des Geistes steht dafür ein. (Der Wegfall eines Titels „1. Teil" für die PhdG – Ausdruck solcher Konsistenz von Jena an!).

Schließlich ist da die Tatsache, daß die Enzyklopädie eine programmatische Grundlage für Hegels langfristig angelegte Vorlesungen repräsentieren sollte und zum Teil auch repräsentierte; Vorlesungen, in welchen er zumal jene *„realen* Wissenschaften der Philosophie" als besondere „Disziplinen" des Ganzen *entfaltete,* – welche m. a. W. die Konkretion des Systementwurfes wie dessen ersten Teiles abgeben sollten. Insofern zugleich, in bestimmter Weise, die Konkretion von PhdG und WdL!

In „der" Enzyklopädie wäre viel von dem, was sich beständig *veränderte,* gleichsam in einem Prisma *gebündelt;* wie immer *facettenreich* ausgelegt.

Insbesondere aber: Betrachtet man in diesem Sinne von den Teilen her das Ganze, so wird der Gedanke von der Konvergenz beschreibbar als das, was Hegels Vorrede zur PhdG (d. i.: die konzeptionierte Vorrede zum System wie zum ersten Teil!) bereits im Begriff der *„Methode"* zu greifen sucht. (Vgl. unsere eigene Einleitung). Gedacht ist mit „Methode" an einen letztlich *identischen* „Mechanismus", der, bereits von den Jenaer Systemkonzeptionen *vor* der PhdG ausgehend, umschrieben werden kann:

Gemeint ist nicht einzig die *bloße* Abfolge von Logik – Philosophie der Natur – Philosophie des Geistes, welche sich bis hin zur Enzyklopädie von 1830 durchhält und (etwa) durch die PhdG als Werk-Teil allenfalls produktiv durch-

brochen wurde[1]. Gemeint ist vielmehr die besondere *Weise, wie* sich dabei die eine Stufe aus der anderen entwickelt — Spezifikum dessen, was Hegels „Methode" als *„Dialektik"* wesentlich mitbestimmt:
Gemeint ist das sich schon bald herauskristallisierende, fundamentale Prinzip, wonach das Absolute* als Geist (Logik) bzw. als Idee (Metaphysik) *sich selbst* verwirklichen soll, indem es sich sein *Anderes* (die Natur; physische, sittliche) *selber* setzt, sich durch dieses sein „Anderssein" hindurch letztlich zu *sich,* zu seiner Absolutheit, erhebt. Durch die *eigene Negation* hindurch. Die (hier nicht auszuführenden) Modifikationen, die das Absolute dabei durchmacht, potenzieren sich, jedenfalls zum Teil, durch Modifikationen, welche Hegels Philosophie selber von Anfang an, schon in Jena, durchmacht. Der PhdG ist dies ablesbar.
Auf solche Modifikationen zu verzichten, auf das *Innere,* das sie jeweils bezeichnen, hieße, das vorliegende Buch sehr weitgehend überflüssig machen: will es doch gerade auch in die *besondere* Weise *einführen,* mit der die PhdG von 1807 die „Methode" der Dialektik bereits sehr subtil entfaltet (auch inhaltlich). Will es, in eins damit, Möglichkeiten des *begründeten* Transfers, der Übertragung, paradigmatisch, *grundsätzlich* freilegen, bzw. allererst schaffen; Möglichkeiten einer Übertragung, welche die Einleitung ohnehin als *In-Beziehung-Setzen* exponiert hatte, nicht als Projektion von „Identität".

Selbst die Tatsache, daß sich vor die bereits in Jena als grundlegend gemeinte Stelle, die Logik, dann in Wirklichkeit die PhdG schob, läßt auf plausible Weise an einem identischen Kern, zumindest einem identischen Grundmuster der Fragestellung festhalten, welche die Idealistische Dialektik Hegels ausmacht; und damit am exemplarischen Charakter der PhdG:

„Blickt man auf den Weg des Denkens im ganzen, den Hegel gegangen ist, so verliert freilich dieses Sichvordrängen einer Phänomenologie des Geistes seine Merkwürdigkeit: Hegel hatte durch seine Logik und Metaphysik in einer schon systematischen Form zur Erfassung

---

1 Hier, wie im folgenden wird um ein weniges abstrahiert von Varianten der Stufenfolge. —

des Absoluten hinführen wollen und kann diese Aufgabe der Hinführung und Einleitung nun der Phänomenologie übertragen; er war immer wieder dazu gedrängt worden, zuerst durch eine Zeit- und Geschichtskritik die Notwendigkeit seines „Ideals" oder seiner spekulativen Erhebung zum Absoluten zu vermitteln und kann die Aufgabe solcher Vermittlung nun der Geschichte des Bewußtseins zusprechen; er hatte schließlich das Absolute als Geist und damit als Prozeß gedacht und kann die Entfaltung des Absoluten nun nicht nur in einem System, sondern auch in einer Geschichte als einem Teil dieses Systems darstellen. Da die ‚Phänomenologie des Geistes' somit aus der Grundbewegung des Hegelschen Denkens entspringt, kann gerade sie uns das Grundproblem von Hegels Denken, die Vermittlung von System und Geschichte, anzeigen."[1]

Meint meine obige Rede vom *identischen* Kern oder Grundmuster ein Inneres der Hegelschen Dialektik, von dem her gerade das *Nicht*identische, Verschiedene betrachtet werden kann, so einen Systemcharakter in jenem *geschichtlichen* Sinne, daß als dessen Konsequenz – *zunächst* – ganz wesentlich die *Geschichte* von Hegels *Werk* sichtbar wird.
Pointiert: Disparatheit, Uneinheitlichkeit, die beständige Veränderung des Hegelschen Systems, soll auf diese Weise gerade in den Blick kommen; mit der sich wandelnden Bedeutung von Hegels Logik-Konzeption (spätestens) seit Jena: in eins der Wandel dessen, was PhdG bzw. Geistesphilosophie ausmacht.
Wenn die Enzyklopädie schließlich „PhdG" zwar der Geistesphilosophie, dort aber wiederum dem *subjektiven* Geist zuordnet, nicht dem objektiven oder gar absoluten Geist (und zwar angesiedelt zwischen „Anthropologie" und „Psychologie"), dann scheint eine jener Konsequenzen gezogen[2], wie sie die späten Zusätze zur Vorrede der WdL (1831) allenfalls andeuten mochten.

---

1 O. Pöggeler, a.a.O., S. 160. –
2 Quer dazu steht jene Anmerkung Hegels zu § 25 der Enzyklopädie, die Pöggeler einen „halbherzige(n)" Rettungsversuch der PhdG nennt (a.a.O., S. 176): derzufolge „in einer Uminterpretation unterstellt wird, die Gestalten der Phänomenologie entsprächen den Gestalten des ganzen Systems...". Dies gilt tatsächlich nur momenthaft. – Vgl. auch F. Nicolin/O. Pöggeler: Zur Einführung. In: Dies. (Hg.): G. W. F. Hegel: Enzyklopädie der philosophischen Wissenschaften im Grundrisse (1830). Hamburg 1969, S. XXXIV. –

Zugleich bedeutet „Vermittlung von System und Geschichte" im Hinblick auf die PhdG, jene *besondere „Geschichte"* des Geistes reflektierbar zu machen, welche sich bereits in diesem ausgearbeiteten Systementwurf von 1807 verdichtet darstellt.

3. Zum werkimmanenten Stellenwert
(Der Anfang der PhdG *im* Ganzen —
Möglichkeiten systematischer Vermittlung mit
Werkgeschichte und Philosophiegeschichte)

Die PhdG von 1807 bewahrt von solchen Zusammenhängen her eine *Sonderstellung*.

„Geschichte" des Geistes, vermag sie es, ihrem Ende zu auch den objektiven und absoluten Geist als Gestalten zu entwickeln, in denen jener Geist sich, im Ganzen, „objektivieren" soll. Dies ist Vorgriff auf ein System, wenn auch abgekürzter, momenthafter Vorgriff.

Zunächst aber ist der in der vorliegenden Einführung in die Idealistische Dialektik Hegels präsentierte und interpretierte *Anfang* der PhdG auch insofern *Modell* des Ganzen — der *PhdG* selber, als der absolute Geist schon in diesem Anfang bei sich sein soll; als unentfaltet.

Er ist nach Hegels Intention von Anfang an auf dem Wege zu sich.

Entsprechend schließt sich die PhdG — in der Beschreibung einer letzten Stufe — mit dem Anfang zusammen:

„Die Wissenschaft enthält in ihr selbst diese Notwendigkeit, der Form des reinen Begriffs sich zu entäußern, und den Übergang des Begriffes ins *Bewußtsein*. Denn der sich selbst wissende Geist, ebendarum daß er seinen Begriff erfaßt, ist er die unmittelbare Gleichheit mit sich selbst, welche in ihrem Unterschiede die *Gewißheit vom Unmittelbaren* ist, oder das sinnliche Bewußtsein, — der Anfang, von dem wir ausgegangen; dieses Entlassen seiner aus der Form seines Selbsts ist die höchste Freiheit und Sicherheit seines Wissens von sich." (A.a.O., S. 563).

Um anschließend noch einmal einzuräumen:

„... Das Wissen kennt nicht nur sich, sondern auch das Negative seiner selbst, oder seine Grenze. Seine Grenze wissen heißt, sich aufzuopfern wissen. (Vgl. die Liebe beim jungen Hegel! J. N.) Diese Aufopferung ist die Entäußerung, in welcher der Geist sein Werden zum

Geiste, in der Form des *freien zufälligen Geschehens* darstellt, sein reines *Selbst,* als die *Zeit* außer ihm, und ebenso sein *Sein* als Raum anschauend. Dieses sein letzteres Werden, *die Natur,* ist sein lebendiges unmittelbares Werden; . . .
Die andere Seite aber seines Werdens, die *Geschichte,* ist das *wissende,* sich *vermittelnde* Werden — der an die Zeit entäußerte Geist; . . ." (ebda.).

Dies ist „Er-Innerung" (a.a.O., S. 564) an die PhdG im Ganzen. — Erinnern *wir* uns an die in unserer Einleitung zitierte Vorrede! — Wie es zugleich einen *neuen* Anfang vorbereitet: den Anfang auch innerhalb jener später vorgetragenen, aber früh konzipierten „realen Wissenschaften der Philosophie", von denen uns die Vorrede zur WdL sprach.

Als solche „realen Wissenschaften" werden am Ende der PhdG ausgewiesen, einerseits eine Philosophie der „Natur", andererseits eine Philosophie der „Geschichte".

Durch die gesamte PhdG hindurch, wird die Philosophie der Geschichte auf besondere Weise in ihrer „Form der Zufälligkeit erscheinenden Daseins" (ebda.) mit der „Wissenschaft des erscheinenden Wissens" (ebda.) zusammengeschlossen. Mit jenem „erscheinenden Wissen", welches die PhdG darstellen soll (vgl. im folgenden!). Zufällige Geschichte soll damit zu „begriffene(r) Geschichte" (ebda.) werden.

Von hier ist durchaus konsequent, daß die sich in der Realgeschichte objektivierenden „Gestalten", Staat, Religion, Kunst (Themen von Vorlesungen Hegels) durch die PhdG bereits, mehr oder weniger, vorweggenommen werden. Auch darin schon etwas wie System in nuce.

Allein, indem die PhdG primär noch Erkenntnistheorie (im zunächst weitesten Sinne) darstellt —, indem sie die Gestalten des *wirklichen* Wissens besonders stringent vom *absoluten Wissen* her als Gestalten des Geistes entfaltet — zugleich vom (bloßen) Bewußtsein her — setzt sie den Akzent anders als die spätere Entfaltung jener „realen Wissenschaften der Philosophie". Mögen diese auch die „Methode" von PhdG oder WdL, mindestens partiell, übernehmen: Etwa die strikte *Bestimmung* der Geschichte als „Form der Zufälligkeit", als des Anderen des Geistes, bleibt gerade einer frühen PhdG vorbehalten, die zugleich noch nicht jene Zufälligkeit selber *vollziehen* kann. Dies wirkt

auf ihre Entfaltung jener „zufälligen" Gestalten zurück.
Die PhdG bereitet die „realen Wissenschaften der Philosophie" vor und schließt sie in diesem Vorgriff *teilweise* ab. Darin ist sie, *wie* Logik, dem ersten Teil eines Hegelschen Systems zumindest gemäß.
Der mögliche Transfer hat dies zu bedenken. —
Komplementarität — denken wir nicht nur an PhdG und WdL — darf *hier* insbesondere nicht verdecken, wie produktiv sich gerade jene „realen Wissenschaften der Philosophie" auch dort entfalten, wo Hegel sich in der Durchführung nicht dem Zwang des Systems wahrhaft beugt[1]. (Denken wir etwa an Geschichts- oder Naturphilosophie).
Zumal nicht jenem System(zwang), wie die PhdG dies, zunächst betrachtet, vorgibt.
Hegels Philosophie der Geschichte, in ihrer konkreteren Durchführung (etwa innerhalb der Vorlesungen), hat so die „Vernunft in der Geschichte" zwar zum Prinzip, zugleich aber dürfte ihr, zumindest partiell, auch jenes kritische Potential zuwachsen, das sich im System*zwang* nicht erfüllt.
Der lange, verschlungene Weg der PhdG kann mithin, bei der ersten Annäherung, vom *Anfang* her legitim abgekürzt werden und führt zugleich auf jenen Hauptweg, den das Gesamtwerk Hegels im Kontext, im Zusammenhang nimmt — auch im Zusammenhang von Philosophiegeschichte:
Dadurch, daß man sich auf ihn, möglichst genau einläßt, sich tatsächlich auf ihn begibt, am Text entlang. Zugleich gibt dieser Weg den Blick frei auf die philosophische Darstellung jener Realien, die gleichsam an seinem äußersten Rand bereits erkennbar werden; ohne, daß sie *einfach,* ohne, daß sie *unmittelbar* mitzunehmen wären.

---

1 Mag man etwa die „Ästhetik" Hegels zu jenen „realen Wissenschaften der Philosophie" rechnen: Bedeutende Einsichten jener Ästhetik bestätigen dies. — Zur Geschichtlichkeit der „Ästhetik", vgl.: G. Lukács: Hegels Ästhetik. Einführung zu: G. W. F. Hegel: Ästhetik. Hg. v. F. Bassenge. Frankfurt/M o. J. Bd. 2, S. 587-624. D. i.: Lizenzausg. (2. Aufl.; [1]1955: Berlin/Weimar). — Auf die spezifischen Differenzen, welche innerhalb der Entwicklung Hegelscher Dialektik an die Konzeption „realer Wissenschaften ..." jeweils geknüpft werden, kann in diesem Zusammenhang nicht näher eingegangen werden. —

Zum Titel einer „Phänomenologie des Geistes"

Um dem Titel einer „Phänomenologie des Geistes" in der spezifisch Hegelschen Bedeutung gerecht werden zu können, muß von jener Bedeutung abstrahiert werden, welche „Phänomenologie" in unserem Jahrhundert insbesondere durch die phänomenologische Schule (spätestens seit E. Husserl) erhalten hat.
Der *philosophiegeschichtliche Re*kurs, das reflektierte Zurückgehen vor Hegel, ist hier mithin von erhöhter Dringlichkeit. Erst in der philosophiegeschichtlichen Dimension[1] auch, können Aspekte rekonstruiert werden, die dann doch mit gegenwärtigen Bedeutungen wenigstens in begründete Beziehung treten.

Phänomenologie (griech. *to phainomenon:* das Erscheinende; *logos* [hier]: Lehre [von . . .]) ist noch zur Zeit Kants (und beim frühen Kant selber): die Lehre vom *Schein,* im Gegensatz zur Wahrheit, zum Wahren; die Lehre von dem durch die Sinne hervorgerufenen Schein, als einer Verwirrung der Vernunft. (Vgl. auch unseren Abriß zum Rationalismus und Empirismus!)
Diese eher negative Bedeutung von Phänomen(ologie) ist, durch den „kritizistischen", späteren Kant hindurch, von Hegel gegen eine positive Bedeutung abgegrenzt, mit ihr in Zusammenhang gebracht worden:
Kants Lehre von den Erscheinungen, im Zusammenhang jenes Ding an sich, das als Material wesentlich den Sinnen erscheinen soll, wird von Hegel auf eine bestimmte Weise reflektiert und gewendet.
Die PhdG soll demgemäß die Lehre von den Erscheinungen als den Gestalten des Geistes sein (vgl. Vorrede, a.a.O., S. 33). Wesentlich vom *Schluß* her konzipiert, ist die PhdG vom *Anfang* an, dort nur noch unentfaltet, jenes „erscheinende Wissen" (vgl. [Hegels] Einleitung, a.a.O., S. 66 u. [den Schluß der PhdG] S. 564), das als absolutes Wissen seinen Abschluß erlangt.
Als Entfaltung nicht nur des „Wissen(s) von dem Geistigen" sondern auch des „Wissen(s) von sich als dem Geiste" (Vorr., a.a.O., S. 24), wird in der PhdG auf besondere Weise das Selbstbewußtsein jenes Geistes ent-faltet. Auf diese Weise auch sein eigener Gegenstand, ist der Geist dieser Gegenstand

---

1 Vgl. zur Geschichte des Begriffes „Phänomenologie" die instruktive „Einleitung des *Herausgebers*" der von uns zugrundegelegten Ausgabe der PhdG, J. Hoffmeister, a.a.O., S. V – XLII. –

„*für sich* nur für uns, insofern sein geistiger Inhalt durch ihn selbst erzeugt ist;..." (ebda.).

Solche Ent-faltung, wie Er-zeugung — „Prüfung des Wissens" wie des „Maßstabes" solcher Prüfung — ist „*dialektische* Bewegung, welche das Bewußtsein an ihm selbst, sowohl an seinem Wissen als an seinem Gegenstande ausübt, *insofern ihm der neue wahre Gegenstand* daraus *entspringt*" (Einl., a.a.O., S. 73); und damit „eigentlich dasjenige, was *Erfahrung* genannt wird." (Ebda.).

Es ist dies „Erfahrung, welche das Bewußtsein über sich macht" (a.a.O., S. 74). Jenes Bewußtsein, das, „(i)ndem es zu seiner wahren Existenz sich forttreibt" schließlich „seinen Schein ablegt" (a.a.O., S. 75). An jenem höchsten Punkt, dem Schluß der PhdG, soll „Erscheinung dem Wesen gleich" werden (ebda.).

Dieser Phänomenologie — des Geistes figurieren entsprechend als „Gestalten des Bewußtseins", als „Momente des Ganzen" (ebda.) die Stufen: (A.) Bewußtsein; (B.) Selbstbewußtsein; (C.) (AA.) Vernunft (d. i.: die Zusammenfassung von Selbstbewußtsein und Bewußtsein), (BB.) Der Geist, (CC.) Die Religion, (DD.) Das absolute Wissen.

Im einzelnen *(Inhaltsverzeichnis der PhdG*[1] *):*

---

[1] Abweichend von diesem Inhaltsverzeichnis, werden die römisch bezifferten Kapitel innerhalb unserer Darstellung arabisch beziffert, um mögliche Verwechslungen mit der Kapitel-Numerierung des vorliegenden Buches zu vermeiden. (Im wesentlichen zentriert sich dies freilich um die Nennung des „1. Kapitels" der PhdG). —

System

der

Wissenschaft

von

Ge. Wilh. Fr. Hegel

D. u. Professor der Philosophie zu Jena,
der Herzogl. Mineralog Sozietät daselbst Assessor
und andrer gelehrten Gesellschaften Mitglied.

Erster Theil,

die

Phänomenologie des Geistes.

Bamberg und Würzburg,
bey Joseph Anton Goebhardt,
1807.

Inhalt.

Vorrede: Vom wissenschaftlichen Erkennen.

Das Element des Wahren ist der Begriff und seine wahre Gestalt das wissenschaftliche System S. 12. — Jetziger Standpunkt des Geistes S. 13. — Das Prinzip ist nicht die Vollendung, gegen den Formalismus S. 16. — Das Absolute ist Subjekt S. 17, und was dieses ist S. 19. — Element des Wissens S. 24. — Die Erhebung in dasselbe ist die Phänomenologie des Geistes S. 26. — Verwandlung des Vorgestellten und Bekannten in den Gedanken S. 25, und dieses in den Begriff S. 31. — Inwiefern ist die Phänomenologie des Geistes negativ oder enthält das Falsche S. 33. — Historische und mathematische Wahrheit S. 35. — Natur der philosophischen Wahrheit und ihrer Methode S. 39, gegen den schematisierenden Formalismus S. 42. — Erfordernis beim Studium der Philosophie S. 43. — Das raisonnierende Denken in seinem negativen Verhalten S. 43, in seinem positiven; sein Subjekt S. 49. — Das natürliche Philosophieren als gesunder Menschenverstand und als Genialität S. 55. — Beschluß, Verhältnis des Schriftstellers zum Publikum S. 57.

Seite
Einleitung. 63

(A.) Bewußtsein.

I. Die sinnliche Gewißheit, das Dieses und das Meinen . 79
II. Die Wahrnehmung, das Ding und die Täuschung . . 89
III. Kraft und Verstand, Erscheinung und übersinnliche Welt 102

(B.) Selbstbewußtsein.

IV. Die Wahrheit der Gewißheit seiner selbst 133
    A. Selbständigkeit und Unselbständigkeit des Selbstbewußtseins; Herrschaft und Knechtschaft . . . 141
    B. Freiheit des Selbstbewußtseins S. 151. Stoizismus S. 152. Skeptizismus S. 154 und das unglückliche Bewußtsein 158

Inhalt

(C.) (AA.) Vernunft.

Seite

V. Gewißheit und Wahrheit der Vernunft 175
   A. Beobachtende Vernunft 183
      a.) Beobachtung der Natur 185
         Beschreiben überhaupt S. 186. Merkmale S. 187
         Gesetze 189
         Beobachtung des Organischen 193
           α. Beziehung desselben auf das Unorganische S. 193. — β. Teleologie S. 195. — γ. Inneres und Äußeres S. 199. — $\alpha\alpha$. Das Innre S. 199. — Gesetze seiner reinen Momente, der Sensibilität usw. S. 200. — Das Innre und sein Äußeres S. 205. — $\beta\beta$. Das Innre und das Äußere als Gestalt S. 205. — $\gamma\gamma$. Das Äußere selbst als Innres und Äußeres oder die organische Idee übergetragen auf das Unorganische S. 212. — Das Organische nach dieser Seite; seine Gattung, Art und Individualität S. 216.
      b.) Beobachtung des Selbstbewußtseins in seiner Reinheit und in seiner Beziehung auf äußere Wirklichkeit. Logische und psychologische Gesetze 221
      c.) In seiner Beziehung auf seine unmittelbare Wirklichkeit S. 227. Physiognomik S. 228, und Schädellehre 237
   B. Die Verwirklichung des vernünftigen Selbstbewußtseins durch sich selbst 255
      a. Die Lust und die Notwendigkeit 262
      b. Das Gesetz des Herzens und der Wahnsinn des Eigendünkels 266
      c. Die Tugend und der Weltlauf 274
   C. Die Individualität, welche sich an und für sich reell ist 283
      a. Das geistige Tierreich und der Betrug oder die Sache selbst 285
      b. Die gesetzgebende Vernunft 301
      c. Die gesetzprüfende Vernunft 306

(BB.) Der Geist.

VI. Der Geist 313
   A. Der *wahre* Geist. Die Sittlichkeit 317
      a. Die sittliche Welt. Das menschliche und göttliche Gesetz, der Mann und das Weib . . . 318
      b. Die sittliche Handlung. Das menschliche und göttliche Wissen, die Schuld und das Schicksal 330
      c. Der Rechtszustand 342

Inhalt

	Seite
B. Der *sich entfremdete* Geist. Die Bildung	347
I. Die Welt des sich entfremdeten Geistes	350
a. Die Bildung und ihr Reich der Wirklichkeit	350
b. Der Glaube und die reine Einsicht	376
II. Die Aufklärung	383
a. Der Kampf der Aufklärung mit dem Aberglauben	385
b. Die Wahrheit der Aufklärung	407
III. Die absolute Freiheit und der Schrecken	413
C. Der *seiner selbst gewisse* Geist. Die Moralität	423
a. Die moralische Weltanschauung	424
b. Die Verstellung	434
c. Das Gewissen. Die schöne Seele, das Böse und seine Verzeihung	444

(CC.) Die Religion.

VII. *Die Religion*	473
A. Die *natürliche* Religion	481
a. Das Lichtwesen	483
b. Die Pflanze und das Tier	485
c. Der Werkmeister	486
B. Die *Kunst*-Religion	490
a. Das abstrakte Kunstwerk	493
b. Das lebendige Kunstwerk	502
c. Das geistige Kunstwerk	506
C. Die *offenbare* Religion	523

(DD.) Das absolute Wissen.

VIII. Das absolute Wissen	549

Erinnern wir uns schließlich noch einmal, daß der Kantischen Lehre von den Erscheinungen nicht allein die vom Ding an sich gegenüberstand, sondern zugleich (etwa) die von einem ‚Ich denke', von jener Einheit des Bewußtseins, das von Kant wesentlich als transzendentales Selbstbewußtsein bestimmt wird (vgl. K. d. r. V., B 132ff.)! Das Beispiel Kants, des „besonderen Rationalisten" („Idealisten"), im philosophiegeschichtlichen Zusammenhang mit dem „absoluten Idealisten" Hegel, zeigt an:

Ein wesentliches Merkmal desjenigen Lernprozesses, welchen Sie im Fortgang der vorliegenden Einführung durchlaufen, müßte die erste, zunehmende Einsicht etwa in derartige Zusammenhänge der Idealistischen Dialektik Hegels sein: in *Zusammenhänge*, aus deren Konstellation erst sich *Unterschiede*, so prägnant wie begründet, herausarbeiten lassen.

II. Der Anfang der „Phänomenologie des Geistes", Kapitel 1

Text[1]
(Überschrift und 1. Absatz)

Die sinnliche Gewißheit;
oder das **Diese** und das **Meinen**.

Das Wissen, welches zuerst oder unmittelbar unser Gegenstand ist, kann kein anderes sein als dasjenige, welches selbst unmittelbares Wissen, *Wissen* des *Unmittelbaren* oder *Seienden* ist. Wir haben uns ebenso *unmittelbar* oder *aufnehmend* zu verhalten, also nichts an ihm, wie es sich darbietet, zu verändern und von dem Auffassen das Begreifen abzuhalten.

Insbesondere zwei Fragestellungen kristallisieren unsere ersten Bestimmungen der Stellenwerte zunächst heraus:

Zwei grundsätzliche Fragestellungen und Aufgaben zur ersten

---

1. Wie verhält sich die PhdG zum Empirismus (Hume) bzw. zum Rationalismus (Descartes, Kant)?

1. Philosophiegeschichtl. Fragestellung

---

2. Wie verhält sich die PhdG zum Gesamtwerk Hegels, hier: zur WdL?

2. Werkgeschichtl. Fragestellung

Diese Fragen können an dieser Stelle noch nicht beantwortet werden.
Sie sind vorher noch weiter zu entfalten; zunächst die erste (die zweite werden wir dann in III ausführen):

Formulieren Sie die 1. (philosophiegeschichtliche) Fragestellung um; und zwar so, daß die Überschrift des 1. Kapitels der PhdG mit ihrem Hauptbegriff darin vorkommt. (Bis auf diese kleine Erweiterung lassen Sie also die Frage noch unverändert!)

*Aufgabe 1
Umformulierung der 1. Fragestellung*

---

1 Bei den Texten stammen Hervorhebungen, wo nicht anders angegeben, von Hegel. Zitiert wird nach a.a.O., S. 79 ff. –

Lösungshilfe	1. Wie verhält sich .... (PhdG) ....
Lösungsvor- schläge S. 171.	.... zum Empirismus (Hume) bzw. zum Rationalismus (Descartes, Kant)?
Aufgabe 2 (Weitere Um- formulierung der 1. Frage- stellung) Lösungsvor- schläge S. 171.	Stellen Sie nun, in einer weiteren Umformulierung, die Frage nach dem Verhältnis des Anfangs der PhdG zum *Empirismus*, indem Sie dies Verhältnis bereits mit einem ihrer Meinung nach treffenden Begriff kennzeichnen. (Sie können also von den Lösungsvorschlägen Aufg. 1 ausgehen).
Aufgabe 3 Lösungs- vorschlag S. 171.	Formulieren Sie nun die 1. Fragestellung erneut ein wenig um; und zwar, indem Sie diesmal das Verhältnis zum *Rationalismus* (Descartes, Kant) treffend kennzeichnen, mit anderen Worten: präzise fragend.
	Einen zentralen Begriff, der auf den Rationalismus (das Verhältnis dieses Anfangs zu ihm) anspielt, finden Sie überdies im 1. Absatz der PhdG. (Schlagen Sie zurück auf S. 49 und verwenden Sie auch diesen Begriff!).
Zwischenüber- legung (zur Be- antwortung der ersten Auf- gaben)	Erste Antworten sind in diesen Formulierungen der (auch als rhetorisch angelegten) Fragen bereits enthalten, in den Fragen – nach der Nachfolge (Analogie, o.ä.) des (zum) Empirismus; – nach der (abweisend anmutenden) Position zum Rationalismus, etwa Descartesscher (besser: Cartesianischer; von Cartesius, dem lateinischen Pseudonym Descartes') oder eben Kantscher Prägung.

Doch bereits der 1. Absatz der PhdG läßt auch Zweifel aufkommen – an den solcherart formulierten Fragen; Zweifel auch an der Art ihrer möglichen Beantwortung: Durch die (sich nicht abgrenzende) Rede nämlich von einer (sinnlichen) „Gewißheit", die Rede vom „Wissen".

Text
(2. Absatz)

Der konkrete Inhalt der *sinnlichen Gewißheit* läßt sie unmittelbar als die *reichste* Erkenntnis, ja als eine Erkenntnis von unendlichem Reichtum erscheinen, für welchen ebensowohl, wenn wir im Raume und in der Zeit, als worin er sich ausbreitet, *hinaus-*, als wenn wir uns ein Stück aus dieser Fülle nehmen und durch Teilung in dasselbe *hineingehen,* keine Grenze zu finden ist. Sie erscheint außerdem als die *wahrhafteste;* denn sie hat von dem Gegenstande noch nichts weggelassen, sondern ihn in seiner ganzen Vollständigkeit vor sich. Diese *Gewißheit* aber gibt in der Tat sich selbst für die abstrakteste und ärmste *Wahrheit* aus. Sie sagt von dem, was sie weiß, nur dies aus: es *ist;* und ihre Wahrheit enthält allein das *Sein* der Sache. Das Bewußtsein seinerseits ist in dieser Gewißheit nur als reines *Ich;* oder *Ich* bin darin nur als reiner *Dieser* und der Gegenstand ebenso nur als reines *Dieses.*

Obwohl also offensichtlich mit dem Sinnlichen, einer Art von Empirismus, begonnen werden soll: die genannten *Begriffe* aus dem 1. Absatz stellen zugleich auch einen leisen Anklang zum Rationalismus her. Zumal Hegel ja nur *methodisch* aussagt, daß das „Begreifen" von der sinnlichen Gewißheit, als „Gegenstand", als Thema, *abgehalten* werden soll.
— Der 2. Absatz macht diesen Bezug zum Rationalismus noch deutlicher. Suchen Sie in diesem Absatz einen Begriff und eine Stelle, die diesen Anklang belegen!

Aufgabe 4

Lösungsvorschlag S. 172.

Es scheint zwar so, daß Hegel in Überschrift und 1. Absatz die Position des Empirismus übernimmt, besser: übernehmen will; wie sehr auch schon hier Begriffe wie: „Gewißheit" und „Wissen" zugleich quer zu stehen und die Gegenposition anzudeuten scheinen.
Im 2. Absatz (3. Satz) aber spätestens beschreibt er die sinnliche Gewißheit als in Wirklichkeit „abstrakteste und ärmste Wahrheit", bezieht er offenbar zugleich die Gegenposition deutlich.

(Eine weitere Erläuterung)

Weiterführende Beantwortung der 1. Fragestellung	Im Kapitel I, 1.3. (= oben S. 25ff.) habe ich zur Bestimmung des philosophiegeschichtlichen Stellenwerts dieses Anfang der PhdG, Kants besonderen Rationalismus referiert.
Vorbemerkung (Wiederholung)	Erinnern Sie sich? — Sonst schlagen Sie noch einmal nach: Kant unterscheidet, vom Objekt, vom Ding her gesprochen: *Ding an sich* und *Erscheinung*. Das Ding an sich ist *bloßes* Material (darin verwandt: die „res extensa"; vgl. S. 22) — gegenüber der Erscheinung, die wesentlich sinnlich wahrnehmbar ist; erkennbar, insofern ihr ein gedachter Gegenstand entspricht.

Aufgabe 5 (Zusatz-Aufgabe)	Eine *These*[1] lautet: ‚*Hegel läßt das Kantische Ding an sich fallen!*'
Lösungsvorschlag S. 172.	— Können Sie diese These bereits am allerersten Anfang der PhdG (nur am 1. Absatz) überprüfen? (In 1-2 Sätzen!) — Wenn Sie diese These bejahen wollten, wie sähe eine erste Antwort aus? (Wenn Sie die These bereits bei der Überprüfung bejaht haben, genügt das eigentlich. Evtl. können Sie dann hier noch einmal eine Formulierung mit anderen Worten versuchen!)

Problematisierung (zur Aufgabe 5)	Die Aufgabe 5 könnte folgendes Problem bewußt machen, oder einen ersten Anstoß dazu geben: Die Forderung der sinnlichen Gewißheit, das „Begreifen abzuhalten", geht zunächst offensichtlich auf ein ‚Abhalten' des rationalisitischen An sich (Ding an sich), des Wesens: sie geht auf die (reine) sinnliche Erscheinung; ganz nach der Forderung des Empirismus, die Frage nach dem Wesen der Dinge auszuschließen. Schließt sie damit aber nicht auch alle *Erkenntnis* (der Dinge!) aus, und zwar als Erkenntnis der (wesentlich *sinnlichen*) *Erscheinung* im Kantischen Sinne: Verweist sie damit nicht geradezu, ungewollt, auf das *un*erkennbare Ding an sich?

---

[1] Exemplarisch: K. H. Haags (vgl. Philosophischer Idealismus, a.a.O.). —

M.a.W.: Schlägt hier Erscheinung nicht bereits von Anfang an (wie es dann der 2. Absatz noch deutlicher macht) in das Ding an sich um? Vom *besonderen* Rationalismus Kants her gesehen, stellt sich diese (imgrunde dialektische) Frage bereits. Sicher ist, daß hier von Hegel zunächst die Positionen des *reinen* Empirismus und *reinen* Rationalismus konfrontiert werden. Wir haben dies schon an der Begrifflichkeit des 1. Absatz' analysiert.
Diese Fragestellung sollten Sie sich beim Lesen des folgenden Kommentars und insbes. der anschließenden Darstellung der „Methode Hegels..." (S. 60ff.) bewußt halten.

Kommentar
(1. Absatz)

Die Überschrift lautet:

„Die sinnliche Gewißheit... "   „Die sinnliche
                                                              Gewißheit"...

Diese „Gewißheit" scheint, als die „sinnliche", zunächst die des Empirismus, der ja sagt: ‚Die Dinge sind einzig real!' (vgl. S. 24).

„... oder das *Diese* ..."[1]   ...„das
                                                              Diese"...

Dieser Begriff ist entsprechend *historisch* zu verstehen: Der Empirismus, als jene Position, die von der sinnlichen Gewißheit ausgeht, kann auf die Dinge nur zeigen; kann von ihnen nur sagen: „Dies" oder „Dieses". Der Empirismus läßt sein Bewußtsein die Dinge (als ‚chaotische Sinnesdaten') mit

---

1 Zur Verwendung des Begriffes „Dieses" gibt es übrigens eine interessante Polemik L. Wittgensteins, wesentlich gegen B. Russells „logischen Empirismus". Von dieser beiden berühmten modernen Debatte her können Sie gut verstehen, wie Hegels Kritik am Empirismus *heute* im Kontext begreifbar wäre – anhand einer *zentralen* von möglichen Interpretationen. Denn gerade Wittgensteins Sprachphilosophie wirkt bis in die jüngste Philosophie hinein (etwa: Habermas, Apel). Vgl. hierzu auch die Einleitung, oben S. 15, bes. Anm. 1. – Zu Wittgensteins Polemik finden Sie einen Text im Anhang, S. 168f.! – Zum Themenkomplex, vgl. etwa: M. Meyer: Formale und handlungstheoretische Sprachbetrachtung. Stuttgart 1976. –

Etiketten versehen („Dies ist . ♦. "). Insofern heißt das Ding „das Diese". Das Bewußtsein der sinnlichen Gewißheit scheint dabei mit der *vor*philosophischen Alltagserfahrung vergleichbar; auch in ihr werden die Namen meist unreflektiert übernommen, so als seien sie, trotz ihrer ja auch *willkürlichen* Festsetzung, schon immer (naturhaft) da. Insofern kann Hegel im folgenden an *uns* appellieren *(„unser* Gegenstand" — „Wir haben ..."): an ein *Wir*-Bewußtsein, das sich zunächst (!) ganz ähnlich verhalten kann, wie die sinnliche Gewißheit, das aber später darüber *reflektiert* (insbes. Absatz 4).

... "das Meinen"

„... und das *Meinen.*"

Über „das Meinen" wird in diesem Anfang noch nichts ausgesagt (erst in Absatz 9 ff., bes. 12).

„Das Wissen, welches zuerst oder unmittelbar unser Gegenstand ist, kann kein anderes sein als dasjenige, ..."

Hier wird die Frage gestellt: ,Was kann der Anfang der PhdG sein?' ,Was ist, „zuerst", ihr „unmittelbar(er) ... Gegenstand"?'
Die PhdG beginnt mit einem „*Wissen*", und zwar mit demjenigen,

sinnliche Gewißheit: „Wissen des Unmittelbaren"; „aufnehmend"

„ welches selbst unmittelbares Wissen, *Wissen des Unmittelbaren* oder *Seienden* ist. Wir haben uns ebenso *unmittelbar* oder *aufnehmend* zu verhalten. ..."

Gegenüber diesem „Wissen des Unmittelbaren", dem Wissen der Dinge, haben wir (!) uns bloß „aufnehmend", d.h. also: bloß rezeptiv zu verhalten. „Ebenso" rezeptiv nämlich, wie die sinnliche Gewißheit selbst: Das Bewußtsein soll also, wie im Empirismus, zunächst *leer* sein (der Empirismus sagt: ,tabula rasa' = wie ein ,leerer Tisch'). Die Dinge wirken auf dies Bewußtsein als Sinnesdaten ein (vgl. oben S. 23f., den Abschnitt über den philosophiegeschichtlichen Stellenwert der PhdG).

„*... also nichts an ihm, wie es sich darbietet, zu verändern ...* "

Dies Bewußtsein (sinnliche Gewißheit) verändert die Dinge nicht, es verknüpft sie allenfalls (Humes ‚Assoziation'). Genauso soll es unser erstes Bewußtsein mit der sinnlichen Gewißheit machen; nichts verändern!

„... und von dem Auffassen das Begreifen abzuhalten."

kein: „Begreifen"

Das ist noch einmal: die gleiche Betonung der Perspektive eines Empirismus. Im Kontrast dazu steht das „Begreifen" des Rationalismus. Es wird (noch) negiert, wenn gesagt wird, daß es „abzuhalten" sei.

- Von welchem Gegensatz ist der 2. Absatz der PhdG geprägt? (Geben Sie zwei dazu analoge* philosophiegeschichtliche Positionen an!)
- Dieser Gegensatz ist an zwei gegensätzlichen Aussagen über die „sinnliche Gewißheit" zu bestimmen: Zitieren Sie diese beiden gegensätzlichen Aussagen (bzw. Formulierungen, Begriffe) möglichst knapp!

Aufgabe 6 (Zwischenaufg.) z.T. als Wiederholung

Lösungsvorschlag S. 173.

Kommentar
(2. Absatz)

Hier befassen wir uns zuerst mit jenen beiden (gegensätzlichen) Aussagen – gehen also *nicht,* wie beim 1. Absatz, in der *Reihenfolge* vor!

... „reichste Erkenntnis" – „abstrakteste und ärmste Wahrheit"

Es ist sehr oft methodisch fruchtbar, zuerst solche Gegensätze anhand leitender Begriffe herauszuarbeiten – namentlich bei dialektischen* Systemen*, wie dem Hegels! Denn Gegensätze sind die Voraussetzung ihrer dialektischen Vermittlung. Wir suchen nun, uns diese gegensätzlichen Begriffe in ihrer Einbettung innerhalb des Satzes zu vergegenwärtigen; also im Zusammenhang mit der jeweiligen Satz-Konstruktion, in der solche Begriffe unmittelbar stehen (= Suche nach zugehörigen Verben):

Methodische Zwischenüberlegung

„Der konkrete Inhalt der *sinnlichen Gewißheit* läßt sie unmittelbar als die *reichste* Erkenntnis, ... erscheinen ...

Diese *Gewißheit* aber gibt in der Tat sich selbst für die abstrakteste und ärmste *Wahrheit* aus."

Was der sinnlichen Gewißheit (und uns! So eingestellt, wie im 1. Absatz verlangt!) als „reichste Erkenntnis"(!) „erscheinen" (!) kann – nämlich: der „konkrete Inhalt der sinnlichen Gewißheit" – ist in Wirklichkeit („in der Tat"), ist als *Wirklichkeit* der sinnlichen Gewißheit, „die abstrakteste und ärmste *Wahrheit*" (gleichfalls von *uns* zu reflektieren!)

Vorgriff (auf den Schluß der PhdG)

Als solche stellt sich jetzt, im Blickwinkel der (absoluten) Wahrheit*, die sinnliche Gewißheit selber dar („gibt sich selbst ... aus"; das heißt nicht so sehr: sie *behauptet* von sich, sondern d. h. sie entlarvt sich ...) – im Blickwinkel einer Wahrheit, die auch über bloßen Rationalismus hinausgehen will! Mit diesem *Wahrheits*begriff wird schon vorausgegriffen (unausgesprochen!) auf den *Schluß* der PhdG: Sie endet ja mit dem „absoluten Wissen", die sinnliche Gewißheit ist nur der Anfang. Erst unter dem *Aspekt,* d. h.: nur aus der *Perspektive* des absoluten Wissens kann Wahrheit „in der Tat" gewußt werden.

Traditionellerweise wurde die Wahrheit definiert: als die ‚Übereinstimmung des Subjekts mit dem Objekt, dem Ding'.

Wahrheit

(Traditionelle) Definition:
Wahrheit = ‚Übereinstimmung
von Subjekt und Objekt',
‚Intellekt und Sache':
‚adaequatio intellectus et rei'
(= Scholastik; z. T. noch Descartes!)

Das Subjekt des Empirismus ‚*scheint*' dem ganz entsprechend beim Ding zu sein; aber dies ‚*erscheint*' eben nur so, das Subjekt scheint „*unmittelbar*" bei ihm. Unmittelbar aber kann man bei ihm gar nicht sein. Wenn überhaupt, dann auf sehr „arme" Weise. Daß dies so ist, ahnte imgrunde schon die philosophierende Abstraktion* der Tradition.
Hegel läßt dies erst das ‚absolute Wissen' wissen, welches hier – in der Form der ‚Anspielung' – schon vorweggenommen wird.

Was macht die „Erkenntnis" des Empirismus zu einer solch „armen Wahrheit"?:

„Sie sagt von dem, was sie weiß nur dies aus: es *ist;* und ihre Wahrheit enthält allein das *Sein* der Sache."

„es ist"
(„Sein")

„Es", das Ding, „*ist*" einzig real! Dies sagt ja der Nominalismus und auch der Empirismus.
Die sinnliche Gewißheit hat zwar (so heißt es vorher):

„ von dem Gegenstande noch nichts weggelassen, sondern ihn in seiner ganzen Vollständigkeit vor sich."

Und damit erscheint sie nicht nur als „die *reichste* Erkenntnis", sondern „außerdem als die *wahrhafteste*". Indem sie dem Gegenstand aber damit auch nichts hinzufügt — über die Feststellung hinaus: ‚es ist', bzw. ‚er ist' — ist sie, die Gewißheit des Empirismus, in Wirklichkeit ganz arm. Sie verdoppelt* den Gegenstand nur. (Nämlich durch den Begriff, der über das *Wesen* des Gegenstandes nichts aussagt).

Nun sind noch lediglich zwei Formulierungen in diesem 2. Absatz übriggeblieben und aufzuschlüsseln:

(a) der Einschub zu jenem „*unendliche(n) Reichtum*", welchen die sinnliche Gewißheit angeblich bedeuten will; über diesen vorgeblichen „*Reichtum*" wird gesagt, daß für ihn

„ keine Grenze zu finden ist."

Dies verstärkt nur, mit anderen Worten, die Aussage des Empirismus über die Unendlichkeit dieses Reichtums der sinnlichen Gewißheit.

Und zwar (ich verdeutliche an drei Stellen durch ( )):

„ (eben) sowohl, wenn wir im Raume und in der Zeit als worin er sich ausbreitet..."

(Gemeint ist wohl mit „er" der konkrete *Inhalt* der sinnlichen Gewißheit, weniger der — damit allerdings zusammenhängende — Reichtum.)

„ ... hinaus-(gehen!), als (auch) wenn wir uns ein Stück aus dieser Fülle nehmen und durch Teilung in dasselbe *hineingehen* ..."

57

Das sind eigentlich nur Zusätze, die die Perspektive des Empirismus deutlicher vor Augen führen sollen:

– Ob wir in Raum und Zeit „hinausgehen", also in die empirische Außenwelt (in der sich das Material „ausbreitet"), oder:

– ob „wir uns ein (unverändertes; J. N.) Stück aus dieser Fülle" der empirischen Außenwelt „nehmen und durch Teilung in das ( )" Stück „hineingehen" – es weiterhin, scheinbar, unverändert lassen:

Beide Male bestätigt sich nur scheinbar der Reichtum des Empirismus, der in Wirklichkeit Armut ist („ärmste Wahrheit").

Nämlich: durch die Weigerung, dem Gegenstand etwas hinzuzufügen, das sein Wesen erklärte – Verdopplung*; Verdopplung, die den Gegenstand ja doch auch verändert, nämlich durch den Begriff, aber eben ganz abstrakt[1].

(b) Die zweite Stelle, die es noch aufzuschlüsseln gilt, steht am Schluß des 2. Absatz':

„reines Ich" („reiner Dieser")/„reines Dieses"

„Das Bewußtsein seinerseits ist in dieser Gewißheit nur als reines *Ich;* oder *Ich* bin darin nur als reiner *Dieser* und der Gegenstand ebenso nur als reines *Dieses.*"

Lesehinweis

Hier endet mein Zeilenkommentar zu Absatz 2.

Die Absätze 3 und 4 werden ausführlicher diskutiert, weil sie eine Nahtstelle des Textes darstellen: zu Absatz 3: S. 65-86, *bes. S. 84ff.;* zu Absatz 4: S. 86-96, *bes. S. 87ff.* Ein Zeilenkommentar im eigentlichen Sinne findet sich wieder ab Absatz 5 ff. (= S. 103ff.). –

Die nun folgenden Überlegungen befassen sich vor allem mit der Methode Hegels und mit einem Vergleich zur WdL. Auch, wenn Sie sie jetzt überschlagen wollen, sollten Sie sie einmal nachholen.

Aufgabe 7
(Wiederholungs-Frage zu dieser Stelle)
Lösungsvorschlag S. 173.

– Ist dies „reine Ich", von dem hier die Rede ist, das reine ‚Ich denke' eines Rationalismus (Descartes, bzw. Kant)?
– Ist „*rein*" ein (positives) Werturteil?

---

1 Auch, um noch besser verstehen zu können, was hier von Hegel mit Armut gemeint ist, können Sie Wittgensteins Polemik gegen das „Diese" in Russells „Logischem Empirismus" heranziehen (Anhang, S. 168f.). –

Schon eher jedenfalls als ein positives Werturteil steckt im Begriff „rein" ein *negatives* Werturteil. Insofern, als der Empirismus hier nicht gefeiert sondern zugleich seiner Armut und Abstraktheit überführt wird; (neben seiner, ja *durch* seine Beschreibung).

Insofern also zugleich die Ebene der Beschreibung (der *Deskription**) verlassen wird (Ebene der *Kritik*), in Richtung hin auf Wahrheit (auf ‚absolutes Wissen'), kann gesagt werden, daß das deskriptive Urteil „rein" auch ein wertendes Urteil wird, aber nur leise.

Zunächst einmal heißt „rein" nur so viel wie „bloß" — ein „bloßes Ich". Deshalb spricht Hegel auch davon, daß das Bewußtsein in der sinnlichen Gewißheit „*nur*" als „reines Ich", als „Dieser" sei.

Er schafft damit erst die Voraussetzung für eine Kritik. Denn auch die These, daß sich die sinnliche Gewißheit „in der Tat ... selbst (!) für die abstrakteste und ärmste Wahrheit" ausgäbe, ist primär noch Beschreibung: Deskription. Mit dem hier kommentierten letzten Satz des 2. Absatz' wird dann die deskriptive These belegt.

Erläuterung

— „Reines Ich" ist zunächst *deskriptive*, beschreibende Kategorie.
— Bei Hegel wird die Beschreibung der Reinheit (der Anspruch des Empirismus auf Reichtum und Wahrhaftigkeit) zugleich zur Beschreibung der Leere, zur *Voraussetzung von Kritik*.

Zusammenfassungen („reines Ich')

— Nehmen Sie Stellung zu folgender These:
‚Hegel kritisiert den Empirismus nicht einfach nur, sondern *primär* ist ihm dessen Beschreibung (genauer: dessen Selbst-Beschreibung), und zwar: um einem bloßen Rationalismus nicht einfach Vorschub zu leisten!'
Stimmt die These, insbes. ihre Begründung (vgl.: „ . . . und zwar: um..."')?

— In welchem kritisierbaren Punkt könnte das „reine Ich" des von Hegel thesenhaft beschriebenen Empirismus mit dem ‚Ich denke' eines bloßen Rationalismus (Descartes) vergleichbar sein?

Aufgabe 8
Lösungsvorschläge
S. 173.

Aufgabe 9 (Wiederholungs-Frage)	Auch das Ich des Rationalismus hat — jedenfalls in seiner Ausprägung bei Descartes — eine arme Gewißheit; diese *Armut* soll, als Verzicht, nur die Dingwelt betreffen; doch sie betrifft die Dinge nur *zunächst* allein, imgrunde auch das Ich, da dieses von sich lediglich aussagen kann: „ . . . ." *Wie lautet die Hauptthese Descartes' über das Ich?*
Lösungshilfe Lösungsvorschlag S. 173.	Erinnern Sie sich an die Bestimmung des philosophiegeschichtlichen Stellenwerts der PhdG (innerhalb meiner Hinführung)!
Erläuterung	Wenn Descartes' Rationalismus die Dinge bezweifelt, setzt auch er, wie der Empirismus, durchaus mit den *Dingen* an. Nur, daß er sie eben bezweifelt und zu einem reinen ‚Ich denke' gelangt. Dies ‚Ich denke' denkt nicht mehr *etwas* (nicht mehr die Dinge) — es ist damit das bloße Denken, der Denkvorgang. Damit wird das Ich formal und entleert — wird leer, wie jenes Ich, mit dem der Empirismus ansetzt (als ‚tabula rasa'). Obwohl als Gegenpole konzipiert: In dieser Leerheit sind das Ich des Rationalismus und des Empirismus durchaus verwandt! Dies weiß die philosophiehistorische Reflexion, als dialektische Reflexion — *geschichtlich reflektierende Dialektik,* die sich an Hegel schult.

Die Methode Hegels im Anfang der PhdG
(Absatz 1 und 2 als Modell)

„These"	Wir konnten festhalten, daß die PhdG zwar zunächst von der methodischen Position des Nominalismus/Empirismus auszugehen scheint, also von keinem Rationalismus (Descartes, Kant); nicht vom Ding an sich oder vom ‚Ich denke', sondern vom Ding. Entsprechend scheint der Begriff der *(sinnlichen)* Gewißheit, des Wissens gar, als ein „Wissen des Unmittelbaren oder *Seienden"* zu sehen sein. Nicht als absolutes Wissen, mit dem die PhdG enden wird, in dem sie gipfelt.
„Antithese"	Die Position des Empirismus wird im Anfang der PhdG nur wie *spielerisch* bezogen!

„Wir haben uns (gegenüber dem Empirismus; J. N.) ebenso (!) unmittelbar oder *aufnehmend* zu verhalten" — wie der Empirismus selbst!

<small>Methode (Ebene) der ‚Deskription'</small>

Gerade, wenn wir uns auf die sinnliche Gewißheit einlassen, wird deutlich:
Als Wissen ist die sinnliche Gewißheit zugleich auch mehr als das *Ding*. Ein Stück Rationalismus zunächst, in den Empirismus umschlägt.
Dies Wissen als sinnliche Gewißheit ist eben bereits *Wissen* (ein erstes Bewußtsein vom Ding). Und als Wissen auch treibt es immerhin auf das *absolute* Wissen zu, auf Wahrheit. Die Tendenz auf das absolute Wissen ist in ihm bereits angelegt.

Schon der 2. Absatz spricht noch deutlicher aus dieser Perspektive des absoluten Wissens (nicht einfach nur: des gleichfalls armen Rationalismus). Dies absolute Wissen ist das Wissen der philosophischen Abstraktion, was — Hegelisch, nicht Kantisch oder gar Rationalistisch gefaßt — bedeutet: diejenige Abstraktion, welche *als* absolutes Wissen ‚*bestimmt*' und dadurch ‚*konkretisiert*' ist.

<small>Vorbereitung einer „Synthese"</small>

Vor der Warte eines solchen absoluten Wissens wird deutlich, daß der Anfang mit dem *Sinnlichen* nur für die sinnliche Gewißheit absolut ist, nicht für das Wissen als absolutes Wissen.
Für dies absolute Wissen ist dieser Anfang (des ‚Empirismus') gerade völlig *abstrakt*.
Das ist es, was schon jetzt vorweggenommen wird!

Es wird gerade dadurch deutlich, daß zwar nicht vom Ding an sich ausgegangen wird, aber auch nicht vom konkreten, einzelnen Ding, der Erscheinung. Hegel läßt eigentlich nicht nur das Ding an sich fallen, sondern Ding an sich *und* Erscheinung. Er läßt die *Trennung* beider fallen — als *vor*dialektische Trennung!* Mit anderen Worten: Er führt den Zwei-Schritt: These — Antithese weiter zur Synthese, hält Widersprüche nicht für unauflöslich.

Aufgedeckt wird damit:
Die *sinnliche Gewißheit* setzt das einzelne *Ding* absolut, nimmt es konkreter als es für sie, als Bewußtsein, sein

kann (sie *ist* ja nicht das Ding!). Mit dieser Absolutsetzung aber nimmt sie das Ding in Wirklichkeit, „in der Tat", *abstrakter* als es ist.

Dies weiß erst das absolute Wissen, nicht die sinnliche Gewißheit selber!

Die sinnliche Gewißheit (Position des Empirismus) setzt damit nicht weniger abstrakt an, geht nicht weniger am Ding vorbei, als der Rationalismus (aus dessen Sprachgebrauch die Bezeichnung ‚abstrakt' ja stammt — dort allerdings nicht kritisierend verwendet).

Das absolute Wissen, als das Wissen der philosophischen Reflexion, die nicht bloß abstrakt ist, durchschaut das jeweils Einzelne (einzelne Ding) als nicht unmittelbar, als nicht absoluten Anfang. Es durchschaut damit, daß in Wirklichkeit auch kein Anfang mit dem Einzelnen stattfindet.

Philosophiegesch. These

Dies philosophische Denken (PhdG) durchschaut, daß der Empirismus so abstrakt beginnt, wie der Rationalismus (auf jeweils andere Weise).

Es will beide vermitteln. — Denn ein System muß einen absolut(en) ersten Anfang haben!

Beispiel

Wenn wir nämlich einen Tisch betrachten und sagen: „Dies ist ein Tisch!", dann sind wir in Wirklichkeit bereits nicht mehr nur auf der Ebene der sinnlichen Gewißheit. Nur für eine alltägliche Gewißheit mag dies so erscheinen!

Wir identifizieren dabei (sprachlich) das *Einzelne* („Tisch") und beziehen es imgrunde (z. T. unbewußt) auf das *Allgemeine* (‚alle Tische'), indem wir sagen: „Das ist ein Tisch!"

Wir tun dies — bereits in der sinnlichen Gewißheit, die sich auf das Allgemeine zubewegt, obwohl das Allgemeine vom Empirismus, als der Theorie der sinnlichen Gewißheit, geleugnet wird.

Wir vergleichen ihn bereits mit anderen Tischen. Und das will ja auch der Empirismus letztlich gerade tun. Nur wie, wenn er doch das Allgemeine leugnet?

Die sinnliche Gewißheit *täuscht* sich also, Hegel stellt dies dar. Und damit die Schwächen derjenigen philosophischen Position, die diese sinnliche Gewißheit absolut setzt.

Es geht ihm also nicht darum (wie der 1. Absatz zunächst suggerieren könnte) selbst nur, wie der Empirismus, ein

Bewußtsein sozusagen *vor* dem begrifflichen philosophischen Bewußtsein anzusetzen. Sondern immer zugleich um Kritik jeder Bewußtseinsstufe als nur vorläufig.

D. h.: Hegel bezieht wie spielerisch diese Position (des Empirismus), stellt sie dadurch spielerisch dar – bis hin zu ihrem Umschlagen vom (scheinbar) Sinnlichen, Konkreten ins Abstrakte. Bis hin zu der Selbst-Entlarvung dieser Position.

... von der Methode (Ebene) der Deskription ...

Diese Methode, spielerisch die (falsche) Position zu übernehmen, sie bis zu ihrem (bitteren) Ende durchzuspielen, zu ihren Grenzen, ihrem Umschlag, nennt man seit Hegel: *„immanente Kritik".**

... zur Methode (Ebene) der „immanenten Kritik*"

„Immanent" heißt sie, weil sie von „innen" her kommt, nicht von außen her (als abstrakt herangetragene Kritik). Sie läßt sich ein, schleicht sich mitunter auch ein, wie mit dem Trojanischen Pferd, um den Nerv zu treffen.

Indem Hegel den (Nominalismus)/Empirismus zuerst nachvollzieht (1. Absatz), versucht er *gegen* ihn (2. Absatz) aufzuweisen, daß das Einzelne nicht das alleinig Reale ist, der Begriff kein bloßer ‚Hauch der Stimme', kein bloßes Etikett.

Die Weise, in der er dies versucht, macht die besondere Methodik Hegelscher Dialektik aus. Die Methode immanenter Kritik ist *dialektische* Methode.

Hegel bleibt nämlich nicht bei der Kritik des Rationalismus am Empirismus stehen (Rationalismus: ‚Das Einzelne hat zu seinem Wesen das Allgemeine!'). Er bleibt nicht beim bloßen Gegenteil stehen. Er hat sich nicht zu dem Zwecke in die eine Position eingeschlichen, um dann die andere Siege feiern zu lassen.

Nein, dieses Spiel war auch ernst. Er nimmt auch die kritisierte Position weiterhin ernst; hat sie nicht etwa kritisiert, um sie nur auflaufen zu lassen. Das wäre wieder nur abstrakte Kritik. Er hat sie zunächst auch bestätigt (und wird dies weiterhin tun), weil sie *auch* Wahrheit hat, und auch weiterhin haben soll.

Beide Positionen, Empirismus und Rationalismus, sollen gelten! Kritisiert werden sie um ihrer Wahrheit willen.

Beide Positionen haben Wahrheit, aber eben nicht jede für sich, sondern erst: beide zusammen.

Das imgrunde ungelöste Problem des Empirismus war, wie Dinge überhaupt (wie er ja will!) *verglichen* werden können, nämlich z. B. mit: ‚allen Tischen'. Dies Problem sieht Hegel sehr scharf, sieht, daß Humes ‚Assoziation' nur Hilfsmodell sein kann. Er stellt sich deshalb die Frage, wie von diesen Dingen zu ihrem Allgemeinen, ihrem Wesen (Begriffe des Rationalismus!) zu kommen sei, und beantwortet diese Frage erst, indem er beide Positionen, Empirismus und Rationalismus ernst nimmt — sie gerade deshalb zugleich kritisiert, bzw. sie sich gegenseitig kritisieren läßt.

III. Exkurse: Einbeziehung des Anfangs der „Wissenschaft der Logik" (WdL)
  (Zugleich: Vorbereitung eines Kommentars zu PhdG, 3. Absatz)[1]

Text
(3. Absatz)

Ich, *dieser,* bin *dieser* Sache nicht darum *gewiß,* weil *Ich* als Bewußtsein hiebei mich entwickelte und mannigfaltig den Gedanken bewegte. Auch nicht darum, weil *die Sache,* deren ich gewiß bin, nach einer Menge unterschiedener Beschaffenheiten, eine reiche Beziehung an ihr selbst oder ein vielfaches Verhalten zu andern wäre. Beides geht die Wahrheit der sinnlichen Gewißheit nichts an; weder Ich noch die Sache hat darin die Bedeutung einer mannigfaltigen Vermittlung, Ich nicht die Bedeutung eines mannigfaltigen Vorstellens oder Denkens, noch die Sache die Bedeutung mannigfaltiger Beschaffenheiten: sondern die Sache *ist,* und sie *ist,* nur weil sie *ist;* sie *ist,* dies ist dem sinnlichen Wissen das Wesentliche, und dieses reine *Sein* oder diese einfache Unmittelbarkeit macht ihre *Wahrheit* aus. Eben so ist die Gewißheit als *Beziehung unmittelbare* reine Beziehung: das Bewußtsein ist *Ich,* weiter nichts, ein reiner *Dieser;* der *Einzelne* weiß reines Dieses, oder *das Einzelne.*

Der 3. Absatz der PhdG ist im wesentlichen eine Erläuterung der beiden vorhergehenden Absätze. (Wie er ja auch vom 2. Absatz nur durch eine gedankliche Zäsur, nicht formal, getrennt ist). Aber er führt auch genauer auf den Zusammenhang der PhdG mit der WdL; mit der 2. (werkgeschichtlichen) Fragestellung unseres Kap. II.

Bevor wir uns deshalb dem 3. Absatz in der PhdG zuwenden, sollen noch einmal die beiden grundsätzlichen Fragestellungen aus diesem Kap. II aufgegriffen werden:

Mit der 1. Fragestellung haben wir (bes. in den Aufgaben) bereits gearbeitet. Sie lautete:

1. (philosophiegeschichtliche Fragestellung) Wie verhält sich die PhdG zum Empirismus (Hume) bzw. zum Rationalismus (Descartes, Kant)?

Wiederholung 1. Fragestellung

---

[1] Dieser Kommentar findet sich unten, S. 84ff. –

Erste Antworten konnten schon gefunden werden.

Die 2. Fragestellung, der wir uns jetzt ausführlich zuwenden müssen, lautete:

Wiederholung 2. Fragestellung

2. (werkgeschichtliche Fragestellung) Wie verhält sich die PhdG zum Gesamtwerk Hegels, hier: zur WdL?

Diese 2. Fragestellung hängt mit der 1. Fragestellung zusammen, denn es fragt sich nun, ob die WdL sich genauso oder ganz anders (ähnlich oder einiges anders) zum Empirismus und Rationalismus verhält wie die PhdG.

Da diese 2. Fragestellung im nun zu behandelnden 3. Absatz besonders akut wird, wollen wir zunächst versuchen, diese Fragestellung von den beiden ersten Absätzen her neu zu stellen und vorläufig zu beantworten:

Aufgabe 10

Kreuzen Sie an, welche der folgenden Umformulierungen dieser 2. Fragestellung Ihnen besonders angemessen erscheint (und zwar: aus Ihrer Kenntnis der ersten beiden Absätze der PhdG heraus. Zur WdL können Sie hier natürlich nur vermuten):

☐ Beginnt auch die WdL mit dem ‚Ich denke'?
☐ Beginnt auch die WdL zunächst (scheinbar) mit den Dingen, also mit etwas Konkretem?
☐ Beginnt auch die WdL mit der sinnlichen Gewißheit?

Entscheiden Sie sich möglichst für *eine* Lösung! (Es soll dabei, wie gesagt, nur um plausible (Um-)Formulierung der Fragestellung gehen; nicht um richtig oder falsch.).

Arbeitsanleitung

(betr. Lösungshilfe)

Lösungsvorschlag S. 173.

Nur, wenn Ihnen die Lösung Schwierigkeiten macht – oder die Aufgabe zu formal erscheint (da der tatsächliche Anfang der WdL, obwohl unbekannt, vorausgesetzt wird):
Lesen Sie das Zitat aus der WdL im Anhang auf S. 165.
Sie müssen allerdings wissen, daß Sie sich damit – zumindest z. T. – auch von den nächsten Aufgaben freistellen.

Erläuterung
- Beginnt die WdL auch mit dem Ding?/...
- ... scheinbar mit dem Ding/...

Die WdL könnte ja – wenn vielleicht auch auf andere Weise – ebenfalls mit dem *Ding* beginnen.

Bzw.: *scheinbar,* wie auch die PhdG nur *scheinbar* mit dem Ding beginnt, so wissen Sie. (Sie könnte diesen Schein schon zu Anfang entlarven).

Sie könnte auch mit dem *Gegenteil* beginnen. ... oder mit dem Gegenteil?

Dies Gegenteil wäre besser zu fassen — in einem Begriff — als das Gegenteil von ‚sinnlicher Gewißheit'!
Denn: Was wäre ihr Gegenteil? ‚Unsinnliche Gewißheit'? ‚Sinnliche Ungewißheit'? — Am ehesten könnte man ja auf diese Frage nach dem Beginn mit dem Gegenteil von sinnlicher Gewißheit vielleicht noch antworten: Mit dem ‚absoluten Wissen'. Weil doch mit ihm die PhdG endet. (Ich deutete es im Kommentar zum 2. Absatz an, vgl. oben S. 56). Und diese Antwort wäre der richtigen wenigstens nahe (so viel vorweg). Aber: Wären Sie über diese Frage darauf gekommen? Sie *mußten* es jedenfalls bei solcher Fragestellung nicht!
Anders bei der Frage nach dem Gegenteil des Dinges, der Dinge (des Konkreten):
Antwort wäre vielleicht: ...
Doch, Sie sollten die Antwort selbst versuchen:

Versuchen Sie, das Gegenteil des Dinges, der Dinge (bzw. des Konkreten), zu benennen. Es kann durchaus mit eigenen Worten geschehen!

Aufgabe 11

Lösungsvorschläge S. 174.

Kommen wir mit einer solchen Antwort dem Anfang der WdL schon sehr nahe? Beginnt die WdL in der Tat mit dem Gegenteil?
Wir müssen nun über jenen An*fang* der WdL informieren — zunächst über den An*satz* der WdL —, um diese Frage beantworten zu können.
Dazu im folgenden die (3) Exkurse dieses Kapitels!

Erläuterung

An dieser Stelle möchte ich Ihnen ganz besonders, zum besseren Verständnis, die Benutzung des *Glossars* empfehlen: Schlagen Sie dort einmal nach unter den Begriffen System*, Logik*, aber auch (selbst, wenn bereits geschehen) unter Metaphysik*, Erkenntnistheorie*, Nominalismus*. Und, ziehen Sie möglichst noch einmal den Abschnitt 1.1. „Zum philosophiegeschichtlichen Stellenwert" heran.
Die folgenden Überlegungen nämlich nehmen auf besonders intensive Weise Kontakt mit dieser Hinführung:
Da diese Hinführung philosophiegeschichtliche Voraussetzungen von Hegels Philosophie zwar im Blick auf *unmittelbare* Vorgänger Hegels wenigstens *skizzieren,* dabei aber auf die Voraussetzungen wiederum *dieser* Vorgänger (in der Antike und im Mittelalter) allenfalls *anspielen* konnte, ist es erforderlich, im folgenden solche Voraussetzungen,

Arbeitsanleitung und Lesehinweis (zu den Exkursen)

wie sie in Antike und Mittelalter gründen, in ihrem Übergang zur neuzeitlichen Philosophie bis Hegel weiter einzuholen (auch hier: wenigstens *skizzierend*).

1. Exkurs: Erläuterung des Titels: WdL Logik; formale Logik

Erläuterung des Titels: „Wissenschaft der Logik"

- „Wissenschaft" = System („WdL" = „System der Logik"?)

„Wissenschaft" heißt für Hegel so viel wie: System — „Wissenschaft der Logik" würde demnach bedeuten: ein „System der Logik".

- „Logik" („WdL" = „System der formalen Logik"?)

Um bestimmen zu können, welche (besondere Art und Weise der) Logik von Hegel in der WdL entfaltet wird und wie sie sich zur PhdG verhält, muß die Frage nach dem Verhältnis Hegelscher zur formalen Logik der Antike und des Mittelalters gestellt werden können.

(„WdL" = „System ‚immanenter Kritik' an formaler Logik?")

Sie dürften bereits hier vermuten, daß Hegel sich von jener traditionellen (formalen) Logik abhebt. Wiewohl *dialektisch*, durch immanente Kritik — so, wie er sich in der PhdG von Rationalismus und Empirismus abhebt.

Immanente Kritik aber müßte, wie Sie bereits wissen, mit dem kritisierten Standpunkt immerhin anheben. Es ist daher notwendig, daß Sie (im folgenden 2. Exkurs) zunächst einmal das Prinzip formaler Logik etwas genauer kennenlernen.

2. Exkurs: Die Differenz: formale Logik/Erkenntnistheorie (Philosophiegeschichtliche Rekurse)

2.1. Formale Logik — Erkenntnistheorie nach Kant (Vermittlung von Rationalismus und Empirismus)

Die Bezeichnung „*formale* Logik" für die Logik von Antike und Mittelalter geht (insbes.) auf Kant zurück (vgl. K. d. r. V., B. 82ff.). (Unmittelbar) vor Hegel machte er in diesem Zusammenhang die prägnante (moderne) Unterscheidung zwischen Logik und Erkenntnistheorie möglich; eine Unterscheidung, die (schon bei Kant) gerade verdeutlichen möchte, daß, bei aller Differenz, zwischen beiden ein

inniger Zusammenhang besteht (selbst dort, wo man Erkenntnistheorie auf Logik reduziert): der Zusammenhang (und die Differenz) zwischen Denken und Erkennen.
Kants — wie wir es nannten — „besonderer Rationalismus" (besser: „Idealismus") konnte durch diese Unterscheidung sichtbar machen, wie die Grenzen des Rationalismus, der „reinen Vernunft", verlaufen sollen: wieweit solcher Rationalismus Logik und wieweit er Erkenntnistheorie ist. Die *Unterscheidung* von Denken (dem reinen ‚Ich denke') und Erkennen, die Unterscheidung von Logik und Erkenntnistheorie, führt (zunächst) darauf, Erkenntnis auf die *sinnlich* erfahrbaren Dinge zu beziehen (wie dies im Nominalismus bzw. Empirismus der Fall ist — gegenüber Metaphysik bzw. Rationalismus.) Soll aber aus dem Nominalismus und Empirismus die *kritische* Konsequenz gezogen werden, dann muß — wie bereits bei Kant — das Ding auch anderes sein als nur sinnlich erfahrbar, anderes freilich auch als nur ein rationalistisches Ding an sich. Dann muß Erkenntnis des Dinges heißen können: *Erkennen* des „gedachten Gegenstand(es)" „durch Anschauungen (!), die jenen (reinen Verstandes-; J. N.) Begriffen (!) entsprechen" (ebda., B 105).

Dies ist der Grund, warum wir, im bisherigen Gang unserer Arbeit an Hegels PhdG, *„Erkenntnis"* einerseits als *„rationalistisch"* bezeichnen konnten: nämlich im Zusammenhang mit Wahrheit, Begreifen, u.ä. (vgl. z. B.: zu Aufg. 4). Andererseits mußte Erkenntnis gerade, von Hegels Text her nahegelegt, *„empiristisch"* („nominalistisch"), als (vorgeblich!) „reichste *Erkenntnis"*, gesehen werden. In beiden Fällen jedoch kritisch gefaßt (immanente Kritik).

Präzisierung des (bisherigen) Erkenntnis-Begriffs

Kants Versuch, Denken und Erkennen auseinanderzuhalten und dennoch zusammenzubringen — der Versuch, zu zeigen, wie beide auf einander bezogen sind — kann noch einmal verdeutlichen:
Im Ansatz des Empirismus (Nominalismus) richtete sich Erkenntnis(theorie) wesentlich auf (sinnlich anschaubare) Dinge (Hegel: „arme Gewißheit").
(Auch) in jenem Ansatz des Rationalismus, der *einzig* Dinge an sich im Blick hat, kann letztlich *nichts* erkannt werden (Kant: unerkennbares Ding an sich).

2.2. Reduktion von Erkenntnistheorie auf formale Logik: antike und mittelalterliche Metaphysik

Dies war schon das erkenntnistheoretische Problem der Metaphysik von Antike und Mittelalter (welcher der neuzeitliche Rationalismus, etwa Descartes', noch in einigem verpflichtet ist): Sie zog die Konsequenz, Erkenntnistheorie letztlich auf formale Logik zu bringen. Indem einzig *Abstraktion* das Instrument der Erkenntnis sein sollte: die Abstraktion von Sinnlichem, von allem, was als „akzidentell", als „un-wesentlich", an den Dingen galt, hat die Erkenntnistheorie der Metaphysik sich auf Logik imgrunde *reduziert* (wie zuerst der Nominalismus *kritisch* verdeutlichte).

Formale Logik (Vorläufige Definition)

Die (formale) Logik fragt nur nach *richtigem* oder *falschem Denken* — nach richtigem und falschem Gebrauch der Denkgesetze; und zwar ganz unabhängig davon, ob diesem Denken überhaupt ein Gegenstand, ein Objekt in der Außenwelt entspricht. „Ganz unabhängig": deshalb heißt solche Logik *„formale* Logik".

1. Beispiel: „A = A"

Ein klassisches Beispiel ist der ‚Satz': „A = A" („Satz der Identität")*; es kann dem „A" dabei etwas entsprechen, muß aber nicht. „A = A" ist logisch richtig! — Dem „A" kann z. B. der Begriff (!) „Mensch" entsprechen, oder der Begriff „sterblich" oder auch der Begriff „Sokrates". Die logischen Sätze hießen dann: „Mensch = Mensch", usw.

Arbeitsanleitung

Formulieren Sie die beiden übrigen logischen Sätze selbst: „sterblich . . ." und „. . .". —

D.h.: $A = A; B = B; C = C$.

Diese logischen Sätze können als Voraussetzung in einen komplexeren logischen Satz eingehen:

2. Beispiel:

„Alle Menschen sind sterblich, (Obersatz)
Sokrates ist ein Mensch — (Untersatz)
also ist Sokrates sterblich" (Schluß)

Auch ein klassisches Beispiel für einen formal-logischen Satz; für richtiges Denken, d. h. für einen *formal*(-logisch)*richtigen* Gebrauch der Denkgesetze! — Die formale Logik handelt von Sätzen und ihren Denk-Regeln: hier geht es um die Weise, wie aus einem Ober- und Untersatz ein (logischer) Schluß gefolgert wird.

Ganz unabhängig wieder davon, ob Sokrates überhaupt existiert, ob dem Begriff etwas in der Realität entspricht: der Satz ist *formal* richtig, „richtiges" Denken im Sinne der formalen Logik.

Bilden Sie ein weiteres Beispiel für einen formal-logisch richtigen Schluß. Etwa:
„Alle Menschen sind sterblich." (Obersatz).
1. Der Untersatz soll nun anders lauten als im vorigen Beispiel und entsprechend der Schluß;
2. verwenden Sie nun z. B., analog dem vorigen Beispiel, wieder die Begriffe „Sokrates" und „sterblich" – anders!

Aufgabe 12
Der Obersatz muß sinngemäß ein sog. „Allsatz" sein („Alle ...")
Lösungsvorschlag S. 174.

Wir haben für die Antwort auf die Zusatzfrage im Lösungsteil die Begriffe doch wieder auf die Realität bezogen, um zu demonstrieren, daß hier etwas nicht stimmt.

Erläuterung

Legitim ist das für die Erläuterung der strengen formalen Logik nicht – wir sehen aber gerade daran bereits das, worauf es mir hier ankommt: daß (traditionelle) Logik und (neuzeitliche) Erkenntnistheorie nur historisch getrennt vorgefunden werden, imgrunde aber nicht zu trennen sind. Die Trennung ist selber so formal(istisch) wie die formale Logik!
Doch zurück zu unserem Beispiel:

Die 2. Lösung (Vertauschen von sterblich – Sokrates) ist deshalb auch schon *formal-logisch* zu vermeiden, weil die *Unter*-Sätze der formalen Logik tatsächlich *unter* den *Ober*-Satz befaßt, in ihm enthalten sein müssen. Der Ober-Satz, der All-Satz, aber macht in unserem Beispiel eine Aussage über Menschen, nämlich „Alle Menschen ..."; deshalb muß der Unter-Satz gleichfalls eine Aussage mit dem Begriff „Menschen" sein: „Sokrates („Hans ...") ist ein Mensch." Den Satz „Sokrates ist sterblich" als Unter-Satz zu behaupten, hieße, die Aussage „sterblich" zur All-Aussage eines Ober-Satzes anzusetzen, der dann heißen müßte: „Alle Sterblichen sind Menschen". Das aber stimmt nicht, auch Tiere sind sterblich. (Zwei verschiedene Begriffe von sterblich!) Wir sehen bei unserer Begründung aber erneut den Bezug zur Realität. Bereits der All-Satz, gerade er, hat stillschweigend Richtigkeit (in der Realität!) zu seiner Voraussetzung. Der Schluß muß dann nur formal – über einen Unter-Satz: formal-logisch *richtig* – erfolgen. Formal-logisch richtig wäre freilich auch ein Beispiel: „Alle Menschen sind dumm, Hans ist ein Mensch – also ist Hans dumm"; der Schluß ist richtig – über die Richtigkeit bereits der Voraussetzung, gemessen an der Realität, will sich die formale Logik keine Gedanken machen! Diese Art der Richtigkeit will sie ungeprüft lassen.

Weitere Erläuterung des Beispiels (der 2. Lösung der Aufgabe)

Sie sehen, *wie* „formal" die formale Logik argumentiert – und werden dann auch besser verstehen, wieso Hegel die

Erste Zusammenfassung (Wiederholung)

formale Logik der Metaphysik als genauso leer wie Rationalismus und (anders) Empirismus ansieht — sie *aufheben* will, mit eigenen Mitteln!
So weit zur formalen Logik.

<u>Method. Hinweis („Arbeitsbegriffe")</u>

Der bislang entfaltete philosophiegeschichtliche Exkurs sollte verdeutlichen, wie Kant und dann Hegel *notwendig* eine *Vermittlung* von *Logik* und *Erkenntnistheorie* anstreben mußten; philosophiegeschichtlich ausgedrückt: eine *Vermittlung* von traditioneller *Metaphysik* und jenem neuzeitlichen *Nominalismus,* welcher die antike und mittelalterliche Reduktion der Erkenntnistheorie auf Logik kritisch bewußt machte, durch Lenken des Erkenntnisinteresses auf die Dinge.

Insofern gelten uns Logik — Erkenntnistheorie (Metaphysik — Nominalismus) in besonderer Weise als *„Arbeitsbegriffe",* als eine Art Kürzel, die einen Problemzusammenhang in sich bewahren, wie er sich (philosophie-)geschichtlich entfaltete.

Diese Begriffe im folgenden als Pole prägnant auseinanderzulegen, heißt: gerade die *Möglichkeit* ihrer *dialektischen Vermittlung* herzustellen; heißt, den oben bezeichneten Problemzusammenhang (Logik *und* Erkenntnistheorie) zu verdeutlichen.

2.3. Philosophiegeschichtlicher (Problem-)Zusammenhang bis Hegel

<u>Zusammenfassung</u>

So, wie wir den philosophiegeschichtlichen Zusammenhang von Hegel her (WdL) über Kant (bzw. Rationalismus und Empirismus) zurück zur formalen Logik ent - wickeln mußten, so sollten wir nun zusammenfassen, indem der Zusammenhang noch einmal vom Übergang: Mittelalter (Metaphysik) — Neuzeit (Nominalismus) her ent - wickelt wird.

2.3.1. Die *nominalistische Erkenntnistheorie*
(Kritischer Bezug auf metaphysische Erkenntnistheorie als Logik)

Die nominalistische Erkenntnistheorie hat die metapysische (formale) Logik insofern auf Erkenntistheorie (zurück-) geführt, als Erkenntnis im Nominalismus nicht mit der bloßen Abstraktion vom Sinnlichen ansetzen will, sondern mit der (subjektiven) Erkenntnis dieses Sinnlichen selber: der Dinge; insofern, als sie nicht mit (logischen) Denk-Strukturen ansetzen will, denen von vornherein Seins-

Strukturen (der Dinge — als letztlich „reines Sein"*) entsprechen sollen.

Aufgrund jener vorgeblichen Entsprechung von *logischen* und *Seins*-Strukturen (griech.: *on* = das Seiende) war die Metaphysik — trotz (oder: wegen) der Reduktion auf *Logik*, auf Denken — gerade auf objektivistische *Ontologie** reduziert. *Logik war (wesentlich) Onto-Logie.* In der Objektivität reinen Seins sollte der Metaphysik alle Erkenntnis (nicht der Dinge, sondern ihres Wesens) gründen.

2.3.2. Die *rationalistisch* gewendete *Logik*
(Descartes' besonderes Ansetzen mit nominalistischer Erkenntnistheorie)

Demgegenüber ist das (gleichsam: logische) Absehen von der Außenwelt noch einmal die äußerste (und letztlich arme) Konsequenz Descartes': Konsequenz eines imgrunde nominalistischen Ansetzens mit den Dingen, der erkenntnistheoretischen Frage nach ihnen; nur, daß Descartes die Antwort des Nominalismus (sie seien *real,* obwohl sie ja nur subjektiv mit Etiketten zu bezeichnen seien) nicht mehr genügt. Als zweifelhaft erscheint damit die Erkenntnistheorie des Nominalismus (und Empirismus). Die Dinge, die Außenwelt, werden zweifelhaft — zweifelhaft, wie die (empiristische) sinnliche Gewißheit über die Dinge. Descartes' ‚Ich denke' ist die Konsequenz. Es trägt so durchaus wieder Züge der alten Logik — ohne freilich mit ihr identisch zu werden; z. B.: „Ich denke, also bin ich!":

Das ist auch ein *richtiger* Schluß.

Worin Descartes' Logik mit der traditionellen nicht mehr übereinkommt: Descartes hält an der neuzeitlichen (sozusagen: „nominalistischen") Wende zum Subjekt fest. Seins-Strukturen sollen insofern endgültig ins Denken hineingenommen werden, als in den subjektiven (angeborenen) Denk-Strukturen Erkenntnis so sehr gründen sollte wie der metaphysischen Tradition zufolge im reinen Sein.

2.3.3. Der *idealistische* Versuch einer Vermittlung von *Logik* und *Erkenntnistheorie*
(Kants Bezug auf ‚Logik' — rationalistisch gewendet — und auf Nominalismus/Empirismus)

Nachdem der Empirismus noch einmal Nominalismus versucht hatte, Negation metaphysischer Logik, verlegt Kant konsequent die logischen Gesetze ins Subjekt. Darin Descartes verwandt, sind diese logischen Gesetze bei Kant jedoch „Kategorien", mit denen die Außenwelt strukturiert werden sollte. Leitend ist ihm deshalb zugleich die erkenntnistheoretische Fragestellung: Wie ein ‚Ich denke' zur Außenwelt kommt; wie Erkenntnis möglich ist (die zugleich: ‚anschauliche' Erkenntis ist).

Trotz der besonderen Konstruktion von „transzendentaler Logik" gegenüber bloß „formaler Logik"; trotz des Anspruchs, daß „transzendentale Logik" darstellen soll, wie Erkenntnis sich *vor* aller Erfahrung* „auf Gegenstände der (!) Erfahrung" beziehen können soll (K. d. r. V., B 81):

Logik und Erkenntnistheorie klaffen bei Kant noch immer auseinander: Das reine ‚Ich denke' (mit seinen logischen „Kategorien") kann nur *denken* (und: kann man nur denken), das Ding an sich (hinter den Dingen) kann ‚Ich' auch nur *denken;* die Dinge aber *erkenne* ich; wiewohl nicht nur sinnlich.[1]

2.3.4. *Dialektische* Synthese von *Logik* und *Erkenntnistheorie?* (Hegel)

Hegel versucht in der PhdG beide, Logik und Erkenntnistheorie, noch einmal zusammenzubringen. Dialektisch. *Wie;* wie genau: dies werden wir noch mehrfach erfahren.

Wir sahen, daß Hegel in der PhdG mit der Dingwelt anzusetzen scheint (Empirismus/Nominalismus): mit einem Ansatz, der (im Sinne unserer Arbeitsbegriffe) eher als *erkenntnistheoretisch* denn als *logisch* bezeichnet werden könnte („reichste Erkenntnis"). Wir sahen aber auch, daß Hegel solchen Empirismus, solche *Erkenntnistheorie,* von Anfang an mit dem Rationalismus vermittelt: mit einem quasi *logischen* ‚Ich denke', dem „Wissen", mit der Einsicht in die *Abstraktheit* sinnlicher Gewißheit. Einer Abstraktheit, die das Ich des Empirismus und das Ich des Rationalismus miteinander verbindet, als verwandt erscheinen läßt.

---

1 Es ist an dieser Stelle darauf zu verweisen, daß Kants „Kritik der reinen Vernunft" auch in sich uneinheitlich ist: daß die „Transzendentale Dialektik" (2. Abtlg. der „Transz. Logik") von der „Transzendentalen Analytik" (1. Abtlg.) abweicht. −

3. Exkurs: Anfang und Ansatz der WdL – im Vergleich zur PhdG

Nachdem Ihnen die ersten beiden Exkurse die wichtigsten Informationen an die Hand gegeben haben, können Sie mit ihnen ein kleines Paket von Aufgaben zur 2. Fragestellung lösen:

Zurück zur Beantwortung der 2. Fragestellung (WdL, Anfg.)

(a) Wie würden Sie nun die (neuformulierte) Fragestellung beantworten: *Beginnt die WdL* – Ihrer Erwartung nach – *mit dem Gegenteil* (des Anfangs der PhdG): *also mit etwas Abstraktem?*

Aufgaben 13 (a-c)
Lösungsvorschläge S. 175.

☐ ja
☐ nein

(b) Begründen Sie Ihre Antwort – unter dem Aspekt: *erkenntnistheoretischer* bzw. *logischer* Ansatz!

(c) Würden Sie – Ihrer Antwort und Begründung entsprechend – den Anfang bzw. den Ansatz der WdL im Vergleich zur PhdG eher interpretieren als:

☐ gänzlich (radikal) verschieden
☐ sehr verschieden
☐ ziemlich verschieden
☐ gar nicht so sehr verschieden
☐ ähnlich/gleich
☐ sehr ähnlich
☐ absolut gleich?

Spätestens hier ist eine Stelle erreicht, an der Sie – alternativ zu unserem schrittweisen Hinführen an den Anfang der WdL – sich über diesen Anfang informieren können (Anhang S. 165). (Sie *sollten* es dann tun, wenn Ihnen die folgende *Erläuterung* als zu abstrakt erscheint).

Ebene *Die Unterscheidung:*
der   (Begrifflich)-formal:[1] – methodisch*:
Form Der *Anfang*   Der *Ansatz*
Ebene   ↓
des
Inhalts . . . . – . . . .

Erläuterung 1. Stufe: Unterscheidung ..

---

[1] Unsere Darstellung zum „Formalen" der traditionellen Logik (gegenüber „inhaltlicheren" erkenntnistheoretischen Ansätzen) können Ihren Blick für diesen Aspekt geschärft haben. *Zunächst* ist hier mit „formal" zwar anderes gemeint als „formale Logik",

Hegel folgend kommen wir hier zu der für die Arbeit mit philosophischen Texten wichtigen Unterscheidung: (begrifflich)-*formal* – *methodisch;* bzw.: *Anfang* – *Ansatz*.

Bezogen auf den Beginn von PhdG und WdL, erweist sich diese Unterscheidung als (vorläufig) fruchtbar:

(Begrifflich)-*formal* gesehen sind die Anfänge von PhdG und WdL zunächst verschieden: *methodisch*, in ihrem Ansatz, sind sie gleich! D. h.:

— Im Falle, Sie hätten sich für die Verschiedenheit der *Anfänge* entschieden, hätten Sie (nur!) *formal* recht; hätten eine richtige Vermutung über die *begriffliche* Verschiedenheit der Anfänge von PhdG und WdL.
— Im Falle, Sie hätten sich für die Ähnlichkeit oder gar Gleichheit („Analogie") der *Ansätze* entschieden, so hätten Sie, konsequent aus den obigen Ausführungen folgernd, eine richtige Vermutung über die *methodische* Verwandtschaft, bzw. Gleichheit oder Entsprechung der Ansätze — über eine Analogie in ihrem Mechanismus. (Sie hätten sogar ‚mehr recht', sozusagen!).

... 2. Stufe:
Zusammenhang

Der Zusammenhang:
(Begrifflich)-formal und methodisch →
→ inhaltlich

Diese *methodische* Analogie verweist schon auf eine *inhaltliche* Analogie, erweist die bloße Betrachtung der Begriffe (aber auch noch: der Methode) als in dem Maße „formalistisch" wie die Ebene des *Inhalts* dabei völlig ausgeblendet bleibt. Im Namen Methode (Ansatz) ist sie immerhin schon mitgedacht — aber auch im (Begrifflich)-Formalen ist sie mitzudenken: als Dialektik von Form/Inhalt.

These

Nur eine selber *dialektische* Betrachtungsweise kann Unterschied und Zusammenhang von Form und Methode im Inhalt aufheben!

— spätestens aber mit den folgenden Ausführungen zu „Methode" und „Inhalt" der PhdG wird ein Zusammenhang sichtbar: da Logik und Erkenntnistheorie Gegenstand der PhdG sind. —

In *diese* Dialektik kommt man (erneut) hinein, indem man Begriffe und Methode als nur vorläufig (bzw.: „heuristisch"*) getrennt, in Wirklichkeit aber zugleich auch als inhaltlich vermittelt ansetzt (vgl. oben S. 72 zu „Arbeitsbegriffen"): Etwa, indem man im Namen (und im Phänomen) Methode von Anfang an sowohl Begrifflich-Formales als auch Inhaltliches denkt, und zwar *zugleich* (wie das bereits die Reflexion auf den Ansatz andeutete!)

Das soll nun vorgeführt werden, und zwar am Gang der PhdG. Dabei kann gezeigt werden, wie mit der Aufhebung des bloß Formalen im Inhaltlichen die WdL noch enger an die PhdG rückt als das mit dem vorläufigen Begriff des Ansatzes, oder eben: der Methode, bezeichnet werden konnte.

Der Anfang (oder besser, neutraler: der Beginn) der PhdG verändert sich nämlich beim zweiten Lesen — eben einem Lesen, das *methodisch* zugleich in Richtung auf *Inhalte* hin reflektiert ist:

Gerade im Fortgang der Dialektik nämlich (vom 1. zum 2. Absatz der PhdG) schlägt der methodische *Zusammenhang* der Begriffe auch auf die anfangs getroffenen begrifflichen *Unterscheidungen* zurück (immanente Kritik): Sie sind nicht „formal" zu nehmen, oder sie bleiben „abstrakte Wahrheit". Hegel nimmt daher im Fortgang nicht nur seinen Anfang der PhdG zurück, sondern damit eben auch die scheinbare Differenz zur (späteren) WdL:

Schon der allererste Anfang (1. Absatz) erweist sich im Nachhinein, Hegel bewußt (2. Absatz!), als *abstrakt* in seiner begrifflichen Unterscheidung — selbst wenn diese Begriffe vorgaben, das *Konkrete* zu bezeichnen („sinnliche Gewißheit"). Der *Inhalt* (das Konkrete) ändert sich (auf die oben beschriebene Weise), indem man die *Form* (Begriffe, wie hier: sinnliche Gewißheit) *methodisch* reflektiert: Das, was inhaltlich als das Konkrete angesetzt wurde, erweist sich als das Abstrakte!

Mit anderen Worten: Wir erinnern uns, daß tatsächlich schon solche Begriffe wie „Gewißheit", erst recht solche wie „Wissen", dem vorgeblichen Ansetzen mit dem Konkreten widersprechen, sich widersetzen. (Eine eigene Dynamik entfalten, deren zufolge sie auf Vermittlung mit ihrem Gegenteil zutreiben!)

Beispiel solchen — jetzt: dialektischen (!) — Zusammenhangs: Die dialekt. Methode im Anfg. der PhdG (im Vergl. z. WdL)

Zusammenfassungen
a) Zur dialektischen Betrachtung dialektischer Methode (Form und Inhalt)

77

Erst aus der Beziehung von Begriffen auf Methode können Inhalte sichtbar werden, wird die Form ihrer Abstraktheit enthoben.

Die Feststellung des 2. Absatz', diese sinnliche Gewißheit sei, bzw. gebe sich aus als: „in der Tat" *„abstrakte* und ärmste Wahrheit", bringt dies nur noch einmal deutlich und methodisch „auf den Begriff" (wie man in solchen Fällen philosophisch sagen kann). Aber hierbei wird dann nicht einmal stehen geblieben. Die Dialektik geht immer noch weiter, wie wir sehen werden.

b) Der Beginn von PhdG/WdL: formal-methodisch und inhaltlich

Es ist mithin, methodisch und inhaltlich gesehen, der gleiche Beginn, als gleicher Ansatz und (auf vermittelte Weise) als Identität der Inhalte. Wenn auch, formal gesehen, mit zunächst umgekehrtem Vorzeichen; aber auch dies eben nur scheinbar; nur dann, wenn man ganz „formal" (im Sinne von „abstrakt"), wenn man noch *vor*dialektisch betrachten will; wenn man (begriffliche) Form und Methode unterscheiden will und beide vom Inhalt:

Solche Unterscheidung ist eine Voraussetzung von Dialektik.

<u>Vertiefungen</u>
a) Zur formalen Differenz der Anfänge von PhdG und WdL

Doch diesen formal „umgekehrten Vorzeichen" müssen wir uns nun eingehender zuwenden, um die eigentliche *Analogie* gleichzeitig noch besser verstehen zu können:
Wenn Hegels WdL gegenüber der PhdG noch entschiedener sofort mit der Abstraktheit beginnen will, nämlich mit etwas Abstraktem, so ist klar, daß sie nicht mit der sinnlichen Gewißheit beginnen kann (nur in einem vordergründigen oder vorläufigen Sinne *inhaltlich* gesprochen, in Wirklichkeit noch *formal).*

Wie wohl eben auch klar ist, daß die WdL mit etwas *methodisch-inhaltlich* Ähnlichem beginnen muß.

b) Zum Anfang der WdL

Die WdL wird deshalb in ihrem Anfang den Akzent, vorläufig, ebenso auf *einen* Pol setzen, auf ein Absolutes und eben damit schon Abstraktes, wie das schon die PhdG tat. Aber eben (vorläufig!) auf den anderen.

<u>Frage</u>

Auf welchen?

<u>Antwort</u>

Dies haben Sie schon beantwortet. (Vgl. Lösung Aufg. 11 zur Benennung des Gegenteils der Dinge [des Konkreten])!

Nennen Sie alle philosophischen Richtungen, die Ihnen bei solchem Ansetzen mit einem Abstrakten als Parallelen einfallen!

Aufgabe 14 (Wiederholung)

Wenn Sie nicht weiterkommen, lesen Sie noch die folgenden Überlegungshilfen:
(Aber versuchen Sie es erst einmal ohne!)

— Bei der PhdG zogen wir die Parallele zu welchen philosophischen Richtungen: zu welchem unmittelbaren Vorgänger/welcher Richtung im Mittelalter?

— Welche dazu konträren Richtungen (Vorgänger/Mittelalter, Antike) kommen nun in Betracht?
Denken Sie dabei durchaus auch an unsere Überlegungen zu: Logik und Erkenntnistheorie.

Überlegungshilfe

Lösungsvorschlag S. 176.

Das Abstrakte, mit dem die WdL (gegenüber der PhdG: *sofort*) beginnt, heißt ihr: „reines Sein". Sie beginnt demnach tatsächlich — in unseren Ausführungen zur traditionellen Logik ist er (nur) angeklungen — mit einem Begriff aus der Tradition der (antiken/mittelalterlichen) Metaphysik als (wesentlich) Onto-Logie. Jener Metaphysik, deren Erkenntnis(theorie) auf formal-logischen Strukturen basierte, sich auf sie so sehr reduzierte, wie auf Seins-Strukturen — letztlich auf das „reine Sein".

b₁ (Formaler) *Anfang* der WdL mit dem „reinen Sein" = (zunächst) traditionelle Metaphysik (Onto-Logie)

„Reines Sein war geschichtlich die erste Gestalt, in der Philosophie mit reinem Denken beginnen wollte, um aus ihm die empirische Mannigfaltigkeit zu deduzieren." (K. H. Haag, a.a.O., S. 23).

Hegel möchte mit diesem Anfang (darin Kant verwandt) an Metaphysik, nämlich am *Wesen* der Dinge festhalten. Gerade *mit* der neuzeitlichen Wende zum Subjekt sucht die WdL den Anfang in der *Logik,* im Denken, der Abstraktion. Dies signalisiert bereits: Genausowenig wie Hegel in der PhdG daran gelegen sein konnte, einfach nur den Ansatz aus der Perspektive des Empirismus/Nominalismus (sinnliche Gewißheit) durch Rationalismus zu kritisieren, bzw. durch Metaphysik, genausowenig kann er jetzt bei dieser Metaphysik stehen bleiben — und auch wiederum nicht bei ihrem Gegenteil, dem Empirismus/Nominalismus.

b₂ Zum Spezifischen dieses Anfangs

Auch der Nominalismus (so wissen wir durch den Anfang

der PhdG) geht in Wirklichkeit („in der Tat") von etwas gänzlich Abstraktem aus: von einem leeren Ich.

Wie entsprechend also die Metaphysik durch jenen Nominalismus in Wirklichkeit nicht einfach nur ‚abgelöst' wurde (um zu ‚siegen'); wie auch der Rationalismus nicht einfach nur durch den Empirismus ‚abgelöst' wurde;

sondern: wie das von jeder dieser philosophischen Positionen jeweils Absolut-Gesetzte historisch ‚umschlagen' mußte in sein Gegenteil — so muß das *reine Sein* der Metaphysik, mit dem Hegel in der WdL beginnt, von ihm vorgeführt werden als ‚*Umschlag*' ins *reine Nichts* (z. B., philosophiegeschichtlich gesprochen: in das leere, damit nichtige Ich des Empirismus/Nominalismus, das gleich nichtig wie das metaphysische Absolute ist!) Hegel macht damit deutlich, daß beide Ansätze, etwa: Metaphysik und Nominalismus oder Rationalismus und Empirismus, gleich abstrakt sind — so abstrakt („formal") wie reines Sein und reines Nichts.

c) (Methodischer) Verlauf des Anfangs der WdL: „reines Sein" ↔ „reines Nichts" „Werden":

Vor diesem philosophiegeschichtlichen Hintergrund können wir noch einmal den Anfang der WdL in seinem Verlauf verdeutlichen, als Verlauf imgrunde der — kritisch gewendeten — Geschichte der Philosophie.

Lesen Sie dazu (noch einmal) den Text des Beginns der WdL, in unserem Anhang, S. 165:

1. Stufe: „reines Sein" → „reines Nichts"

Nimmt man das (traditionelle, metaphysische) *reine* Sein ernst, nimmt man es also so *rein*, wie es zu sein beansprucht, dann ist dies reine Sein *ohne* Bestimmung, *ohne* Eigenschaften, ist also völlig *leer*. Es ist damit zugleich das *reine Nichts*, in das es umschlägt. Die Dialektik kommt von Anfang an in Gang. Sie *ist* dieses Umschlagen: vom (reinen) Sein ins (reine) Nichts.

2. Stufe: „reines Nichts" → „reines Sein"

Dies *reine* Nichts nun *ist* aufgrund der gleichen *Reinheit* (Unbestimmtheit) das *reine* Sein, in das es damit zurückschlägt:

Zitat (Hervorhebg.: J. N.)

„*Nichts* ist somit dieselbe Bestimmung oder vielmehr *Bestimmungslosigkeit* und damit überhaupt dasselbe, was das *reine Sein* ist." (vgl. S. 165).

3. Stufe: Übergang ins „Werden"

Es findet also eine *doppelte* Bewegung statt: vom reinen Sein zum reinen Nichts, zum reinen Sein. Durch diese doppelte Bewegung — imgrunde von Nichts zu Nichts, nämlich von Abstraktem zu Abstraktem: „Negation der Negation" — soll ein *Werden* zustandekommen.

Werden ist ja Entstehen und Vergehen: — Definition „Werden"

„Beide (*reines* Sein und *reines* Nichts; J. N.) sind *dasselbe*,[1] Werden, und auch als diese so unterschiedenen Richtungen durchdringen und paralysieren sie sich gegenseitig. Die eine ist *Vergehen*[2] (!in Nichts; J. N.); Sein geht in Nichts über, aber Nichts ist ebensosehr das Gegenteil seiner selbst, Übergehen in Sein, *Entstehen*[3] (!)." (vgl. S. 166f.). — Zitat

---

Vergleichen Sie die hier beschriebene dialektische Methode, ihre ersten beiden Schritte bzw. Stufen, mit der Methode in der PhdG — und zwar von jenem *Ding an sich* her, mit dem (vornehmlich: dogmatischer) Rationalismus (bzw. traditionelle Metaphysik) ansetzt.[4] — Aufgaben (zum Vergleich PhdG/WdL)

Aufgabe 15

— „Hegel schien im Anfang der PhdG das Ding an sich als dogmat. Rationalismus (bzw. Metaphysik) zunächst ...., gleichsam aus der Position des Empirismus (bzw. Nominalismus), — um zugleich aber .... " — Lösungshilfe: (Formulierungshilfe)

Lösungsvorschläge S. 176.

— „Im Anfang der WdL .... Ding an sich (= Rationalismus / ....
....

Hegel beginnt in der WdL mit dem reinen Sein: — Zusatzaufgabe (15 a)
— Hätte er auch mit dem reinen *Nichts* beginnen können?
— Warum tut er es nicht?
(a) Formal und/oder methodisch gesehen!
und/oder
(b) Philosophiegeschichtlich gesehen!

Lösungsvorschlag S. 176.

---

1 Hervorhebung J. N.—
2 Hervorhebung Hegel.—
3 Hervorhebung J. N.—
4 Der „besondere Rationalismus" („Idealismus") Kants bringt ja mit dem Ding an sich ein rationalistisches bzw. traditionell metaphysisches Theorem auf den Begriff; aber gegenüber *dogmatischem* Rationalismus/Metaphysik mit dem Anspruch des *Kritischen* (als: Rationalismus *und* Empirismus, Metaphysik *und* Nominalismus *zugleich*, wie wir inzwischen genauer wissen).—

IV. Fortgang des Anfangs: „Phänomenologie des Geistes", Kapitel 1 – der 3. und 4. Absatz

3. Absatz

Lesen Sie noch einmal den Text des 3. Absatz' durch! (S. 65). — *Arbeitsanleitung 1*

Artikulieren Sie für sich (mündlich, evtl. auch schriftlich) die Bedeutung in wenigen Sätzen! — *Arbeitsanleitung 2*

Welche Stelle, welche(r) Begriff(e) sind am allerwichtigsten? — *Aufgabe 16*
Interpretieren Sie dazu mit wenigen Sätzen, welche Beziehung dieser 3. Absatz zum Anfang der WdL hat!
(Vergleichen Sie auch mit dem 2. Absatz!)

(1) Die sinnliche Gewißheit nimmt die Dinge wie der Empirismus, also als .... (Nennen Sie den Begriff aus Abs. 2!) — *Lösungshilfe Aufg. 16 (Rückgriff auf Abs. 2)*
(2) Das Ich des Empirismus ist dabei ....
(3) Wie werden dabei die Dinge (von diesem Ich) imgrunde genommen, d. h. in ihrer „Wahrheit", als „das Wesentliche" an ihnen: als ....(?) (Auch dieser Begriff steht im Hegel-Text, diesmal im 3. Absatz). — *Lösungsvorschläge S. 177.*

Unterstreichen Sie diesen zentralen Begriff in Ihrem Text! — *Arbeitsanleitung*

Im 2. Absatz bereits war die Rede davon, daß „die abstrakteste und ärmste Wahrheit" der sinnlichen Gewißheit „in der Tat" „das *Sein* der Sache" sei. Die sinnliche Gewißheit (der Empirismus) weiß imgrunde nicht jenes „*Seiende*", wie sie es behauptet, und von dem entsprechend im 1. Absatz noch die Rede war, sondern nur das reine, abstrakte Sein (nur, daß die Sache „ist": 2. Abs.), welches jetzt im 3. Absatz weiter erläutert wird. — *Erläuterung (zugleich 1. Interpretation von Absatz 3)*

D. h.: Argumentiert wird weiterhin vom Mißverhältnis zwischen *Anspruch* und *Wirklichkeit* des Empirismus aus: — *Argumentationsstruktur*

Differenz: Anspruch und Wirklichkeit (formaler und wirklicher Ansatz)	Der Empirismus beansprucht, die Dinge als *real* zu haben (das Ich sei dabei ‚tabula rasa'). Hegel zeigt, daß diese Realität in Wirklichkeit arm ist — gerade weil von einem (armen) Ich abgespalten, das auf die Dinge in seiner Armut zurückschlägt. Ganz ähnlich (analog), wie der Rationalismus sozusagen die *Realität* des Ich (über)betonte und die Dinge in Zweifel zog: das schlug auf das *Ich* zurück, auch es wurde arm, obwohl das gar nicht der Anspruch war!
Analogie zur WdL	Durch die hier sogar begrifflich (formal) benannte Analogie zum abstrakten Beginn der WdL („reines Sein") wird endgültig klar, wie formalistisch, zumindest: wie „heuristisch" die Unterscheidung beider Anfänge war.
	Die begriffliche Differenz zur späteren WdL, mit der zunächst in der PhdG gearbeitet wird, konnten wir schließlich ignorieren: vom Ansatz her. Nun erhalten wir nachträgliche (auch *begriffliche*) Bestätigung für unsere Vermutung. **Analogie zur WdL besteht bis in die Begriffe hinein!**
Arbeitsanleitung	Unterstreichen Sie nun alle weiteren wichtigen Begriffe und Wendungen im 3. Absatz (zurückschlagen auf S. 65) und lesen Sie dann den folgenden Kommentar.

Kommentar
(3. Absatz)

Hier wird noch weniger als in Absatz 2 Wort für Wort interpretiert. Vielmehr wird methodisch von einem zentralen Begriff her („reines Sein") interpretiert, werden jene (an)sprechenden Stellen aus ihm ent-wickelt, die mit ihm zusammenhängen und die auf ihn zurückführen.

Die Methode des „Aufdröselns"*	Dies Ent-wickeln nennt man die *Methode* des *„Aufdröselns"** von Begriffen, von Stellen.
	Hegel faßt hier unausgesprochen die Position des Empirismus von ihrem zentralen Theorem her, von ihren zentralen Begriffen:
„das Einzelne"	Allein *„das Einzelne"* gilt dem Empirismus als real:

„die Sache *ist* . . ."

Wenn aber nur die Sache ist, kann der Empirismus/Nominalismus auch einzig sagen:

„sie *ist*" (wie es deshalb dann der 3. Absatz sagt.)

Was aber ist die Sache, das Einzelne für den Empirismus? Erneut nur ein „Dieses": Etwa im Beispiel: „Der Tisch ist rund", sind Tisch und auch rund auch nur ein „Dieses". — Beispiel

Denn an der Sache konstatiert die sinnliche Gewißheit nicht

die „Menge unterschiedener Beschaffenheiten"; die Sache ist keine „reiche Beziehung an ihr selbst oder ein vielfaches Verhalten zu andern . . ."

Die sinnliche Gewißheit vergleicht die Dinge vielmehr nur auf ihre *vergleichbaren* Eigenschaften hin, die sie mit Begriffen, in einem Etikett, zusammenfaßt. Sie konstatiert damit an den Dingen nur die *identischen* Eigenschaften, d. h., in Wirklichkeit konstatiert sie als identisch nur: *daß* die Dinge sind —

„. . . sie (die Sache; J. N.) *ist,* nur weil sie *ist;* . . ."

Damit sieht die sinnliche Gewißheit von den

„mannigfaltig(en)" (konkreten) Eigenschaften der Dinge ab (z. B. von der ganz besonderen Beschaffenheit dieses Tisches — z. B. der Größe, einzelnen Kratzern gar, etc.).

Konstatiert die sinnliche Gewißheit aber lediglich, *daß* die Dinge sind, so nur das „reine Sein" (!) dieser Dinge! — Das „reine Sein"

D. h.: Auch die sinnliche Gewißheit, auch die PhdG, fängt mit dem reinen Sein an.

Hegel führt in der PhdG (bereits hier sichtbar!) die Frage nach dem Anfang, bzw. Ansatz, auf Rationalismus, auf Metaphysik zu (auf Abstraktion — nämlich von den besonderen Eigenschaften der Dinge); auf Metaphysik, mit der die WdL beginnt.

Von der WdL her wird deutlich, daß ich selbst die Aussage: „Der Tisch ist ein Dieses" imgrunde nicht machen kann. Denn die Frage ist dann bereits: „Was ist die Wahrheit der sinnlichen Gewißheit vom Tisch?" — Wir werden das noch im Fortgang der PhdG sehen!

Der Empirismus kann nur antworten: „Das reine Sein", — welches aber das reine Nichts ist (wie wir aus der WdL wissen).

Wenn Sie nun die zitierten und kommentierten Stellen mit den von Ihnen im Text unterstrichenen vergleichen, können Sie feststellen, ob bereits alle wichtigen Stellen weitgehend interpretiert wurden — die Methode des *„Aufdröselns"* muß — Arbeitsanleitung (zur Methode des „Aufdröselns")

	nicht etwa weniger zusammenhängend sein als der *„Zeilen-Kommentar"*. Sie kann zumal mit ihm kombiniert werden. Davon machen wir ab Abs. 5 immer wieder Gebrauch.
Arbeitsan-leitung (disponibel)	(Nur) wenn Sie sich hier fragen, ob dieser Aufwand: an philosophiegeschichtlichen Exkursen, Kommentaren und Aufgaben nicht doch etwas zu groß sei — gemessen an der Tatsache, daß lediglich 3 Absätze in Hegels PhdG interpretiert wurden: Lesen Sie dann (nur dann!) schon den Exkurs auf S. 100: „Erst vier Absätze!"

4. Absatz

Arbeitsan-leitung	Lesen Sie den 4. Absatz zunächst wieder durch und unterstreichen Sie die Ihrer Meinung nach wichtigsten Begriffe und Aussagen!

Text
(4. Absatz)

An dem *reinen Sein* aber, welches das Wesen dieser Gewißheit ausmacht und welches sie als ihre Wahrheit aussagt, spielt, wenn wir zusehen, noch vieles andere beiher. Eine wirkliche sinnliche Gewißheit ist nicht nur diese reine Unmittelbarkeit, sondern ein *Beispiel* derselben. Unter den unzähligen dabei vorkommenden Unterschieden finden wir allenthalben die Hauptverschiedenheit, daß nämlich in ihr sogleich aus dem reinen Sein die beiden schon genannten *Diesen,* ein *Dieser* als *Ich,* und ein *Dieses als Gegenstand* herausfallen. Reflektieren *wir* über diesen Unterschied, so ergibt sich, daß weder das eine noch das andere nur *unmittelbar,* in der sinnlichen Gewißheit ist, sondern zugleich als *vermittelt;* Ich habe die Gewißheit durch ein anderes, nämlich die Sache; und diese ist ebenso in der Gewißheit *durch* ein anderes, nämlich durch Ich.

Charakteri-sierung	Der 4. Absatz ist eine wichtige *Zwischenreflexion*. Sie führt den bisherigen Gang (1. Stufe, These: Empirismus; 2. Stufe, Antithese: Rationalismus) zu einer 3. Stufe und ist daher für den weiteren Gang der Dialektik von hoher Bedeutung.

Der bisherige Gang war dieser:
Die sinnliche Gewißheit = *"Wissen des Unmittelbaren oder Seienden"* (1. Absatz) erscheint als *"reichste"* und *"wahrhafteste"* „Erkenntnis" = aber „in der Tat" „abstrakteste und ärmste *Wahrheit"*, die „allein das *Sein* der Sache" enthält: den „Gegenstand" „nur als reines *Dieses"*, das „Ich" „nur als reiner *Dieser"* (2. Absatz)
= „reine(s) *Sein"* = „einfache Unmittelbarkeit" (Unterschiedslosigkeit!) (3. Absatz).

Bisheriger Gang: (Zusammenfassung) (Hervorhebungen v. Hegel!)

Dies reine Sein ist, so wissen wir aus der WdL deutlich, völlig leer, reines Nichts. (Das Ich ist dabei, in der Sprache der WdL, „leeres Denken"; und der PhdG zufolge: ein „reiner Dieser", arm — wie auch das Ich des Empirismus, so haben wir immer hinzugedacht).

Mit diesem entlarvenden Umschlag der vermeintlich *konkreten, sinnlichen* Gewißheit (1. und 2. Absatz), bzw. spätestens mit ihrem ‚Rückschlag' ins *reine Sein* der Dinge (3. Absatz), mit dem Aufweis dieser zwei *abstrakten* Nichtse, könnte Hegel bereits enden: Das reine Sein ist unterschiedloses reines Sein, ist das reine Nichts und umgekehrt.

Kommentar
(4. Absatz)

Aber, wie auch die (spätere) WdL noch einen Fortgang vom Sein und Nichts zum Werden hat (das ist: Modifikation der traditionellen ‚creatio ex nihilio', der Schöpfung aus dem Nichts!), so will schon die PhdG nun zur 3. Stufe weitergehen (Abs. 4 ff.).

Dazu will sie zunächst noch einmal nachweisen (vgl. Erläuterung der 2. Stufe der WdL), daß am

„reinen Sein" . . . ‚„noch vieles andere beiher(spielt)."

Z. B., daß das reine Sein eben doch nicht nur unterschiedslos, nicht nur

„reine Unmittelbarkeit" ist; sondern, daß es zugleich auch

„Unterschiede ( )" zur Unmittelbarkeit aufweist:

„reine Unmittelbarkeit"

„Unterschiede ()"

Das reine Sein (= die sinnliche Gewißheit, in ihrer Wahrheit) soll die „Unterschiede" aus sich *heraussetzen;* oder, wie Hegel es nennt: diese „Unterschiede" sollen

„herausfallen"; und zwar die Unterschiede von den

„beiden schon genannten *Diesen*, ein *Dieser* als *Ich*, und ein *Dieses als Gegenstand* ..." —

Zwischen-
überlegung
(Problema-
tisierung)

Ist nun mit diesen „Unterschieden" nur noch einmal die zweite Stufe benannt, der Umschlag der „Unmittelbarkeit", des Empirismus? *Unterschied*, Differenz, ist ja ein Begriff des Rationalismus, der Logik. Das hieße doch aber auch, daß hier aus reinem Sein bloß reines *Nichts* geworden wäre, noch kein Drittes.

Wie verträgt sich dies aber damit, daß jetzt, auf dieser Stufe, gerade vom „*Gegenstand*" gesprochen wird?

Exkurs
Zu dieser (eben zitierten) Text-Stelle:
Mißverständlich oder dunkel?

Wir kommen hier zu einem Kuriosum: Denn die zuletzt zitierte und kommentierte Text-Stelle könnte auch anders interpretiert werden, und zwar so:
Das reine Sein soll die „Unterschiede" aus sich heraussetzen: diese „Unterschiede" (von zwei „Diesen") sollen

„*als Gegenstand* (!) herausfallen":

So steht hier ja tatsächlich!
Noch einmal die Stelle:

„Unter den unzähligen dabei vorkommenden Unterschieden finden wir allenthalben die Hauptverschiedenheit, daß nämlich in ihr sogleich aus dem reinen Sein die beiden schon genannten *Diesen*, ein *Dieser* als *Ich*, und ein *Dieses als Gegenstand* herausfallen."

Ist das aber gemeint?
Das hieße doch: Beide „Diese", also auch das „*Ich*" würden zum „*Gegenstand*" („*als Gegenstand* ..."!).
Wenn aber auch das Ich zum Gegenstand würde, zum Gegenstand des Bewußtseins (zunächst: der sinnlichen Gewißheit), würde es zu einer Art von *Selbst*bewußtsein. Das Selbstbewußtsein aber soll ja erst auf einer viel höheren Stufe, in Abschnitt B der PhdG, entfaltet, abgehandelt werden; vgl. Inhaltsverzeichnis (wie immer sich das Selbstbewußtsein hier schon andeutet).

Philolog.

Dies Bedeutungs-Problem führt auf ein philologisches*

Problem, ist als dieses philologische *auch* ein Problem der Satz-*Form:*

Problem:
Satz-Form
- Bedeutung

Heißt es:

1. „... daß nämlich in ihr (der sinnl. Gewißht.; J. N.) sogleich aus dem reinen Sein die beiden schon genannten *Diesen,* ein *Dieser* als *Ich,* und ein *Dieses* als (nicht hervorgehoben!; J. N.) *Gegenstand,* (Komma!; J. N.) herausfallen." (1. Möglichkeit)?

Oder heißt es:

2. „... daß nämlich in ihr sogleich aus dem reinen Sein die beiden schon genannten *Diesen,* ein *Dieser* als *Ich,* und ein *Dieses,* (Komma!) *als* (hervorgehoben wie im Text!) *Gegenstand* herausfallen." (2. Möglichkeit)?

Diese beiden Möglichkeiten bleiben nun.

(Typographische) Hervorhebung *und* Komma-Setzung (1.) *oder* zumindest die Komma-Setzung (2.) sind im Text unstimmig!

Fazit

Rückbezüge
(Zur vertiefenden Erläuterung des 4. Absatz'; des philologischen Problems.)

Es ist an dieser Stelle des 4. Absatz' die Rede von „beiden schon genannten Diesen".
An welcher Stelle, in welchem Absatz also, wurden die beiden Diesen „schon genannt"?
(Hier gibt es eigentlich nur eine Lösung!).

Aufgabe 17
(Wiederholungs-Frage)

Lösungsvorschlag S. 177.

1. Rückbezug: 2. Absatz

Arbeiten Sie durch nochmalige Lektüre des 2. Absatz' heraus (evtl. unterstützt durch unsere Zusammenfassung: Bisheriger Gang, S. 87):

Aufgabe 18:

1. Was sagt der 2. Absatz (im Zusammenhang mit den beiden Diesen) über das Verhältnis von *„Bewußtsein"* und *„Sinnlicher Gewißheit"*?
   Zitieren und kommentieren Sie kurz; ziehen Sie zur Kommentierung den im folgenden abgedruckten Anfang des Inhaltsverzeichnisses heran!

Teil A (Kapitel 1 — 3) arbeitet als *Bewußtsein* heraus:

Lösungshilfe:

Lösungsvorschläge S. 177.

Inhaltsverzeichnis (Anfg.)

...

(A.) Bewußtsein.
1. Die sinnliche Gewißheit ...
2. Die Wahrnehmung ...
3. Kraft und Verstand ...

2. Was sagt der 2. Absatz über den *„Gegenstand"* aus? (Wir müssen es wissen, um diesen Begriff im 4. Absatz besser zu verstehen).

3. Welcher begrifflichen Dimension gehört also der Begriff *„Gegenstand"* an?

4. Legen Sie ein kleines Schema an, in dem Sie die zentralen Begriffe (des Zitats) anordnen, also: Bewußtsein, sinnliche Gewißheit, ... Gegenstand etc. (Machen Sie Unterscheidungen — auch die der *begrifflichen* Dimension — durch Übersicht möglich).

Methodischer Hinweis (zum Rückbezug auf den 2. Absatz)

Mit diesem Arbeitsschritt verstehen wir nicht nur den 2. Absatz nachträglich noch besser, vom 4. Absatz her. Der 2. Absatz wird uns zugleich zum Erklärungsmodell für den 4. Absatz.

Solches Nocheinmal-vorne-Nachlesen, solches Mit-der-momentanen-Stufe-Vergleichen, solches Hin- und Herschlagen im Text, ist meist äußerst fruchtbar und bei einer dialektischen Theorie geradezu unerläßlich.

Es führt dann am wenigsten zu Begriffsverwirrungen, wenn wir die leitenden Begriffe zu einem kleinen Schema aufbauen.

Statik und Dynamik in einem Schema

Damit diese Begriffe dabei nicht im *schlechten* Sinne „schematisch", also statisch (ruhend), undialektisch werden, muß das Schema auch *Bewegungen* von Begriffen* sichtbar machen, muß es, mit anderen Worten, *dynamisch** werden.

Aufgabe 19 (a-b)

Wir stellten (S. 89) als Fazit des philologischen Problems fest, daß entweder (typographische) Hervorhebung *und* Komma-Setzung (1. Möglichkeit) oder zumindest die Komma-Setzung (2. Möglichkeit) in dem frag-würdigen Satz des 4. Absatz' unstimmig sind.

(a) Korrigieren Sie jetzt diese Unstimmigkeiten. Unsere schematische Verdeutlichung zu Absatz 2 muß stimmig in diesen Satz des 4. Absatz' eingehen können!

(b) Noch einmal: Interpretieren Sie die Begriffe von der notwendig gewordenen Veränderung des Satzes her (= Wiederholungsfrage zum Schema der Begriffe).

Der Satz lautete: *Zitat, 4. Absatz*
„Unter den unzähligen dabei vorkommenden Unterschieden finden wir allenthalben die Hauptverschiedenheit, daß nämlich in ihr (der sinnl. Gewißheit; J. N.) sogleich aus dem reinen Sein die beiden schon genannten *Diesen*, ein *Dieser als Ich*, und ein *Dieses als Gegenstand* herausfallen." *Lösungsvorschlag S. 178.*

Man kann anhand dieses (mit der Aufgabe 19 noch einmal angesprochenen) *philologischen Problems,* das zugleich ein Problem der Form und des Inhalts eines Textes ist, sehr viel lernen: Nun sind zwar solche Irrtümer in der Form, Verdunkelung des Inhalts (vom Autor selbst oder nur vom Setzer bzw. Lektor des von uns verwendeten Textes zu verantworten), nicht gerade typisch. *Methodischer Hinweis (Lernziel-orientiert)*
Typisch aber sind – gerade für die PhdG – Dunkelheiten, zumindest auch: besonders schwierige Passagen.

Wir sehen hier erneut, wie sehr wir mit Hegels Dialektik nicht nur *Inhalte* der philosophischen Theorie lernen, sondern mit deren – *dialektischer!* – *Methodik* auch *Formen* – des Denkens (mit denen wir streng wissenschaftlich arbeiten können). Hier: *Form/Inhalt - Dialektik!* *Zur methodischen Arbeit*

Deshalb ist das oben erarbeitete philologische Problem ein Grenzfall, an dem sich modellhaft lernen läßt, wie sehr man bei der Lektüre und Interpretation eines Textes, gerade eines philosophischen, auch auf dessen Form achten muß, – bis hin etwa zur Interpunktion, welche ja den Satz jeweils sinnvoll strukturieren, dessen Teile (Begriffe etc.) auf einander beziehbar machen soll. An der Form läßt sich, mit anderen Worten, die dialektische (!) Vermittlung von Form und Inhalt bereits sehr deutlich ablesen.

2. Rückbezug: 3. Absatz

Mit diesem neuen „Problem-Bewußtsein" lesen wir, auf methodische Weise mißtrauisch geworden, über den 2. Absatz hinaus, noch einmal den 3. Absatz, um erst von hier *„Gegenstand":= „Sache"* wieder zum 4. vorzudringen, den *Zusammenhang* erneut herzustellen.

Hier fällt auf, daß anstelle des Begriffs „Gegenstand" mehrfach der Begriff „Sache" verwendet wird. Er ist offenbar gleichbedeutend („synonym"*) mit „Gegenstand" verwendet: Wir erinnern uns zudem, daß es im 2. Absatz hieß: in der sinnlichen Gewißheit sei „allein" — erneut dies „nur"! — „das Sein der Sache (!)".

Entsprechend heißt es dann zu Anfang des 3. Absatz':

<small>Zitat, 3. Absatz (Die letzten beiden Hervorhebungen von mir):</small>

„Ich, *dieser*, bin *dieser* Sache (!) nicht darum *gewiß*, weil *Ich* als Bewußtsein hiebei mich entwickelte ... Auch nicht darum, weil *die Sache,* deren ich gewiß bin, nach einer Menge *unterschiedener* (!) Beschaffenheiten, eine reiche Beziehung ... wäre ...; weder Ich noch die Sache hat darin die Bedeutung einer *mannigfaltigen Vermittlung (!)* ..."

<small>„Unterschiede" „Vermittlung"</small>

Von jenen „*Unterschieden*" und schließlich von jener „*Vermittlung*" spricht dann entfaltet: eben der 4. Absatz. Von ihm her können wir bereits interpretieren, daß „mannigfaltige Vermittlung" (3. Absatz) auch so viel heißt wie: *Vermittlung des Mannigfaltigen,* d. i.: Vermittlung der *Unterschiede!*

<small>Arbeitsanleitung</small>

Lesen Sie nun noch einmal weiter zum 4. Absatz und bis zu dessen Ende, um in den Zusammenhang erneut und jetzt besser hineinzukommen (Sie verstehen nun auch den 4. Absatz schon einiges besser!).

Weiterer Kommentar
(4. Absatz)

Am Ende des 4. Absatz' heißt es noch einmal: „die Sache" sei „ein anderes" als das Ich, bzw. als die (sinnliche) Gewißheit — nur (!) vermittelt „durch" (!) sie aber habe die sinnliche Gewißheit ihre Gewißheit; vermittelt erst sei die Sache auch „*in* der Gewißheit", „nämlich (vermittelt) durch Ich", welches ebenfalls „ein anderes (zunächst!)" sei.

<small>1. Fazit</small>

Die Subjekt-Objekt-Differenz (Ich-Sache) hängt zusammen mit der Differenz Bewußtsein und sinnliche Gewißheit!

Wir können nun gut gedanklich greifen, daß dies jeweilige „Anderes"-Sein für den 4. Absatz doch „vermittelt" ist (mit dem Anderen); und zwar ausgehend von der begrifflichen *Differenzierung* unseres Schemas zu Absatz 2.

2. Fazit

Damit umgehen wir die Schwierigkeit, daß es eher verwirren würde, hierzu die Stufenfolge der WdL — jedenfalls an dieser Stelle — einzubringen; da die Begriffe zunächst etwas schwer beziehbar sind.

Methodischer Hinweis

Dies liegt zunächst etwa daran, daß Bewußtsein einerseits eher *Dimension* ist (welche als *Ebenen:* Sinnliche Gewißheit, Wahrnehmung, Kraft und Verstand hat) und nicht *Stufe,* andererseits aber hier doch — bereits vorweggenommen — zu etwas wie der *3: Stufe* wird (Vermittlung). Dies entspricht dann durchaus dem Fortgang der PhdG, der Großgliederung, nach der das Bewußtsein *Stufe* ist, nämlich selber wieder erste.

(Die 3 ‚Ebenen' sind dazu sozusagen ‚Zwischen-Stufen').

Es ist damit (im Schema zu Abs. 2 — s. Lösungsteil, S. 178 — ersichtlich) von der Ebene der sinnlichen Gewißheit (der *Unmittelbarkeit*) eine Dimension Bewußtsein *unterschieden,* die sich zunächst als Bewußtsein auch noch nur auf das Ich, das Subjekt zu beziehen scheint; in der aber zugleich auch überhaupt *Unterschiede* sind, andere Unterschiede auch als der soeben getroffene von sinnlicher Gewißheit und Bewußtsein, wenn auch verwandte: Indem diese Dimension nämlich von der *Unmittelbarkeit unterschieden* ist, ist in ihr der *Unterschied* schlechthin, im Gegensatz eben zur *Unmittelbarkeit:* vor allem der „Hauptunterschied" von „Ich" und „Gegenstand", also von Subjekt und Objekt — wie in der Erkenntnistheorie; ein Unterschied, der in der Unterscheidung: ‚reines Ich' als ‚reiner Dieser' und ‚reines Dieses' bereits anklang.

Es ist von der Ebene des Empirismus eine Ebene des Rationalismus unterschieden, abgehoben worden, aber zur Dimension erhoben, die schon Vermittlung meint, die sich (in Abs. 2) schon ankündigte und die in sich selber Unterschiede austrägt, z. B. eben den von Subjekt und Objekt, als den „Hauptunterschied"; während ja ‚reines Ich' und ‚reines Dieses', zumindest der Intention des Empirismus zufolge, unmittelbar beieinander, also unmittelbar eins sein sollen — wenn eben auch von der zweiten, rationalistischen

Mit anderen Worten: (vorläufig gesprochen)

Ebene her bereits begrifflich unterschieden. Nur, daß bei diesem Rationalismus für Hegel, wie wir von Anfang an wissen, auch jetzt wieder nicht stehengeblieben werden kann — dieser Rationalismus sich mit dem Empirismus vermitteln muß. (Vgl. Sie die Abb.!)

Insofern erkennen wir doch den Drei-Schritt aus der WdL wieder:

Erläuterung (die Schemata zu Abs. 2. u. 4)	Das Schema zum 2. Absatz hatte gegenüber diesen Schemata zum 4. Absatz die reine *"Unmittelbarkeit"* (Statik) der sinnlichen Gewißheit (1. Stufe, 1. Absatz) lediglich infrage gestellt, negiert, gleichsam rationalistisch (jedenfalls primär): es hatte damit die begrifflichen Differenzen ("Gegenstand [ist in ihr] nur das "Dieses" etc.), die *"Unterschiede"* herausgearbeitet, die dann dem 4. Absatz zufolge aus der *"Unmittelbarkeit"*, dem "reinen Sein", "herausfallen" sollen: Gemeint sind die *Unterschiede* von sinnlicher Gewißheit und Bewußtsein, bzw. ihrer jeweiligen Begriffe (Ebenen); z. B.: von reiner Dieser und Ich, von reines Dieses und Gegenstand (2. Stufe, 2. Absatz ff.) — aber damit auch: von Ich und Gegenstand!
1. Stufe: *"Unmittelbarkeit"* (Statik des Schemas)	
2. Stufe: *"Unterschiede"* (Statik des Schemas, infragegestellt)	
3. Stufe: *"Vermittlung"* (Dynamik des Schemas)	Das Schema zum 2. Absatz (= Vorbereitung der 3. Stufe) konnte also bereits zeigen (wie es jetzt im 4. Absatz heißt), „daß weder ... (Ich noch die Sache, der Gegenstand; J. N.) nur *unmittelbar* (!) in der sinnlichen Gewißheit ist" — *sondern gerade auch als verschieden:* verschieden von der sinnlichen Gewißheit und (andeutungsweise:) von einander! Das Schema konnte aber in dieser Unterscheidung letztlich noch nicht erklären, *wie* etwa der Gegenstand trotzdem *in* der sinnlichen Gewißheit sein soll!
	Das Schema zum 4. Absatz sagt demgegenüber aus: „daß weder ... (Ich noch die Sache, der Gegenstand; J. N.) nur *unmittelbar* in der sinnlichen Gewißheit ist" — *sondern auch „zugleich als vermittelt"!* Über das Verschiedensein hinaus. (3. Stufe: Das Schema wurde dynamisch). Genauer gesagt heißt dies: *Vermittlung von Unmittelbarkeit und Unterschieden* der ersten beiden Stufen.
Mit anderen Worten:	Beim Verschiedensein, den Unterschieden (Schema, 2. Absatz), kann für Hegel nicht stehengeblieben werden, vielmehr deuten die Unterschiede selbst schon auf die 3. Stufe hin, die Vermittlung.

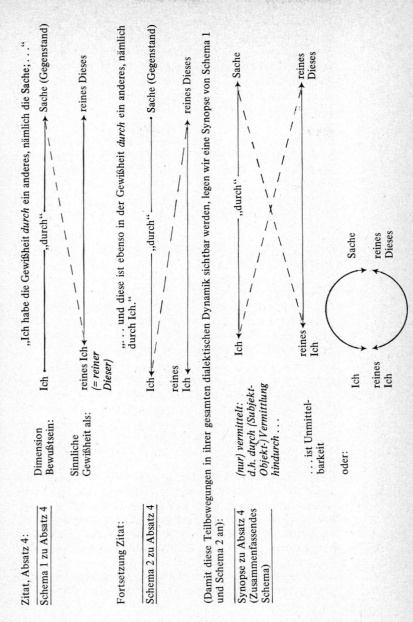

Der Übergang vom Schema 2 (Abs. 4) zur Synopse (dem zusammenfassenden Schema) zeigt es deutlich:
Auch Ich und Sache sind zunächst deutlich von einander unterschieden (Schema 2), nicht nur Ich und reines Ich, Sache und reines Dieses; aber Ich und Sache treten zugleich in eine vermittelte Beziehung (Synopse), eine andere Beziehung als die bloßer Unmittelbarkeit.

Verständnishilfe

Lesen Sie das Schema 2 (zu Abs. 4) einmal folgendermaßen: Sache ist zunächst deutlich von Ich geschieden; *durch* Ich hindurch (vermittelt) wird die Sache aber zur („sinnlichen") Gewißheit (die damit zugleich *mehr* als „sinnliche" Gewißheit ist).

Und umgekehrt (Schema 1). Alle vier verändern sich bei dieser Doppelbewegung, ohne daß sie im andern aufgehen sollen.

Dennoch: Am genauen Mechanismus bleibt noch immer ein rätselhafter, dunkler Rest.

Zur Kritik an Hegels Ansatz

Wir müssen versuchen, diesen Mechanismus zunächst so deutlich wie nur möglich zu machen —, um dann erneut zu sehen, ob die Analogie zum Mechanismus der WdL uns bei der Verdeutlichung weiterhelfen kann.

Ich und Sache: sie also sind (wie aus unseren Schemata ersichtlich) der „Hauptunterschied" (2. Stufe), ein Unterschied gegenüber der Unmittelbarkeit (1. Stufe), aus der er „herausfallen" soll; aus der Unmittelbarkeit (sinnlicher Gewißheit) oder: aus dem (sozusagen: logischen) reinen Sein.

1. Stufe: Unmittelbarkeit von Ich und Sache (Subjekt + Objekt)
2. Stufe: Unterschied von Ich und Sache (Subjekt-Objekt-Differenz)

Aus diesem reinen Sein fallen reines Ich (Dieser) und reine Sache (Dieses) heraus. Indem sie damit aus ihrer Unmittelbarkeit herausfallen, dieser Unmittelbarkeit verlustig gehen, verlieren sie die *unmittelbare* Beziehung auf einander: sie sind jetzt *unterschieden* von einander, sind Ich und Sache (Gegenstand) oder, erkenntnistheoretisch ausgedrückt: Subjekt und Objekt.

Indem aber erst mit diesem Entlassensein aus der Unmittelbarkeit, mit der Trennung von Subjekt und Objekt, erkenntis*theoretische Reflexion* möglich wird („Reflektieren *wir* über diesen Unterschied ..."), erkennen *wir,* daß Ich und Gegenstand auch in der sinnlichen Gewißheit gar nicht *unmittelbar* sind, nicht unmittelbar waren, „ergibt sich, daß weder das eine noch das andere (Ich und Gegenstand als Dieser und Dieses; J. N.) nur *unmittelbar,* in der sinnlichen Gewißheit ist, sondern zugleich als vermittelt;...". (Denn: Dieser und Dieses sind zugleich auch: schon begrifflich unterschieden!). Doch: „unmittelbar" und „zugleich ... vermittelt" — das bezeichnet nicht ohne weiteres zwei Gegenpole; es sind zwei Namen für Identität. Die zweite, die höhere Identität, Vermittlung der Gegenpole, ist Vermittlung von Unmittelbarkeit (die insofern allein *gar nicht* ist) und Unterschied (der allein auch nicht bestehen kann). Mit anderen Worten: reines Ich und Dieses waren nicht *einfach* unmittelbar beieinander in der sinnlichen Gewißheit, auch sie waren nicht einfach dasselbe, wie dann an Ich und Gegenstand sichtbar wird. Da sie aber eben *auch* dasselbe sind, werden sie *zugleich* wieder aufeinander bezogen. *Zugleich:* Man kann sie nur von einander *unterscheiden* (als Ich und Gegenstand), indem man sie als Ich und Gegenstand aufeinander bezieht (d. h. indem man zugleich so tun muß, als wären sie unmittelbar — reines Ich/reines Dieses — aber nicht nur!).

3. Stufe: Vermittlung von Ich und Sache (Subjekt-Objekt-Vermittlung)

Warum jedoch erhält die Stufe, auf der die Zusammenschau (Synthese) von Unmittelbarkeit und Unterschied ausgesprochen wird, wieder einen Namen, der — wenn auch mittelbare — *Identität* meint: eben den Namen *Vermittlung?* Hegel will damit Ich und *Gegenstand* als *konkret,* will Gegenstände „hervorzaubern"[1], *konkrete Dinge,* die nicht mehr nur in der sinnlichen Gewißheit, aber auch nicht mehr nur abstrakt vom Ich getrennt sind (wie das beim bloßen „Herausfallen" aus dem reinen Sein noch der Fall ist).

Kritik an Hegel

Weshalb spreche ich hier mit Haag von „hervorzaubern" und spricht etwa Adorno von einem „Münchhausen"-Trick?[2]

Aufgabe 20 (Frage)

---

1 Vgl. K. H. Haag, a.a.O., S. 36. —
2 Vgl. Haag, ebda, unter Bezug auf Adornos „Drei Studien zu Hegel". Ergänzend heranzuziehen: Adorno hat bereits in seiner Aphorismen-Sammlung „Minima Moralia" (1951) darauf

Tenor: Hegel ziehe sich, seine Argumentation, sozusagen am eigenen Schopf aus dem Sumpf — ob in der PhdG oder in der WdL.

Lösungshilfe

Lösungsvorschläge S. 179.

— Versuchen Sie die Metapher, das Bild des Sumpfes in Hegels Begrifflichkeit zu übersetzen:
Welchen Begriff, welches damit verknüpfte Theorem (Theorie-Element) meint Adorno?

— Sie kommen dem, was hier Zauberei sein soll, auch näher, indem Sie Hegels Methode noch einmal mit der des Empirismus und Rationalismus konfrontieren. (Wie) geht Hegel darüber hinaus?

Erläuterung

Unmittelbarkeit ist insofern Nichts, als das Ich (des Empirismus) leer bleibt, eben reines Ich oder reiner Dieser, ein Abstraktum, „ärmste Wahrheit". Aber auch das Ich des Rationalismus, dem Ich und Gegenstand getrennt „herausfallen", ist arm: diese Trennung von (imgrunde wieder reinem) Ich („cogito') und (bezweifelten) Dingen ist Resultat einer *Abstraktion,* welche Ich und Dinge letztlich zu Nichts werden läßt:
Ganz so, wie es keine Unmittelbarkeit gibt, sie nur Resultat einer (unausgesprochenen) Abstraktion ist!
Ich und Gegenstand sind ähnlich abstrakt, in ihrer Trennung, wie reiner Dieser (reines Ich) und reines Dieses, in ihrer scheinbaren Unmittelbarkeit.

Plausibel an Hegel

So weit ist Hegel *plausibel.* Dort ist er es, wo er Kritik am Empirismus und Rationalismus zugleich übt: in den ersten Anfängen von PdhG und WdL.

Problematisch an Hegel

Problematisch wird er m. E., wo er die (richtige) Kritik zu etwas höchst Mystifizierten führt: zur *Vermittlung* (PhdG) bzw. zum *Werden* (WdL); wo er aus Nichts „Etwas", *„Identität"* hervortreibt.

Das *Werden* nämlich unterschlägt schon im Begriff, daß das Werden, wie er selber sagt, „Entstehen *und* Vergehen" ist

---

hingewiesen, daß gerade heute „der Gestus Münchhausens, der sich an dem Zopf aus dem Sumpf zieht", geschichtlich notwendig „zum Schema einer jeden Erkenntnis" werden muß, „die mehr sein will als entweder Feststellung oder Entwurf" (a.a.O., S. 91). Schon bei Hegel findet somit (m. E.) kein bloßer Trick statt! Bzw.: Dieser Mechanismus ist *auch* notwendiger Mechanismus — kritikwürdig *und* plausibel zugleich. —

(vgl. Definition „Werden"/Zitat, S. 81). Werden benennt nur noch das Entstehen; auf einer höheren Stufe als der der Unmittelbarkeit meint Werden wieder etwas Positives, Identität. Es ist aber nur unterdrückt und mit ihm das Besondere, Individuelle; die individuellen, vergänglichen Eigenschaften der Dinge. Hegel hat ja der zweiten Bewegung: zurück von Nichts → Sein imgrunde nichts hinzugefügt, bei seiner Deduktion* des Werdens (vgl. S. 166f.).

Das Vergehen zu Nichts scheint dabei verschwunden. Ebenso bezeichnet *Vermittlung* primär Identität (wenn sie auch Identität in der Verschiedenheit sein soll — das wird zur Behauptung!).

Mithin: Nicht ist etwa Mystifikation an Hegel und zu bezweifeln, daß die Dinge nur *vermittelt* für die sinnliche Gewißheit sind, unklar aber bleibt, auch in der WdL, *wie* ausgerechnet aus einem Nichts, aus zwei Nichtsen, solche Vermittlung werden soll. Das *Nichts* soll sich selber *negieren* (wie das reine Sein negiert wurde) und zu konkreten Dingen führen: *Negation der Negation* (Vgl. unten S. 111 und 127). Hegel ahnt das mystifizierende Moment an dieser Schöpfung aus Nichts: Er vollziehe *‚die Gedanken Gottes vor der Schöpfung'*, sagt er zur WdL!

Der Mechanismus der Hegelschen Dialektik

Der Wahrheitsgehalt (oder: Inhalt) dieser Dialektik also ist zunächst unbeweifelbar. Aber die Weise, wie solche Dialektik verläuft, der Mechanismus, wird an dieser Stelle des Übergangs von der 2. zur 3. Stufe dunkel. Diese Problematik des Mechanismus' schlägt (aufgrund der Dialektik von Mechanismus und Wahrheitsgehalt, Form und Inhalt) auch auf den Wahrheitsgehalt aus: Die Behauptung der Identität wird zur Ideologie: zur Verdrängung des Besonderen durch das Allgemeine, Identifizierbare. Die Besonderheiten an den Dingen bleiben (abstrakt, als Nichts) unter dem Allgemeinen liegen, das so noch immer nicht konkret ist. Dies ist noch nicht fundamental verschieden von der Abstraktion, wie sie etwa die sinnliche Gewißheit an den Dingen vollzieht, nämlich als Abstraktion, die auf ihr Identisches („reines Sein") geht.

Nun soll zwar das Bewußtsein auf dieser Stufe der PhdG noch nicht bei sich sein, erst recht nicht der Geist als absolutes Wissen. Es ist aber gerade bei einem „System" zu erwarten, daß das Ende noch von dieser Problematik des Dunklen, Ideologischen im Anfang geprägt sein wird.

Zum Fortgang der Dialektik: 5. Absatz ff.

Dies gilt umso mehr, als die Zwischenreflexion des 4. Absatz eben den *Mechanismus* auch des Fortgangs angeben sollte. Wir werden auf die problematische Seite daran weiter zu achten haben.
Insofern aber als sich Hegel nun wieder der sinnlichen Gewißheit selber zuwendet, sozusagen der 1. Stufe, werden wir offensichtlich in den Bereich plausibler immanenter Kritik *(an dieser Stufe)* zurückgeführt.

Exkurs: „Erst vier Absätze!"

Sie könnten sich nun fragen, ob sich denn dieser Aufwand überhaupt gelohnt hat: vier Absätze, knapp zwei Seiten in Hegels *PhdG* – und dafür mußten Sie immerhin ca. 50 Seiten durcharbeiten: Kommentare, Aufgaben, philosophiegeschichtliche Reflexionen ...
Ich möchte Ihnen noch einmal versichern, daß es besonders bei der Arbeit mit philosophischen Texten nicht auf solche quantitativen Überlegungen, also auf Überlegungen zu Seitenzahlen etc. ankommt!
In der Tat: In einem „reinen" Kommentar könnten wir schon um etliche Seiten im Hegel-Text weiter sein.
Auch, wenn Hegels PhdG zu dem Schwersten gehört, was die Philosophie zu bieten hat.
Aber eben, weil sie zum Schwersten gehört, kommt es auf Seitenzahlen nicht an. Genauer: es kann getrost, ja muß verschwenderischer umgegangen werden, zugunsten der Hintergrund-Überlegungen, der Reflexionen zu Zusammenhängen ...
Philosophische Seminare, gute, brauchen auch stundenlang für solche Textstückchen. Diese Passagen stehen ja in keinem Roman oder keiner Kurzgeschichte.
Sicher, man kann in einem Semester zwei Bücher lesen (mindestens!). Aber eben nicht: die *PhdG* von Hegel und die *Kritik der reinen Vernunft* von Kant. Oder: Platos *Staat* und Fichtes *Wissenschaftslehre.* Sehr wahrscheinlich nicht.

Oder man tut nur so. Eher schon: Descartes' *Medidationen* und ... z. B. eben den Anfang der *PhdG* ... Schlecht sind philosophische Kurse wohl insbesondere dann, oder zumindest enttäuschend, wenn sie das vorher nicht sagen. Solche Seminare gibt's genug: „Hegel I, die *Phänomenologie des Geistes*", oder gar: „Der junge Hegel bis zur *Phänomenologie* ..." – und am Ende des Semesters oder spätestens vor dem Examen, steht man indigniert vor Hunderten von Seiten. Unbewältigten.

Ich habe zunächst nicht einmal versprechen wollen, daß Sie auch einiges über den Empirismus und den Rationalismus lernen, zum Beispiel; oder über den Zusammenhang von (formaler) Logik und Erkenntnistheorie. Oder: von Anfang an etwas über den Zusammenhang mit der *WdL* ...

Grämen Sie sich nicht, daß Sie vom Schluß der *PhdG* mit dem „absoluten Wissen" noch weit entfernt sind.

Absolutes Wissen? Sie dürften über das Wesen dessen, was bei Hegel absolutes Wissen heißt, darüber, aber auch über die Philosophie vor Hegel (die Sie dazu kennen müssen) *mehr* gelernt haben, als wenn wir an dieser Stelle ... sagen wir: 30 Seiten weiter wären. Oder mehr. Im Schnellkurs.

Zum weiteren Aufbau dieser Studieneinheit (und zur weiteren Methode).

Allerdings kann nun, nach diesen Vorarbeiten, manches tatsächlich schneller vorangehen. Eilige, vielleicht auch jene, die sich eben nur einen Eindruck verschaffen wollen, zunächst, überschlagen am besten wieder manche Aufgabe, oder sie lesen sie endgültig als *Frage-Antwort-Spiel*.

Zudem gibt es jetzt freilich Absätze in der *PhdG,* die etwas weniger wichtig sind als andere. Gerade solche Absätze, die zumal *weniger schwierig* sind als die ersten, markiere ich deutlich.

Im Prinzip aber können wir weiterhin nicht darauf verzichten, immer wieder Satz für Satz, manchmal gar Wort für Wort vorzugehen. Absatz für Absatz ohnehin.

Genau gesagt: bis zum Ende des 1. Kapitels der *PhdG*. (Bis über den 20. Absatz hinaus). Sie sollen sich auch *im Zusammenhang* einlesen können – und *in den Zusammenhang*. Sie sollen den „Mechanismus" dieser Dialektik verstehen und schließlich „beherrschen" – jenen Mechanismus, der sich bereits andeutete und der sich immer wieder wiederholen wird, bis zum Ende der *PhdG,* (der *WdL*): auf jeweils neuer Stufe.

Immer wieder wiederholt: würde es dann nicht doch genügen, nur wenige einleitende Absätze zu interpretieren und dann einige ausgewählte, viel spätere?

Bei solcher Grobskizzierung des Stufengangs ginge das Verständnis dafür verloren, wie sich eine Stufe ganz subtil aus der nächsten entwickelt. Gingen überhaupt die feingliedrigen Gedankengänge verloren, erschienen die vorgestellten abstrakt.

Wir wollen ja in den „Mechanismus" dieser Dialektik nicht nur „einüben". Er ist nicht einfach *nur* eine formale *„Methode".* Sondern wir wollen uns auch *die Zusammenhänge* möglichst genau erarbeiten: die werkimmanenten, werkgeschichtlichen und die philosophiegeschichtlichen. Diese Zusammenhänge aber sind gar nicht ohne weiteres nachzuvollziehen. Selbst wenn man ihren Mechanismus einmal verstanden hat, fällt die Anwendung auf neue Textstellen nicht leicht. Diese Anwendung aber genau wollen wir dadurch wenigstens erleichtern, daß die (werkimmanente) Abfolge der Absätze gewahrt bleibt.

Erst dann auch — wenn wir uns durch wenigstens ein Kapitel hindurchgearbeitet haben — können wir, können *Sie* am ehesten entscheiden: ob es denn wirklich immer der *gleiche* Mechanismus der Dialektik ist. Oder ob die jeweils neue Stufe die Dialektik qualitativ *verändert.*

V. Kommentare zu den weiteren Absätzen des 1. Kapitels der PhdG

Wiederholen wir noch einmal, was zuletzt von mir (auf S. 100) über den Fortgang der Dialektik in den Absätzen 5 ff. gesagt wurde:
Hegel wendet sich nun wieder „der sinnlichen Gewißheit selbst" zu (Abs. 5., Z. 3 f.), führt uns damit offensichtlich erneut in den Bereich immanenter Kritik an dieser (1.) Stufe; wobei vom zuletzt erreichten Stand, der zuletzt erreichten Stufe, ausgegangen werden kann.

Wiederholung (zum Fortgang Absätze 5 ff.)

Text
(5. Absatz)

Diesen Unterschied des Wesens und des Beispiels, der Unmittelbarkeit und der Vermittlung, machen nicht nur wir, sondern wir finden ihn an der sinnlichen Gewißheit selbst; und in der Form, wie er an ihr ist, nicht wie wir ihn soeben bestimmten, ist er aufzunehmen. Es ist in ihr eines als das einfache unmittelbar Seiende oder als das Wesen gesetzt, *der Gegenstand,* das andere aber, als das Unwesentliche und Vermittelte, welches darin nicht *an sich,* sondern durch ein anderes ist. Ich, *ein Wissen,* das den Gegenstand nur darum weiß, weil *er* ist, und das sein oder auch nicht sein kann. Der Gegenstand aber *ist,* das Wahre, und das Wesen; er *ist,* gleichgültig dagegen ob er gewußt wird oder nicht; er bleibt, wenn er auch nicht gewußt wird; das Wissen aber ist nicht, wenn nicht der Gegenstand ist.

Kommentar
(5. Absatz)

Von dieser kritischen Perspektive aus wird noch einmal festgestellt, daß zwar

„wir diesen Unterschied des Wesens und des Beipiels", oder:

„der Unmittelbarkeit und der Vermittlung machen . . .";

und im vorigen gemacht haben (durch Reflexion, wie es im 4. Abs. hieß: „Reflektieren wir ..."):

1. Stufe (Sinnl. Gewißheit): *„Wesen"* = *„Unmittelbarkeit"*.
2. Stufe (Reflexion): unterscheidet auch (wie erst von der *3. Stufe* her besonders deutlich werden soll) von der *1. Stufe* die ... *3. Stufe* ...
3. Stufe: *„Beispiel"* = *„Vermittlung"*. Die *3.* ist damit zugleich auf die *1. Stufe* bezogen.

Es wird aber nun ausgesagt, daß wir diesen Unterschied (der 1. und 2. bzw. 3. Stufe) eigentlich auch

„an der sinnlichen Gewißheit selbst" finden.

(Sie ist doch selber schon vermittelt!); und zwar in anderer *„Form"* eben finden wir diesen Unterschied an ihr — in *dieser*

„Form, wie er an ihr ist ... ist er (jetzt erneut; J. N.) aufzunehmen."

Aufzunehmen, d. h.: wir verhalten uns jetzt der sinnlichen Gewißheit gegenüber wieder so aufnehmend, wie sie selbst es (gegenüber den Dingen) zu sein vorgibt. Wir lassen sie selber zu Wort kommen. Doch müssen wir dazu (zunächst) nicht mehr die vorreflexiven* Begriffe (reiner) Dieser und (reines) Dieses bemühen.

„Gegenstand"   Der *„Gegenstand"* (das Ding) ist ja nicht nur *außer* der sinnlichen Gewißheit (wie in der Reflexion), sondern, dies lernten wir bereits, *in* ihr; sie ist selber schon

„Ich"   „Ich (:) *Ein Wissen* ..."

Aber was kann dann über dieses Wissen einerseits, über den Gegenstand andererseits ausgesagt werden? Es ist

„*ein Wissen,* das den Gegenstand nur darum weiß, weil *er* ist und das sein oder auch nicht sein kann. Der Gegenstand aber *ist,* das Wahre und das Wesen; er *ist,* gleichgültig dagegen, ob er gewußt wird oder nicht; ..."

These   Da scheint ein merkwürdiger Vorrang des *Gegenstandes* angesetzt, eine Wende zum Gegenstand vollzogen: eine totale Abhängigkeit des Wissens vom Gegenstand!

Vergleichen Sie das folgende Zitat aus der „Negativen Dialektik" von Adorno über den „Vorrang des Objekts" mit der eben zitierten und besprochenen Stelle aus dem 5. Absatz der PhdG.
Ist dies analog? — Welchen Stellenwert hat die Aussage Hegels im bisherigen Gesamtverlauf?

Aufgabe 21

Exkurs zur These
Der „Vorrang des Objekts" bei Adorno

„Vermöge der Ungleichheit im Begriff der Vermittlung fällt das Subjekt ganz anders ins Objekt als dieses in jenes. Objekt kann nur durch Subjekt gedacht werden, erhält sich aber diesem gegenüber immer als Anderes; Subjekt jedoch ist der eigenen Beschaffenheit nach vorweg auch Objekt. Vom Subjekt ist Objekt nicht einmal als Idee wegzudenken; aber vom Objekt Subjekt. Zum Sinn von Subjektivität rechnet es, auch Objekt zu sein; nicht ebenso zum Sinn von Objektivität, Subjekt zu sein."[1]

Zitat (Adorno)

Lösungsvorschlag S. 180.

Zunächst einmal ist bei Hegel vor allem die Perspektive eines *naiven* Empirismus angesprochen; wenn auch bereits mit der Intention, ihn immanent-kritisch über sich hinauszuführen: durch sein Gegenteil hindurch zur (zumindest idealistischen) *dialektischen Vermittlung*.

Zurück zum 5. Abs.

Text
(6. Absatz)

Der Gegenstand ist also zu betrachten, ob er in der Tat, in der sinnlichen Gewißheit selbst, als solches Wesen ist, für welches er von ihr ausgegeben wird; ob dieser sein Begriff, Wesen zu sein, dem entspricht, wie er in ihr vorhanden ist. Wir haben zu dem Ende nicht über ihn zu reflektieren und nachzudenken, was er in Wahrheit sein möchte, sondern ihn nur zu betrachten, wie ihn die sinnliche Gewißheit an ihr hat.

Kommentar
(6. Absatz)

Aus dieser Perspektive eines naiven Empirismus, der imgrunde bereits reflektiert wird — nämlich von uns, wie vom absoluten Wissen —, aus dieser Perspektive ist zu fragen, ob

---

1 T. W. Adorno: Negative Dialektik, a.a.O., S. 182. —

denn der *„Gegenstand"* (welcher auch *ohne* das Wissen *ist*, welcher also offenbar das „Wesen" ist)

„in der Tat, in der sinnlichen Gewißheit selbst, als solches Wesen ist, für welches er von ihr ausgegeben wird;..."

D. h.: Gerade wenn wir den Gegenstand so aufnehmen, wie es die sinnliche Gewißheit nahelegt, nämlich von seinem Vorrang her, als Wesen, wird wieder fragwürdig, ob der Gegenstand wirklich dieses Wesen ist (ob er diesen einseitigen Vorrang hat), ob der

„Wesen"   „Begriff Wesen zu sein" der sinnlichen Gewißheit (ihrem Gegenstand) gemäß ist.

Wir sollen und müssen ja von dieser Frage (dieser Fragwürdigkeit) ausgehen.
Dazu sollen wir allerdings jetzt, wie schon der Tendenz nach ganz zu Anfang, von aller Reflexion absehen; wir verhalten uns aufnehmend, *„betrachten"* den Gegenstand,

„wie ihn die sinnliche Gewißheit an ihr hat."

Problematisierung (mit Hegel)   Indem wir dabei aber „betrachten", ob der *„Begriff"* des „Gegenstandes", „Wesen zu sein", „in der sinnlichen Gewißheit selbst" seine Entsprechung hat (darin, wie er *in ihr* ist), betrachten wir, das kann schon jetzt festgestellt werden, bei allem beabsichtigten Absehen von der Reflexion, nicht so sehr *die* sinnliche Gewißheit *selber* bzw. ihren Gegenstand — obwohl wir so tun —, sondern bereits wieder einen *„Begriff"* von ihr; von ihr und von ihrem Gegenstand.

Es ist wichtig, daß Sie diese dialektische Zweigleisigkeit immer mitdenken, die Hegel beabsichtigt bzw. gesehen hat: Hegels vorgebliche und Hegels wirkliche, reflektierte Absicht — hier: „in der sinnlichen Gewißheit" und „in Wahrheit". Beide sind vermittelt. Dies hängt mit dem zusammen, was Sie über Form und Methode (bzw. Inhalt) gelernt haben. Sie verstehen dann besser, wenn Hegel später jeweils sagt: ‚Imgrunde ergibt sich doch wieder nur das Gegenteil. welches mit dem, was wir vorgeben zu tun, aber vermittelt ist!'

Aufgabe 22   Dies war von Anfang an nicht anders:
Lösungsvorschlag S. 180. (Es gibt erneut eigentlich nur einen!).   Welche (bereits verwendeten) *Begriffe* entsprechen „Ich" und „Gegenstand" auf der Ebene der sinnlichen Gewißheit?

Text
(7. Absatz)

Sie ist also selbst zu fragen: *Was ist das Diese?* Nehmen wir es in der doppelten Gestalt seines Seins als das *Jetzt* und als das *Hier,* so wird die Dialektik, die es an ihm hat, eine so verständliche Form erhalten, als es selbst ist. Auf die Frage: *was ist das Jetzt?* antworten wir also zum Beispiel: *das Jetzt ist die Nacht.* Um die Wahrheit dieser sinnlichen Gewißheit zu prüfen, ist ein einfacher Versuch hinreichend. Wir schreiben diese Wahrheit auf; eine Wahrheit kann durch Aufschreiben nicht verlieren; eben so wenig dadurch, daß wir sie aufbewahren. Sehen wir *jetzt, diesen Mittag,* die aufgeschriebene Wahrheit wieder an, so werden wir sagen müssen, daß sie schal geworden ist.

Kommentar
(7. Absatz)

„*Sie* ist also selbst zu fragen: *Was ist das Diese?*"

Wir befragen mithin die sinnliche Gewißheit „selbst", vom Dieses her: Das Diese wird bestimmt   Das „Diese"

„als das *Jetzt* und als das *Hier* . . ."   „Jetzt" „Hier"

Damit zwar, wie gesagt, imgrunde *begrifflich;* es wird aber so getan, als könnte man versuchen, das Diese zunächst dinglich, als „Gestalt seines Seins" zu sehen, nämlich

„in der doppelten Gestalt seines Seins als das *Jetzt* und als das *Hier* . . ."

D. h.: Das Diese ist in der Zeit und im Raum, mithin offenbar anschaulich* — und zwar so, daß (nur) gesagt werden kann: *jetzt* ist es und *hier* ist es.
Die sinnliche Gewißheit interessiert ja nicht, daß das Diese auch *war* und vielleicht *sein wird* (Zeit, als Geschichte); die sinnliche Gewißheit interessiert gleichfalls nicht, daß das Diese *woanders* als hier sein könnte. Die sinnliche Gewißheit interessiert nur das *reine Sein, dieses,* das *jetzt hier* ist.
Es stellt sich damit zuerst die Frage:

„was ist das *Jetzt?*" Darauf antworten wir   „das Jetzt"

„zum Beispiel: *das Jetzt ist die Nacht.*"

Diese Bestimmung könnte zunächst überraschen, weshalb ist das Jetzt die Nacht? — Dies ist nicht (primär) metaphorisch, also bildlich übertragen gemeint, d. h.: nur in dem Sinne metaphorisch, daß es ein *„Beispiel"* sein soll.
Zum Beispiel also ist das Jetzt die Nacht, eben dann, wenn draußen Nacht ist und nicht Tag.

„Um (aber; J. N.) die Wahrheit dieser sinnlichen Gewißheit zu prüfen, ist ein einfacher Versuch hinreichend. Wir schreiben diese Wahrheit auf; ..."

„(D)iese Wahrheit" „bewahren" wir durch solches Aufschreiben „auf" (damit wiederum begrifflich!) — und siehe da:

„Sehen wir *jetzt, diesen Mittag,* die aufgeschriebene Wahrheit wieder an, so werden wir sagen müssen, daß sie schal geworden ist."

Anschauung Gerade auch *empirisch,* durch Anschauung, durch "(B)e-
Begriff   trachten" des Mittag/„Ansehen" des aufgeschriebenen Jetzt, läßt sich dies zeigen — immanente Kritik, die aber immer nur (zugleich) begrifflich erfassen kann.

Das „Jetzt" ist eben auch „diese(r) Mittag", nicht nur „die Nacht" (auch insofern war *sie: Beispiel*). Und: *Diese* Nacht ist ebenso *jene* Nacht, z. B. nämlich die kommende, die wieder „diese" heißen kann — doch dieser Bezug auf Zukunft ist hier zunächst nur impliziert. —

„Dialektik" Durch diese Einsicht kommt die spezifisch Hegelsche „Dialektik", von der er in diesem 7. Absatz wörtlich spricht, erneut in Gang.

Von dieser Dialektik handelt der sich zunächst verrätselt lesende (jetzt aber verständlichere): 8. Absatz, den wir ausführlicher kommentieren.

Text
(8. Absatz)

Das Jetzt, welches Nacht ist, wird *aufbewahrt,* d. h. es wird behandelt als das, für was es ausgegeben wird, als ein *Seiendes;* es erweist sich aber vielmehr als ein Nichtseiendes. Das *Jetzt* selbst erhält sich wohl, aber als ein solches, das nicht Nacht ist; ebenso erhält es sich gegen den Tag, der es jetzt ist, als ein solches, das auch nicht Tag ist, oder als ein

Negatives überhaupt. Dieses sich erhaltende Jetzt ist daher nicht ein unmittelbares, sondern ein vermitteltes; denn es ist als ein bleibendes und sich erhaltendes *dadurch* bestimmt, daß anderes, nämlich der Tag und die Nacht, nicht ist. Dabei ist es eben noch so einfach als zuvor, *Jetzt,* und in dieser Einfachheit gleichgültig gegen das, was noch bei ihm herspielt; so wenig die Nacht und der Tag sein Sein ist, ebensowohl ist es auch Tag und Nacht; es ist durch dies sein Anderssein gar nicht affiziert. Ein solches Einfaches, das durch Negation ist, weder Dieses noch Jenes, ein *Nichtdieses,* und ebenso gleichgültig, auch Dieses wie Jenes zu sein, nennen wir ein *Allgemeines;* das Allgemeine ist also in der Tat das Wahre der sinnlichen Gewißheit.

Kommentar
(8. Absatz)

Die Bestimmung des „Jetzt" wurde bereits in die dialektische Terminologie (Begrifflichkeit) Hegels überführt: Als „Nacht" wird „das Jetzt"

„*aufbewahrt*"*, indem man es aufschreibt, es

„Dialektik" als „Aufbewahren"* ...

„als das" „behandelt", „für was es (von den Empiristen u.a.; J. N.) ausgegeben wird, als ein *Seiendes; ..."*

... Jetzt „als ein Seiendes".*

mithin als etwas, das *ist* und nicht vergangen (oder zukünftig).

Doch es ist freilich mehr; wie soll es Seiendes sein, ohne, daß es war — und evtl. sein wird?: Solchen Bezug auf Vergangenheit und Zukunft ermöglicht erst der Begriff:

„Dialektik" als „Negieren": ...

"... es erweist sich aber vielmehr als ein Nichtseiendes, das nicht Nacht ist; ..."

... Jetzt „als ein Nichtseiendes".

Diese Negation kann ausgesagt werden, weil die Nacht am Morgen schon nicht mehr ist, vergangen ist, sich als „Nicht-(mehr)seiendes" „erweist". Aber auch (implizite), weil *diese* „Nacht" als „Jetzt" nicht die vorige und künftige Nacht meint —, welche erst der Begriff einbezieht, wie auch die Tage.

Solche Interpretation macht deutlich, daß die Wendung

„es erweist sich aber vielmehr" nicht etwa bedeutet, wie das zuerst scheinen könnte, dies ‚*Nichtsein*' sei nun für Hegel die ganze Wahrheit.

Aber es ist für das Zustandekommen der Dialektik gerade ein zentrales Moment!

Dies verdeutlicht gerade der nächste, wohl der wichtigste Satz dieses Absatz':

„Das *Jetzt* selbst erhält sich wohl, aber als ein solches, das nicht Nacht ist; ebenso erhält es sich gegen den Tag, der es jetzt ist, als ein solches, das auch nicht Tag ist, oder als ein *Negatives* überhaupt."

Nicht nur, weil *jetzt* vielleicht Tag ist, stimmt die Aussage, das Jetzt sei die Nacht, auch *nicht; jetzt* stimmt auch die Aussage: *das* Jetzt sei *der* Tag (in dieser Absolutheit) *nicht.* Auch er vergeht ja wieder.

D.h. zunächst: Das Jetzt ist Tag („nicht Nacht") *und* Nacht *zugleich* („gegen den Tag ... nicht Tag").

Oder: Es ist auch *weder* (nur) der Tag *noch* (nur) die Nacht — und insofern ist gerade die *negative* (begrifflich-abstrakte) Bestimmung, als

(Jetzt als) „ein Negatives überhaupt" (als ein „Weder-noch": „Weder Dieses noch Jenes")	„ein *Negatives* überhaupt" wesentlich! Die (imgrunde schon begriffliche) verabsolutierende Bestimmung muß (im Begriff, durch den Begriff) *negiert* werden. Jetzt ist in Wirklichkeit auch jeder Tag und jede Nacht, die Zeit; weil die einzelne Nacht nur ein (zugleich auch begriffliches) Beispiel ist.
<u>Exkurs</u>	Damit gibt Hegel eine Bestimmung der *Zeit.*
<u>Frage</u> (Beispiel)	Ist das Jetzt, für Sie, der (die) Sie dies lesen, der Zeitpunkt, in welchem Sie diese Einführung in Hegels Dialektik lesen?
<u>Antwort</u>	*Ja:* Für Sie; zunächst vielleicht. *Und nein:* In Wahrheit. Denn dies Jetzt, dieser Zeitpunkt, ist auch — nur Begriff und Beispiel, ist zugleich schon vergangen, sofort, wenn er stattfindet. Und, was noch Zukunft war, ist ein neues Jetzt. Jetzt ist bestimmt durch Vergangenheit und Zukunft.
Als <u>Beispiel</u> (auf den Text bezogen)	Das Jetzt als Nacht ist bestimmt durch den Tag: den, der vorausging, den, der folgt; aber auch durch die Nacht, die dem vorausging und die Nacht, die dem folgenden Tag folgt, usf.

Der *Empirismus* fixiert demgegenüber das Jetzt statisch. Für ihn ist es abstrakte Negation, nämlich Negation von Vergangenheit und Zukunft. Abstrahiert wird dabei von der Bestimmung durch Jetzte als Vergangenheit und Zukunft.

Hegel will das Jetzt, im Gegensatz zum *Empirismus,* als etwas aufzeigen, das in Wahrheit konkrete, d. h. „bestimmte Negation"* ist. „Bestimmt", durch seine Geschichte, zuvor und danach.

Mithin: „bestimmt" als etwas, das nicht einfach nur *abstrakte* Negation von Vorher und Nachher ist, als welche sich das Jetzt gerade entzieht — m. a. W. bereits selbst negiert; Hegel ist dieser philosophischen Position (Empirismus) imgrunde nur überlegen, indem er sie *bewußt* macht, sie durchspielt, bis zu ihrem eigenen Umschlag ins Gegenteil — welches wieder zurückschlage: die Negation dadurch selbst wieder negieren solle und somit vermittelt sei.

Es wird Hegel allerdings nicht gerecht, diese Skizzierung der „Negation der Negation" sehr *schnell* einleuchtend zu finden!

Das Beispiel: ... Nacht-Tag-Nacht ... usf. darf nicht suggerieren, es ginge Hegel um einen bloßen Zeitablauf, ein bloßes Kontinuum, wie es aus der Reihung von Jetzten folgt. Das wäre noch zu sehr Empirismus, bei dem er nicht stehenbleibt; wäre Humes bloßer Verknüpfung durch ‚Assoziation' zu nahe.

Hegel folgt in der PhdG dem Modell von Dialektik, wie wir es vom Anfang der WdL her prägnant kennen: dem Modell immanenter Kritik, hier: der Kritik am Empirismus:

Indem das Jetzt — den Empirismus zunächst vollziehend — statisch fixiert wird, abgetrennt von Vergangenheit und Zukunft, ist es *unbestimmt* und leer — so, wie das „reine Sein" in der WdL durch seine Abstraktheit als völlig leer ausgewiesen wurde, als „reines Nichts" und durch diese Abstraktion hindurch als Vermittlung, als „Werden".

Leer sollte das Jetzt nach der Lehre des Empirismus natürlich *nicht* sein; sondern im Gegenteil: das (Hier und) Jetzt,

Empirismus: Zeit, Jetzt als *abstrakte* Negation von Vergangenheit und Zukunft

Hegel: Das Jetzt ist „bestimmte Negation"* (Begriff — nicht mehr nur abstrakt) ...

... durch (Selbst)Negation der (abstrakten) Negation — ihren Vollzug

Zeit (Jetzt), begrifflich strukturiert? → vgl. den Anfang (Ansatz) der WdL

das Einzelne, wurde ja als — alleinig — real angesetzt. Aber es *ist* in dieser Fixierung für Hegel noch nicht real, sondern leer.

Der Schritt, mit dem es sich hier im 8. Absatz als das völlig Unbestimmte erweist, ist bereits Kritik, als rettendes Festhalten des Negativen, das es gerade auch wesentlich ist.

Das „Seiende( )", das der Nominalismus/Empirismus meint, „erweist sich" (in diesem Absatz) gerade auch „als ein Nichtseiendes" — *insofern* ist es bereits seine eigene Negation. Durch sich selbst negiert. Und zwar erweist sich das Jetzt (das „Seiende") dabei als eine solche Negation für Hegel eben nicht vorrangig dadurch, daß ich die jeweilige Tageszeit (empirisch) feststelle: Dazu wurde bereits im Kommentar zum 7. Absatz deutlich, daß es Hegel vorrangig um jenen Mechanismus des *Begriffs* geht, wie er analog in PhdG und WdL vorgeführt wird.

Hegels „Dynamik (Bewegung) des Begriffs"* als Mechanismus

Denn die Zeit ist selbst nichts *vorgängig* Anzusetzendes, sie wird erst durch diesen Mechanismus möglich. Durch ihn, die „Dynamik des Begriffs"*, bewegt sich der Begriff erst auf die Wahrheit zu — indem der Begriff umschlägt in sein Gegenteil, durch jene „Bewegung des Begriffs"* (bzw.: „ ... der Begriffe"). Die Wahrheit ist nicht (positiv oder negativ) fixierbar, „(d)as Wahre ist das Ganze" (PhdG, Vorrede, a.a.O., S. 21; das Ganze dieses Prozesses, der Bewegung, das auch Zeit heißen kann).

Rückbezug (Erste Zusammenfassung)

Indem der Begriff — durch Negation — das zunächst statische *Diese* (= den reinen Raum) vom anderen Diesen dynamischbegrifflich unterscheidet, kann er erst der (angelegten) Dynamik dieses Diesen gerecht werden, wird Zeit für Hegel überhaupt erst möglich — als durch den dynamischen Begriff bestimmte Zeit. Sie wäre dann kein amorphes Kontinuum mehr.

Aber *durch* Negation bestimmt! Zeit bleibt — zumindest hier — noch wesentlich *negativ*.

Das Negative ...

Wir haben dazu bereits interpretiert, daß das Jetzt für die PhdG von Anfang an seine *eigene* Negation sein soll, und daß erst durch das In-Gang-Kommen dieses Mechanismus' des Jetzt, als eines Mechanismus' des Begriffs, letztlich „bestimmte" Zeit möglich ist.

Dieser Negation, welche die Bewegung der Begriffe in Gang bringt, wollen wir uns nun ausdrücklich zuwenden:

Wir übersetzten mit diesem Begriff bereits die Hegelsche Wendung, das Jetzt erhalte sich *„als. ein Negatives überhaupt"*.

... „als ein Negatives überhaupt"

Nicht einfach durch ein (diffuses) Sowohl-als-auch von Tag und Nacht, nicht durch das bloße Ablaufen eines (amorphen) Kontinuum, sollte sich die Struktur des Jetzt und damit der Zeit bestimmen, sondern wesentlich auch als ein Wedernoch, eben „als ein Negatives überhaupt."

Wir vermuten: durch jenes Negative, welches (als — zunächst abstraktes — Unterscheiden von anderem) das Jetzt, die Zeit, gerade bestimmt.

Welche Bedeutung hat dabei der Begriff des *Negativen* genau?

Das Jetzt wurde zunächst (nämlich aus der Perspektive des Empirismus) als allein mit sich Identisches absolutgesetzt. Diese Bestimmung der Identität, des *Selbst*-Seins, schlägt bei Hegel noch auf die Bestimmung der *Negation* jenes Empirismus durch, erhält sich in ihr („aufbewahrt") — gerade auch sprachlich, begrifflich: Das Dieses, als Jetzt, ist *„selbst"* (Identität) — aber eben nicht nur selber positiv, sondern wesentlich (noch!) selber negativ; nicht nur seine eigene Position (= Bejahung) sondern gerade auch seine *eigene* Negation: Und zwar, weil es, nach dem logischen, begrifflichen Modell der Dialektik (auch der WdL), durch dieses bloß positive Selbersein, *unbestimmt* und *leer* ist; und damit auch durch diesen Schritt noch nicht bei sich, als Identität.

„Das Jetzt selbst" als eigene Negation

Beschreiben Sie noch einmal (am besten schriftlich) den Mechanismus, der dabei in der PhdG abläuft. Er läuft analog zur WdL ab, bei der dieser Mechanismus nur insofern ‚verständlicher' ist, als er von Hegel stärker nach Stufen schematisiert wird.

Aufgabe 23 (Wiederholung)
Lösungsvorschläge S. 180.

Beginnen Sie etwa: „Das Jetzt wird zunächst als ‚Dieses' bestimmt (= philosophische Position des Empirismus; Absatz 8: „als ein Seiendes"). In Wahrheit ist es damit (wird bestimmt als) ...."

Denn als „Dieses" bezieht es sich nur auf sich selbst, ist unterschiedslose „Ein(fach)heit", als die es *deshalb* zugleich *nicht* bestimmt ist (unbestimmt und leer), weil Bestimmung

Weitere Erläuterung
reines Sein →
reines Nichts

(Bestimmung/ Unbestimmtheit)	meint: *Unterschiede* zu anderem. Es wird für Hegel gerade dabei dann doch bestimmt:
reines Nichts → reines Sein	„... denn es (das Jetzt als Dieses; J. N.) ist als ein bleibendes und sich erhaltendes *dadurch* bestimmt, daß anderes, nämlich der Tag und die Nacht, nicht ist."
Vermittlung	Gerade die Unbestimmtheit, als Negation, soll es bestimmen — nur insofern als vermittelt. Erneut Einheit *(„Einfachheit"),* wie das reine Sein, aber *als* solches bestimmt, ist es gerade auch als „negativ", als abstrakt bestimmt worden. Es „ist"

„durch Negation..."

Wenn es daher gegen Ende dieses 8. Absatz' heißt, das Jetzt sei

„durch ... sein Anderssein" (z. B.: als Tag und Nacht; aber auch: als weder Tag noch Nacht; J. N.) gar nicht affiziert" (d. h.):

„gleichgültig gegen das, was noch bei ihm herspielt", so deshalb, weil dieses reine Sein, zu dem das reine Nichts zurückschlägt, zugleich (!) noch *un*bestimmt und leer ist; deshalb, weil das Jetzt, auch als Negation, bzw. als Vermittlung

„durch Negation" (als: durch Negation „vermitteltes" *bestimmt),* mit *sich* identisch ist (bzw. bleibt); weil es seine *eigene* Negation ist.

M. a. W.: Als (bestimmt) Unbestimmtes, nun: *jedes* mögliche Jetzt, ist es

„ein *Allgemeines;* „das Allgemeine ist also in der Tat das Wahre der sinnlichen Gewißheit."

Zusammenfassung	Zusammenfassend kann hier auf meine mehrmalige Verwendung der Begriffe „selbst" und „eigen" bzw. „sich bestimmen" hingewiesen werden. Sie liest sich so, daß für Hegel die Abstraktheit (Negation) von Anfang an zugleich — durch ihren bloßen (abstrakten!) Selbstbezug, etwa als das abstrakte Jetzt — ihre *eigene* Negation ist; welche sich, weil *wieder* (bzw. noch) abstrakt, *wiederum* selbst negiert

(„Negation der Negation")[1], und welche dadurch „bestimmte Negation"[1] sein soll. Das Negative soll positiv werden – ohne es (hier) bereits zu sein.
Sie müssen somit, wenn Sie Hegel zunächst einmal verstehen wollen, zugleich (und auch in*so*fern dialektisch!) von der Zumutung absehen, daß dieser Fortgang – auch nach Hegel imgrunde – nur behauptet wird, da doch von *Anfang an: eigene* Negation ist.

Etwa Adornos Konsequenz: Die „*Negative* Dialektik" macht aus der „Negation der Negation" *keine* „*Position*". Sie behält aber Hegels „Bewegung des Begriffs" (der Begriffe) bei.

Fast nahtlos vollzog sich in diesem Absatz der Übergang der (3) Schritte.[2] Deshalb noch einmal der Ablauf: Wiederholung (1. u. 2. Schritt)
Das „Seiende", Einzelne, ist zugleich das „Nichtseiende" und insofern: Allgemeine. Mit diesem dialektischen Umschlag endet die PhdG auch hier nicht, obwohl sie es könnte. Sie erinnern sich an meine Interpretation der Anfänge (Ansätze) von WdL und PhdG!
Folgender Mechanismus läuft hier (weiterhin) ab (und soll die Bestimmung *als* Allgemeines erst ermöglichen):
Das reine Diese wird zunächst einmal als Jetzt bestimmt (von der sinnlichen Gewißheit selber), *negiert* sich durch diesen bloßen Selbstbezug selber, ist so gerade *un*bestimmt und wird als solches aufgewiesen. Die sinnliche Gewißheit wäre damit von Anfang an nicht mehr (nur) die sinnliche Gewißheit. Die Dialektik geht aber weiter:

„(D)urch" diese (Selbst-)„*Negation*" bezieht sich das Diese (das Jetzt) für Hegel dann doch (zugleich) wieder auf den Unterschied. Es negiert sich, indem es auf diese Weise von der Abstraktion des philosophierenden Bewußtseins expliziert (erläutert) wird, in diesem Bezug auf den Unterschied – als Negation – (gleichsam noch einmal) selbst und *bestimmt* sich. – Aber es bestimmt sich als, bzw. „durch"   (3. Schritt)

Negieren ist Unterscheiden!

Bestimmen ist Unterscheiden!

---

[1] Wie er es an anderen Stellen oftmals ausdrückt (vgl. oben, S. 111, bzw. Glossar). –
[2] In der WdL wird die „Negation überhaupt" prägnant als *erste*" bzw. „*abstrakte*" „*Negation*" dargestellt, die „Negation der Negation" als „*zweite*" bzw. „*konkrete, absolute*" „*Negation*" (a.a.O., S. 103). –

115

bestimmte *Negation* als das „Allgemeine, als den Begriff. Dem Allgemeinen ist damit die *Negation* wesentlich.
Das Allgemeine soll nun „das Wahre der sinnlichen Gewißheit" sein, weil in ihm die „Negation überhaupt" ist. Die Dialektik geht (immer) weiter. Das Jetzt ist nicht mehr

„unmittelbares" Jetzt/ „vermitteltes" Jetzt

„unmittelbares" Jetzt, „sondern ein vermitteltes" Jetzt, und zwar als ein „*durch*" die „*Negation*" *hindurch* vermitteltes, hindurchgegangenes.

Heißt das: Bei der Negation wird nicht stehengeblieben?

Mit dem Schritt der Vermittlung ist bereits wieder ein dialektischer Drei-Schritt erreicht.

Da er aber wesentlich noch negativ ist, die sinnliche Gewißheit nicht allgemein (bzw. negativ) sein sollte, muß die Dialektik für Hegel weitergehen! Dieser Schritt kann nämlich *selbst* wieder Negation sein, er ist es.

Das Jetzt ist das „Allgemeine" — d. h. für Hegel: es (bzw. Zeit) ist zugleich noch nicht endgültig bei sich. Aber es ist auch auf dem Weg dorthin offenbar einen Schritt weiter.

Text
(9. Absatz)

Als ein Allgemeines *sprechen* wir auch das Sinnliche *aus;* was wir sagen, ist: *Dieses,* d. h. das *allgemeine Diese,* oder: *es ist;* d. h.: das *Sein überhaupt.* Wir *stellen* uns dabei freilich nicht das allgemeine Diese oder das Sein überhaupt *vor,* aber wir *sprechen* das Allgemeine *aus;* oder wir sprechen schlechthin nicht, wie wir es in dieser sinnlichen Gewißheit *meinen.* Die Sprache aber ist, wie wir sehen, das Wahrhaftere; in ihr widerlegen wir selbst unmittelbar unsere *Meinung*, und da das Allgemeine das Wahre der sinnlichen Gewißheit ist und die Sprache nur dieses Wahre ausdrückt, so ist es gar nicht möglich, daß wir ein sinnliches Sein, das wir *meinen,* je sagen können.

Kommentar
(9. Absatz)

Dieser Exkurs zu Begriff und Sprache ist leicht einsehbar:

Sprache ist Medium, in welchem wir Erkenntnis

„aus" „sprechen" können.

D. h.: Sie ist ein Mittleres zwischen Subjekt und Objekt; und Medium der Sprache ist der Begriff: zwar „vermittelt" (Abs. 8), aber als

„ein Allgemeines", welches das Jetzt nun gerade als solche Vermittlung sein soll,

„(a)ls" welches wir es „aus" „sprechen".

„ein Allgemeines" „aus"- „sprechen"

Wie von Anfang der PhdG an immer wieder, ist sinnliche Gewißheit hier zugleich auf den Begriff verwiesen und damit bereits auf den Verstand.

Explizit wird der Verstand von Hegel erst in Kapitel 3 vorgeführt. Bei diesem kann es dann auch nicht bleiben, wie von Anfang nicht bei bloßem Rationalismus — und insofern natürlich bei keiner rationalistischen Auffassung von der Sprache.

Es ist der Verstand, der in Begriffen denkt: abstrahiert, unterscheidet. Die Sprache ist bei Hegel sein Produkt, Produkt der Abstraktion. Wie in der Schöpfungsgeschichte schafft sich der Verstand die Dinge durch Namen, durch Begriffe, durch Sprache — indem er sie dadurch bestimmt.
Die reinen Begriffe wie „Dieses", zugleich damit die unbestimmten Dinge, treiben auf den dialektischen, den Vermittlungs-Begriff zu (letztlich auf einen, der nicht mehr nur allgemein ist). Im Medium des Begriffs erfolgt hier für Hegel der Umschlag des „Diesen" in das „Allgemeine" — werden die Dinge *als* zugleich und wesentlich allgemein bestimmt. Insofern erscheint die Sprache hier als

„das Wahrhaftere" gegenüber dem „(M)einen" der sinnlichen Gewißheit (und dem Ding, wie wir es als Dieses *meinen*).

Sprache: „das Wahrhaftere"/ gegenüber dem „Meinen"

Die Sprache drückt die (allgemeine) Wahrheit aus, gerade auch die Wahrheit der sinnlichen Gewißheit — weil diese sinnliche Gewißheit selber sie nicht ausdrücken kann, weil sie nur sagen kann: „Dieses..." (aber dort beginnt schon Sprache!).

Zum bisherigen Gang

Und insofern hat sich die bisherige Analyse der sinnlichen Gewißheit (auch ab Abs. 5) entgegen der vorgegebenen Intention wieder an Begriffen (*der* sinnlichen Gewißheit; nicht: an ihr selber) abgearbeitet (der 6. Absatz deutete dies bereits implizite an!). Die Analyse arbeitete sich, *als* Analyse, auch an Abstraktionen des Verstandes ab (wie das Abs. 4 schon bewußt tat). Die sinnliche Gewißheit selber, auf die (ab Abs. 5) rückgewendet wurde, *behauptet* nur, so lautet jetzt das Resultat der Analyse, *direkt* beim Ding zu sein (wie sie „meint", daß es sei), in Wirklichkeit bewältigt sie die Dinge, die Natur, schon mit Begriffen (wenn eben auch mit noch diffus vor-reflexiven Begriffen wie „Dieses").
Reine Begriffe, wie etwa der Begriff „Dieses" das vortäuscht, gibt es nicht, nur eine *Dynamik der Begriffe*.
Aber dies ist, wie gesagt, eher ein Exkurs (wenn auch: Konsequenz aus dem vorigen); denn Hegel steht ja noch mitten in der Analyse des *Gegenstandes,* an dem betrachtet werden soll, „ob er in der Tat in der sinnlichen Gewißheit selbst, als solches Wesen ist, für welches er von ihr ausgegeben wird; ..." (Abs. 6), und auch eine Analyse des *Meinens* steht ja noch aus.

Text
(10. Absatz)

Es wird derselbe Fall sein mit der andern Form des Dieses, mit *dem Hier. Das Hier* ist z. B. der *Baum.* Ich wende mich um, so ist diese Wahrheit verschwunden und hat sich in die entgegengesetzte verkehrt: *Das Hier ist nicht ein Baum, sondern vielmehr ein Haus.* Das *Hier* selbst verschwindet nicht; sondern *es ist* bleibend im Verschwinden des Hauses, Baumes usf., und gleichgültig, Haus, Baum zu sein. Das *Dieses* zeigt sich also wieder als *vermittelte Einfachheit,* oder als *Allgemeinheit.*

Kommentar
(10. Absatz)

Dieser Absatz muß nicht ausführlich kommentiert werden.

Um die Analyse des Gegenstandes abzuschließen, kommt Hegel nun zunächst noch auf das

„Hier" zu sprechen, welches das Diese (neben dem Jetzt, Abs. 7 zufolge) auch sein soll.

Das „Hier"...

Nach dem Modell der Analyse des Jetzt wird analog das „Hier" beschrieben. Auch das Hier wird als Wahrheit schal: für das Ich, das sich umwendet, das ein anderes Hier sieht. Jedes Hier bleibt dabei zwar was es ist, weil der Gegenstand (= Dieses = Jetzt und Hier) gegenüber dem Wissen des Ich bleibt, was er ist (vgl. Abs. 5). Er bleibt aber auch als Hier:

„Allgemeinheit."

... als „Allgemeinheit"

Text
(11. Absatz)

Dieser sinnlichen Gewißheit, indem sie an ihr selbst das Allgemeine als die Wahrheit ihres Gegenstandes erweist, bleibt also das *reine Sein* als ihr Wesen, aber nicht als Unmittelbares, sondern (als) ein solches, dem die Negation und Vermittlung wesentlich ist, hiemit nicht als das, was wir unter dem *Sein meinen,* sondern das *Sein* mit der *Bestimmung,* daß es die Abstraktion oder das rein Allgemeine ist; und *unsere Meinung,* für welche das Wahre der sinnlichen Gewißheit nicht das Allgemeine ist, bleibt allein diesem leeren oder gleichgültigen Jetzt und Hier gegenüber noch übrig.

Kommentar
(11. Absatz)

Hier werden schließlich die für den Fortgang notwendigen Konsequenzen aus dem vorigen gezogen:

Hegel fragt sich: Was

„bleibt" „dieser sinnlichen Gewißheit" als „die Wahrheit" ihrer Erfahrung, die sie

„an ihr (sich!) selbst" macht?

Diese Erfahrung der sinnlichen Gewißheit „bleibt" (d. h.: wie ab Abs. 3 deutlich)

„das *reine Sein* als ihr Wesen, aber nicht als Unmittelbares, sondern (als) ein solches, dem die Negation und Vermittlung wesentlich ist..."

Noch einmal: Die Wahrheit des Gegenstandes, das reine Sein, ist reines Nichts. „Vermittlung" kommt durch „Negation" zustande (durch Verstandesleistung, ein rationalistisches Prinzip gleichsam).

„Negation und Vermittlung"	„ ... Negation und Vermittlung" werden in diesem Absatz so sehr in einem Atemzug genannt wie
„Abstraktion" oder „Allgemeines"	„Abstraktion oder das rein Allgemeine ..."

Negation ist Abstraktion, durch sie ist zugleich (!) Vermittlung und zwar als das Allgemeine – dem die Negation in seiner Gestalt, seiner Form als Begriff noch deutlich anzusehen ist!

Hierbei ist noch kein konkreter Inhalt erreicht, wie ihn die sinnliche Gewißheit will; Inhalt, bei dem der Hegelsche Begriff (auch der PhdG), als allerdings höchste Vermittlung mit der Form, enden soll.

Diese „Wahrheit" ist zugleich nicht „das Wahre" (wie es in „unsere[r] Meinung" ist)	Dies „Allgemeine" ist der sinnlichen Gewißheit nun „die Wahrheit ihres Gegenstandes ..." (Allgemein, d. h.: alle Jetzt und alle Hier, nicht dieses Jetzt und dieses Hier). Da dies Allgemeine wesentlich negativ (Negation, Abstraktion) ist – gleichsam Rationalismus –, kann es zugleich nicht „das Wahre der sinnlichen Gewißheit" – des Empirismus – sein, nämlich: wie sie es *meint*.
Methodischer Hinweis	Es ist hier erneut jene Zweigleisigkeit angesprochen, auf die wir beständig zu achten hatten – von Hegel deutlich gefaßt in einem doppelten *Wahrheits-Begriff:* Was als Wahrheit der sinnlichen Gewißheit angesetzt wird (hier zunächst das Diese als Jetzt und Hier) erweist sich als *allgemein;* damit zugleich als abstrakt (analog dem Modell des Absatz 2, wenn auch im Stufengang weiter fortgeschritten); es ist damit auch *nicht* die Wahrheit. Diese wird deshalb nun in „unsere(r) *Meinung"* vom Diesen gesucht.
Aufgabe 24 Lösungsvorschlag S. 181.	Wiederholen Sie die Konsequenz dieses Absatzes (das Diese als das Allgemeine) von einem Vergleich mit den Absätzen 1 und 2 ff. her! Beziehen Sie die beiden Wahrheitsbegriffe (Stufen der Wahrheit) auf: Empirismus und Rationalismus.

Text
(12. Absatz)

Vergleichen wir das Verhältnis, in welchem das *Wissen* und der *Gegenstand* zuerst auftrat, mit dem Verhältnisse derselben, wie sie in diesem Resultate zu stehen kommen, so hat es sich umgekehrt. Der Gegenstand, der das Wesentliche sein sollte, ist nun das Unwesentliche der sinnlichen Gewißheit, denn das Allgemeine, zu dem er geworden ist, ist nicht mehr ein solches, wie er für sie wesentlich sein sollte, sondern sie ist jetzt in dem Entgegengesetzten, nämlich in dem Wissen, das vorher das Unwesentliche war, vorhanden. Ihre Wahrheit ist in dem Gegenstande als *meinem* Gegenstande, oder im *Meinen;* er ist, weil *Ich* von ihm weiß. Die sinnliche Gewißheit ist also zwar aus dem Gegenstande vertrieben, aber dadurch noch nicht aufgehoben, sondern nur in das Ich zurückgedrängt; es ist zu sehen, was uns die Erfahrung über diese ihre Realität zeigt.

Kommentar
(12. Absatz)

Dieser Absatz spricht noch deutlicher eine Wende an vom *„Gegenstand"* (der sich ja als Jetzt und Hier ins „Allgemeine" verflüchtigt) zum *„Ich"* („Meinen", „Wissen"); besonders Wichtiges fügt dabei die folgende Passage hinzu:

„Ihre (der sinnl. Gewißheit; J. N.) Wahrheit ist in dem Gegenstande als *meinem* Gegenstande, oder im *Meinen;* er ist, weil *Ich* von ihm weiß."   „Meinen" (Ich)

Durch das Ich also könnte gerade der Gegenstand, als sich verflüchtigender, zu bewahren, festzuhalten sein. (Nun wird über das Meinen eingeholt, was insbes. Abs. 11 schon andeutete, was der 9. Abs. noch umgekehrt formuliert hatte): Die Wahrheit scheint nun nicht mehr beim Gegenstand, dem Diesen, zu suchen; er

„ist nun das Unwesentliche der sinnlichen Gewißheit . . ."

Die Wahrheit ist vielmehr an das

„Wissen" übergegangen, an das *„Meinen"*, an das *„Ich"*.   „Wissen"/ „Meinen"/ „Ich"

Dies wird nun vorgeführt:

„Vergleichen wir das Verhältnis, in welchem das *Wissen* und der *Gegenstand* zuerst auftrat, mit dem Verhältnisse derselben, wie sie in diesem Resultate zu stehen kommen, so hat es sich umgekehrt."

M. a. W.: Zusammenfassend werden hier als Großstruktur drei Stufen behandelt:

Stufe 1: ... „Ich" als „(*reiner*) Dieser" → „(*reines*) Dieses" = imgrunde auch („in der Tat"):
reiner Begriff bzw. Ding *an sich* (= unbekannt: „ärmste Wahrheit"; bleibt leeres Material).

Deshalb sahen wir die vorläufige These über den Anfang der PhdG mit einem *Fallen*lassen des Ding an sich auch *umgekehrt* – und zwar spätestens vom 2. Absatz her!

„*Vergleichen wir ...*" – dieser Vergleich des Abs. 12 ist einer mit dem Anfang. Insbes. mit: ... Stufe 1 a ...,

... Stufe 1a: wo der Vorrang des Gegenstandes behauptet wurde, wo versucht
(Abs. 5ff.) ... wurde, das Ansetzen der sinnlichen Gewißheit mit der *Erscheinung*, nicht mit dem Ding an sich, schließlich doch noch einzuholen:

„Ich" „meint" → „Gegenstand" (z. B. „Haus", „Baum").

Da dieser *Vorrang* des Gegenstandes sich aber in dessen *Allgemeinheit* verflüchtigt („negiert", als „Negation überhaupt"), sich der Gegenstand nicht als Vorrang sondern „vermittelt" erweist, soll nun doch versucht werden, auf: ... Stufe 2 ...

... Stufe 2: die *Erscheinung* vom „Ich", dessen „*Meinen*" her einzuholen.
(Absatz 12 ff.) Es ist insofern eine höhere Stufe, als das *Bewußtsein* nun tatsächlich selber gewahr werden soll, was es in Wirklichkeit, von Anfang an war (an sich; bzw. von uns reflektiert). Insofern aber ist die höhere Stufe auch gleiche Stufe: ist sie *analog*.

Problematisierung (mit Hegel)

Diese Analyse des Meinen (Ich) kann natürlich, so vermuten wir schon jetzt, wieder nur zur Allgemeinheit begrifflicher Vermittlung führen. Denn auch vom Ich her muß gesagt werden, und zwar noch bewußter, daß Erscheinungen wie Haus, Baum, bestimmte Erscheinungen sein müssen und d.h. zunächst und immer wieder: begrifflich (vom Ich) bestimmte.

Aufgabe 25

Lösungsvorschläge S. 181.

Ergänzen Sie: „Eher denn Ding an sich (aber auch eher denn *reine*, bloße Erscheinung) ist der Gegenstand, imgrunde von Anfang der PhdG an: ....

Text
(13. Absatz)

Die Kraft ihrer Wahrheit liegt also nun im *Ich,* in der Unmittelbarkeit meines *Sehens, Hörens* usf.; das Verschwinden des einzelnen Jetzt und Hier, das wir meinen, wird dadurch abgehalten, daß *Ich* sie festhalte. *Das Jetzt ist Tag,* weil ich ihn sehe; *das Hier ein Baum,* eben darum. Die sinnliche Gewißheit erfährt aber in diesem Verhältnisse dieselbe Dialektik an ihr als in dem vorigen. *Ich, dieser,* sehe den Baum, und *behaupte den Baum als das Hier;* ein *anderer Ich* sieht aber das Haus und behauptet, das Hier sei nicht ein Baum, sondern vielmehr ein Haus. Beide Wahrheiten haben dieselbe Beglaubigung, nämlich die Unmittelbarkeit des Sehens und die Sicherheit und Versicherung beider über ihr Wissen; die eine verschwindet aber in der andern.

Kommentar
(13. Absatz)

Hier gelangen wir zum angekündigten Fort-schreiten — in einer „*Dialektik*", die doch „*dieselbe Dialektik*" ist, d. h.: die nach dem gleichen Mechanismus abläuft, aber auf einer höheren Stufe:

„*Das Jetzt ist Tag,* weil ich ihn sehe; *das Hier ein Baum,* eben darum. Die sinnliche Gewißheit erfährt aber in diesem Verhältnisse dieselbe Dialektik an ihr als in dem vorigen. *Ich, dieser,* sehe den Baum, und *behaupte den Baum als das Hier;* ein *anderer Ich* sieht aber das Haus und behauptet, das Hier sei nicht ein Baum, sondern vielmehr ein Haus."

Die „Wahrheit liegt also nun (offenbar; J. N.) im *Ich* ..."
Aber es sind dabei zwei Iche im Spiel:

„*Ich*" „sehe" diesen „*Tag*", „*Baum*" — als „*Jetzt*" und „*Hier*";   „Ich"

„ein *anderer Ich*" kann aber ein „Haus" sehen und das Haus ist für dieses Ich auch ein Hier.   „ein anderer Ich"

Was ist der einzige Unterschied zur Dialektik, wie wir sie von den Absätzen 5 ff. her kennen?   Frage (Rückblick)

Antwort	Imgrunde nur die Ich-Perspektive. — Bzw.:
Erläuterung	Das Ansetzen des zweiten Ich.

Dies zweite Ich war zwar bereits in Abs. 10 im Spiel, als die Rede davon war, daß „Ich ... mich um(wende)"; aber dort lag der Akzent noch auf der Tatsache der beiden dabei wahrgenommenen Hiere — der vorgeblichen („offiziellen') Intention des Absatzes gemäß.
Die zwei Hiere von Abs. 10 werden nun vom Ich her analysiert, um der Analyse eben dieses Ich willen.

Dabei soll das eigentlich kein anderes Ich sein (kein anderes als Ich selbst) sondern ein anderer Ich (ein anderer Teil des einen Ich). Dadurch gerade,

„daß *Ich* sie festhalte", sollen die je einzelnen, sollen alle einzelnen (und damit: unbestimmten, allgemeinen) Jetzte und Hiere *nicht* mehr nur

„(v)erschwinden"; mithin dadurch, daß Ich sie als Erfahrung des Bewußtseins auf einander beziehe. (Im Gegensatz zur ‚Assoziation' Humes).

Exkurs „Aufhebung"* bei Hegel (Negieren und Aufbewahren)	Das „*Verschwinden*", die Allgemeinheit der Jetzte und Hiere (Negation und Abstraktion) soll „*abgehalten*", *aufgehoben* sein; soll also erneute *Negation der Negation* sein: Position, ein erneutes Festhalten; „*Aufheben*"*, das auch „aufbewahren" ist (etwa in dem Wortsinne, in dem ich sage: „Ich *hebe* mir dies Stück Brot noch *auf*").

„Aufheben" soll bei Hegel immer beides sein: hinweg-heben und auf-bewahren; ja, es soll ein Drittes sein: Auf-heben auf eine höhere Stufe.

Bei dieser „Aufhebung" des Gegenstandes wird sich auch das Ich tatsächlich als Einheit herstellen, als *ein* Ich. Aber das Ich vollzieht damit nur einen Drei-Schritt, als nun ihm bewußt, den wir bereits zuvor kennenlernten und bei dem der Gegenstand, trotz Vermittlung zur Ein(fach)heit, *allgemein* blieb:
Deshalb wird auch das Ich als zwar einfaches, aber zugleich noch wesentlich negatives, allgemeines, aus diesem neuen Drei-Schritt der Vermittlung hervorgehen. Auch das Ich ist wesentlich Negation: ein anderer Ich, ein zweites (wenn auch als Teil des einen jetzt *bestimmt*). Eben deshalb bleibt

diese „Dialektik" der höheren, bewußteren Stufe zugleich auch

„dieselbe Dialektik ..."

Wurde anfangs das Dieses als Hier (neben dem: Jetzt) angesehen, und wurde schließlich festgestellt, daß es verschwindet, wenn ich mich umdrehe (Abs. 10), daß es plötzlich kein Baum mehr ist sondern ein Haus, so wird nun konsequent vom Ich her ein Baum gesehen und ein Haus vom anderen (Teil des) Ich. Zwei Diese, und eben auch imgrunde zwei Iche.

Konnte alles ein Dieses sein (Haus oder Baum etc.), und war das Dieses (die Diesen) damit *allgemein,* so kann nun jedes dieser einzelnen Iche ein Ich sein (welches Haus oder Baum sieht).

Die einzelnen Iche, „Ich, dieser" und „ein anderer Ich" sind *gleich allgemein,* gleich allgemein auch wie die Diesen. Sie sind Negation und Abstraktion (des jeweils anderen Teils von sich selbst) und nur als solche: Vermittlung. Der Versuch, nun das Ich als Fixpunkt, seine Wahrheit gleichsam als archimedischen Punkt festzuhalten — als Wahrheit der sinnlichen Gewißheit — ist gleichfalls gescheitert; gleichfalls: so, wie sich vorher z. B. das Hier nicht zu verändern schien, dadurch, daß Ich mich umwende.

Jedenfalls ist dieser Versuch bis jetzt als gescheitert zu betrachten.

„Beide Wahrheiten (Sehen des Baums und des Hauses; J. N.) haben (zwar; J. N.) die gleiche Beglaubigung" (weil *Ich* sie sehe; J. N.), ... die eine verschwindet aber in der andern."

Dialektik des Allgemeinen

Text
(14. Absatz)

Was darin nicht verschwindet, ist *Ich,* als *allgemeines,* dessen Sehen weder ein Sehen des Baums noch dieses Hauses, sondern ein einfaches Sehen ist, das durch die Negation dieses Hauses usf. vermittelt, darin ebenso einfach und gleichgültig gegen das, was noch beiher spielt, gegen das Haus, den Baum ist. Ich ist nur allgemeines, wie *Jetzt, Hier oder Dieses* überhaupt; ich meine wohl einen *einzelnen Ich,* aber so wenig ich das, was ich bei Jetzt, Hier meine, sagen kann, so wenig bei Ich. Indem ich sage, *dieses Hier, Jetzt* oder ein *Einzelnes,* sage ich *alle Diese, alle Hier, Jetzt, Einzelne;* ebenso, indem ich sage, *Ich, dieser einzelne Ich,* sage ich überhaupt, *alle Ich;* jeder ist das, was ich sage: *Ich, dieser einzelne, Ich.* Wenn der Wissenschaft diese Forderung als ihr Probierstein, auf dem sie schlechthin nicht aushalten könnte, vorgelegt wird, ein sogenanntes *dieses Ding* oder *einen diesen Menschen* zu deduzieren, konstruieren, a priori zu finden, oder wie man dies ausdrücken will, so billig, daß die Forderung *sage,* welches *dieses* Ding oder welchen *diesen* Ich sie meine; aber dies zu sagen ist unmöglich.

Kommentar
(14. Absatz)

Dieser Absatz ist eine Zusammenfassung, die der Beginn des Absatzes bereits deutlich macht: Das Ich als *„Unmittelbarkeit des Sehens"* (13. Absatz) ist als Vermittlung bestimmt worden, die (noch) ‚*allgemein*' ist (Abs. 8 ff.); nur insofern ist *„einfaches Sehen":* als *„durch die Negation" hindurch „vermittelt(es)"* Sehen.

(Vor-) Aufgabe 26

Lösungsvorschlag S. 181.

Erinnern Sie sich an den Mechanismus — der Dynamik des dialektischen Begriffs —, wie wir ihn ausführlich im Kommentar zur Analyse des Gegenstandes (als Dieses: Jetzt und Hier), bes. zum 8. Absatz (S. 109ff.) vorgeführt haben. Stichworte: eigene Negation; (Selbst-)Negation der abstrakten (Selbst-)Negation; Negatives überhaupt; Allgemeines ...

Wenden Sie diese Dialektik auf jene an, die im 13. und nun im 14. Absatz vorgeführt wird.

Der Mechanismus und daher seine zentralen Begriffe sind nämlich analog. Ausgetauscht wird nun lediglich: das ‚einzelne Jetzt und Hier' gegen das ‚einzelne Ich':

„1. Schritt (Stufe, o. ä.[1]): Das Ich, zunächst angesetzt und bestimmt als einzelnes Ich, ist ....
....
..........................."(Setzen Sie fort!)

---

1 Vgl. oben, S. 93. —

Die drei Stufen lassen sich nur vorläufig trennen. Der **Erläuterung**
Mechanismus kann abgekürzt auch folgendermaßen erläutert
werden: Indem das einzelne Ich erste und zweite Stufe (das
andere Ich!) *zugleich* ist, ist es auf der 3. Stufe angelangt,
die die *beiden* ersten umfaßt. Entfalteter beschrieben:
Jedes der — in diesem Beispiel — *zwei* Iche ist zunächst einzelnes, „reines Ich", ein „Dieser"; und somit bloßer Selbstbezug, Negation des jeweils anderen Ich, Abstraktion von
ihm. Jedes ist aber (selber) eine solche Negation. Jedes **Selbstnegation**
damit auch die *Negation der* (anderen) *Negation*. **als → Negation**
der Negation
Durch die (berühmte) Hegelsche Negation der Negation soll
so (im Vorgriff) die Position (Bejahung, Identität) erneut
zustande kommen. Aber dabei als Selbstnegation des Absolut-Gesetzten, Abstrakten: Denn jedes Einzelne *ist* selbst
auch das andere, eben weil dieses so negativ (abstrakt, unbestimmt) ist wie es selber.
Erst dadurch, daß *jedes* einzelne Ich auch das andere Ich
ist, und daß jede einzelne Gewißheit auch die andere ist,
kann zusammenhängende Erfahrung* überhaupt erst möglich werden. Die Iche *bestimmen* sich— gegenseitig —, ihre
Abfolge als Nacheinander wird deshalb von Hegel auch als
ein Zugleich entfaltet. Weil aber als wesentlich negativ
bestimmt, sind diese nun bestimmten Iche gerade *allgemein*.
Die (Hegelsche) Dialektik kommt beim Ich noch nicht zur
Ruhe. Denn bloße Allgemeinheit ist für Hegel der bloßen Abstraktheit als Vereinzelung noch nicht wesentlich überlegen;
sie weist nur etwas deutlicher, als höhere Stufe, auf den absoluten Begriff des absoluten Wissens, mit dem die PhdG
endet.

„Was darin nicht verschwindet (im Verschwinden der „beiden Wahrheiten", der beiden Iche von Abs. 13; J. N.), ist
Ich, als *allgemeines,* dessen Sehen weder ein Sehen des
Baums noch dieses Hauses, sondern ein einfaches Sehen
ist..."

So begann der Absatz 14 und so endet er imgrunde:
Das eine Ich ist in der Identität der beiden Iche, die sich
durch Selbstnegation herstellt, zwar erhalten geblieben,
aber nur: „als allgemeines". Allgemein, d. h.: jedes einzelne,
vom anderrn unterschiedene Ich kann (wieder) ein solches
Ich sein.

127

Hegels „Identität in der Verschiedenheit"

„Identität", *ein* Ich, ist es — von Anfang an — nur „in der Verschiedenheit", ist es nur in der Negativität, die ihm noch anhaftet. Denn als *ein* Ich ist es wieder abstrakt, nämlich *einzeln*. Diese Vermittlungsstufe ist selber noch allgemein.

Was ein mögliches Motiv der Kritik an Hegel sein könnte, macht Hegel selber beständig zum Movens*, zum Motor seiner Dialektik, ihres Fort-schritts: die Abstraktheit. So kann sich Kritik an Hegel nur auf die Tatsache dieses Fortschreitens selber beziehen, welches sich immer wieder entzieht — vom Ende (in der vermeintlich „konkreten" Identität) her gedacht. Kritik kann und muß sich daher bereits am Anfang der PhdG festmachen, in dem doch bereits solche Abstraktheit festgestellt wurde. Daß in diesem Anfang bereits Fortgang sein soll, ist ein Stück Mystifikation an Hegels PhdG. (Mystifikation, die auf die Gesamtkonzeption durchschlägt).

Zurück zur Interpretation:
Wenn diese Vermittlung, als zwar erneut „reines Sein", wesentlich „die" (wie es in Abs. 11 hieß) „*Bestimmung*" haben soll, „daß es die Abstraktion oder das rein Allgemeine ist", dann kommt insofern zustande, was man bereits *bestimmtes*, konkretes *Sehen* seitens eines Ich nennen könnte; oder: vermitteltes, nämlich z. B.

bestimmtes Sehen

„durch die Negation dieses Hauses usf. vermittelt(es)"
„Sehen".

Es ist aber für Hegel, wie wir wissen, gerade noch nicht konkret, eben weil durch die Negation vermittelt, eben weil wesentlich noch negativ.
Insofern bleibt das Sehen seitens dieses Ich, trotz (oder wegen) der Selbstnegation als abstraktes Ich, zugleich — und wesentlich noch — „einfaches Sehen"; es bleibt gerade als solches, obwohl *höhere* ‚Ein(fach)heit': zugleich auch abstrakt, reines Sehen eines reinen Dieses. Es sieht z. B. das Haus auch *wesentlich* (noch) *nicht!* Es bleibt so wesentlich auch noch Bewußtseinsstufe des ‚tabula rasa', bleibt ‚leerer Tisch', wie es dies in der Lehre des Nominalismus/ Empirismus — allerdings nur anfangs! — sein soll; und damit bleibt es auch noch abstrakter Begriff.

„einfaches Sehen"

Dies ließe sich gerade durch Negation der sinnlichen Gewißheit, des Empirismus, aufzeigen; durch ihre Bestimmung als: auf den Begriff (Negation!) verwiesen.

In diesem dialektischen Drei-Schritt kommt zwar erneut Bestimmung zustande; erneut aber auch die Bestimmung des Abstrakten *als* abstrakt: Bestimmtes Sehen wird bestimmt als zugleich wesentlich nur allgemein, abstrakt — denn nur *als* allgemeines, einfaches kann es ausgesprochen werden und ist so immer noch nicht dem *Meinen* gemäß (vgl. Exkurs zur Sprache). Das Meinen soll ja gerade nicht abstrakt tabula rasa sein, sondern konkrete Einheit mit dem Gegenstand.

Mit anderen Worten:

Darauf bezieht sich der Schluß des Absatzes 14:

„Wenn der Wissenschaft..."

Dieser Schluß ist eine Anspielung auf eine Kontroverse Hegels mit dem Gelehrten, Prof. Krug.

Text
(15. Absatz)

Die sinnliche Gewißheit erfährt also, daß ihr Wesen weder in dem Gegenstande noch in dem Ich, und die Unmittelbarkeit weder eine Unmittelbarkeit des einen noch des andern ist, denn an beiden ist das, was Ich meine, vielmehr ein Unwesentliches, und der Gegenstand und Ich sind Allgemeine, in welchen dasjenige Jetzt und Hier und Ich, das ich meine, nicht bestehen bleibt, oder *ist.* Wir kommen hierdurch dahin, das *Ganze* der sinnlichen Gewißheit selbst als ihr *Wesen* zu setzen, nicht mehr nur ein Moment derselben, wie in den beiden Fällen geschehen ist, worin zuerst der dem Ich entgegengesetzte Gegenstand, dann Ich ihre Realität sein sollte. Es ist also nur die *ganze* sinnliche Gewißheit selbst, welche an ihr als *Unmittelbarkeit* festhält und hiedurch alle Entgegensetzung, die im vorherigen stattfand, aus sich ausschließt.

Kommentar
(15. Absatz)

Hier wird zunächst noch einmal wiederholt und dann lediglich der Mechanismus der weiteren Dialektik vorformuliert.

Mechanismus der weiteren Dialektik	Gemäß dem zentralen Hegelschen Theorem, daß „das Wahre (erst; J. N.) das Ganze" sei, wird hier auf „das *Ganze* der sinnlichen Gewißheit" abgezielt.
Aufgabe 27 Lösung S. 181.	Was umfaßt dies „Ganze der sinnlichen Gewißheit"? Zählen Sie auf.
Erläuterung Zwei mal: „weder-noch"	In Gegenstand und Ich hatte sich jeweils ein abstraktes „weder ... noch" durchgehalten; insofern: das „Negative überhaupt".

Trotz der Versuche, es aufzuheben. Beide, Gegenstand und Ich, verflüchtigten sich damit ins Allgemeine. Es hatte sich insofern (bis jetzt) auch erwiesen, daß *weder* Gegenstand *noch* Ich konkret wurden (und zwar: in konkreter Einheit mit einander).

Dies weder-noch von Gegenstand und Ich soll nun aufgehoben werden; denn um dies Widerspiel von Gegenstand und Ich war es in Wirklichkeit immer gegangen – auch, wenn den Vorrang der Gegenstand oder den Vorrang das Ich haben sollte.

Nie war bis jetzt der Gegenstand wirklich im Ich. Nie war dabei

„Unmittelbarkeit"	„*Unmittelbarkeit*" von Subjekt und Objekt hergestellt (wie sie der Empirismus behauptete):

Unmittelbar sollte das Objekt im Subjekt sein!
Solche Unmittelbarkeit ist für uns auch kaum *vorstellbar* – obwohl sie in unserem Meinen ist oder, nach Hegel, sein soll (dem Empirismus und, als Abgrenzung, dem Rationalismus zugleich folgend).

*Denk*bar ist Unmittelbarkeit zunächst nur, indem man, wie nun Hegel, fordert (postuliert*), die

Aufhebung der „Entgegensetzung"	„Entgegensetzung" von Subjekt und Objekt müsse aufgehoben werden – im „Ganzen der sinnlichen Gewißheit".

Wie diese Einheit aussehen soll, beschreiben die folgenden Absätze.

Aufgabe 28	Lesen Sie nach dieser Beschreibung noch einmal die Absätze 1 – 15 und stellen Sie evtl. eine kurze Zusammenfassung

her — mit wenigen dort verwendeten Begriffen. Welche Absätze beinhalten z. B. die Analyse des „Gegenstandes"?

Lösungsvorschläge S. 181.

Text
(16. Absatz)

Diese reine Unmittelbarkeit geht also das Anderssein des Hier als Baums, welches in ein Hier, das Nichtbaum ist, das Anderssein des Jetzt als Tages, das in ein Jetzt, das Nacht ist, übergeht, oder ein anderes Ich, dem etwas anderes Gegenstand ist, nichts mehr an. Ihre Wahrheit erhält sich als sich selbst gleichbleibende Beziehung, die zwischen dem Ich und dem Gegenstande keinen Unterschied der Wesentlichkeit und Unwesentlichkeit macht und in die daher auch überhaupt kein Unterschied eindringen kann. — Ich, dieser, behaupte also das Hier als Baum und wende mich nicht um, so daß mir das Hier zu einem Nichtbaume würde; ich nehme auch keine Notiz davon, daß ein anderer Ich das Hier als Nichtbaum sieht, oder daß Ich selbst ein anderes Mal das Hier als Nichtbaum, das Jetzt als Nichttag nehme; sondern Ich bin reines Anschauen; Ich für mich bleibe dabei, das Jetzt ist Tag, oder auch dabei, das Hier ist Baum, vergleiche auch nicht das Hier und Jetzt selbst miteinander, sondern ich halte an *einer* unmittelbaren Beziehung fest: das Jetzt ist Tag.

Kommentar
(16. Absatz)

Eine erste (sinn-interpretierende) Zusammenfassung kann erneut sehr weit gehend in Hegels eigenen Worten gegeben werden: Vorbereitung erster Paraphrasen* und Interpretationen:

Die „reine Unmittelbarkeit" des Gegenstandes in der sinnlichen Gewißheit, Einheit von Subjekt und Objekt, geht das

Zusammenfassung (der ersten Hälfte)

„Anderssein des Hier als Baums", sein Übergang in die Negation („Nichtbaum"), ebenso das

„Anderssein des Jetzt" und seine Negation, aber auch

„ein anderes Ich" „nichts mehr an."

Dieser (!) „Wahrheit" fällt jeder „Unterschied", auch der von Wesentlichem und Unwesentlichem („Wesentlichkeit und Unwesentlichkeit").

<u>Vorher wird ausgesagt:</u>

Zum Beispiel war das Jetzt einmal Tag und einmal Nacht, das Hier einmal Baum und einmal Haus, und zwar zunächst durch Selbstnegation, bzw. dann durch Feststellen des Ich, dessen Selbstnegation.

<u>Nun wird ausgesagt:</u>

Dies war möglich, solange noch zwischen Subjekt und Objekt unterschieden wurde und damit zwischen einzelnen Gegenständen und einzelnen Ichen, die in einander umschlugen.

Das Ich hatte dabei gerade keine *unmittelbare* Gewißheit vom Gegenstand (wie sich herausstellte). Nun wird es auf diese Weise beschrieben:

„Ich, dieser, behaupte also das Hier als Baum und wende mich nicht um . . ."

<u>Arbeitsanleitung</u>

Lesen Sie den Absatz zu Ende und beantworten Sie folgende Aufgabe:

<u>Aufgabe 29</u>

Lösungsvorschlag S. 183.

Was ist das für ein Ich? Wie soll es die unmittelbare Gewißheit vom Gegenstand haben?

Zitieren und (evtl.) kommentieren Sie kurz!

<u>Erläuterung</u>

(Reines) Denken muß für dies Ich abgewiesen werden. Aber auch das „einfache Sehen" von Absatz 14.

Denn einfaches Sehen war auch bestimmtes Sehen und umgekehrt; es war *als* Sehen von *etwas* auf den Begriff verwiesen, wesentlich negativ. Deshalb spricht Hegel hier auch nicht mehr von „einfachem Sehen", knüpft aber mit dem „reinen Anschauen" immerhin an diese Stufe an.

Wir müssen daher, auch Hegel zufolge, erneut prüfen, ob eine solche Form der Einheit von Subjekt und Objekt Bestand hat: ob diese Stufe wirklich wesentlich weiter geführt hat. (Dann könnte die PhdG hier spätestens enden). Wir überprüfen dies anhand eines (kleinen) Planspiels:

<u>Aufgabe 30</u>
(Planspiel)

Lösungsvorschlag S. 183.

Versuchen Sie einmal (als ein solches Ich, das Sie jetzt durch-‚spielen'), diese Unmittelbarkeit mit dem Gegenstand herzustellen.

Versuchen Sie dazu (z. B.) den Einband dieser „Einführung

in die Idealistische Dialektik Hegels" *anzuschauen* — in „reinem Anschauen".

Beschreiben Sie dann, oder währenddessen, *was* Sie bei dieser Anschauung anschauen:

„. . . . ."

(Schlagen Sie *meine* Beschreibung im Lösungs-Teil, S. 183 nach; = Lösungsvorschlag Aufg. 30 Vergleichen Sie!)

Wir gelangen hier erneut in den Bereich der Problematisierung der im Text gegebenen Behauptungen. Hegel weiß, daß er wiederum so tun muß, als wäre diese Einheit nunmehr erreichbar.

<small>(Um den Fortgang zu sichern: zu einer Identität, die sein *Ansatz*, sein System behauptet; diesen Ansatz selbst haben wir bereits mehrfach kritisiert; von *dieser* Dimension der Problematisierung sehen wir hier ab).</small>

Unser Planspiel nun zeigt, daß wir wieder — und dies ist Hegel durchaus bewußt — Anschauung, als vorgeblich reine, auf den *Begriff* beziehen müssen (den Begriff „Rot", „die Farbe ‚Rot' ", unterschieden von z. B. „Grün"). Insofern ist hier, bei allem *Fort*-schreiten der Dialektik, auch *wieder* gezeigt — nur *noch* bewußter (wie Hegel meint) —, daß reine Anschauung, wie einfaches Sehen, auch (begrifflich) bestimmtes Sehen ist; daß diese Anschauung somit als wesentlich negativ bestimmt ist.

Erläuterung

Aber dies ist, wie gesagt, ein *Durchschaubarmachen* der geheimen (unausgesprochenen) Hegelschen Intention, Vorgriff auf seine erst später formulierte Problematisierung. Der offizielle Gang der PhdG steht noch mitten in der Behauptung, daß reines Anschauen plausibel die Unmittelbarkeit von Subjekt und Objekt herstellen könne — und zwar begriffslos, ohne Negativität (ein Anderssein), damit aber un-vermittelt.

Vorausblick auf den Gang der PhdG insgesamt

Als unvermittelt ist diese Unmittelbarkeit äußerst abstrakt, — wie wir gerade mit Hegel kritisch anmerken konnten, weil dies aus der Methode des Anfangs ableitbar war: wohl wissend, daß diese Abstraktheit für die dialektische Entwicklung des absoluten Wissens notwendig ist.

Auf diesem Gang zum absoluten Wissen wird es für Hegel imgrunde keinen Unterschied machen, ob er vom einzelnen Jetzt und Hier ausgeht oder, wie hier, von einem bereits vermittelten (das ja gerade unmittelbar sein soll). Beide sind nach Hegel so lange abstrakt, als sie nicht beim absoluten Wissen angelangt sind. Deshalb sprach er bisher schon in einem Atemzug vom Einzelnen als ‚Abstraktion und Vermittlung'. (Diese Redeweise markiert einen dialektischen Umschlag).

Text
(17. Absatz)

Da hiemit diese Gewißheit nicht mehr herzutreten will, wenn wir sie auf ein Jetzt, das Nacht ist, oder auf einen (!) Ich, dem es Nacht ist, aufmerksam machen, so treten wir zu ihr hinzu und lassen uns das Jetzt zeigen, das behauptet wird. *Zeigen* müssen wir es uns lassen; denn die Wahrheit dieser unmittelbaren Beziehung ist die Wahrheit *dieses* Ich, der sich auf ein *Jetzt* oder ein *Hier* einschränkt. Würden wir *nachher* diese Wahrheit vornehmen oder *entfernt* davon stehen, so hätte sie gar keine Bedeutung; denn wir höben die Unmittelbarkeit auf, die ihr wesentlich ist. Wir müssen daher in denselben Punkt der Zeit oder des Raums eintreten, sie uns zeigen, d. h. uns zu demselben diesen Ich, welches das gewiß Wissende ist, machen lassen. Sehen wir also, wie das Unmittelbare beschaffen ist, das uns aufgezeigt wird.

Kommentar
(17. Absatz)

Wenn der problematisierende Vorausblick nur die Differenz von vorgeblichem (‚versuchtem') und realem Fort-gang verdeutlichen sollte (und erst recht nur *impliziert* war: unsere Kritik, daß überhaupt noch Fortgang ist), so müssen wir uns hier auch noch einmal auf die behauptete Einheit von Subjekt und Objekt einlassen.

Dieser Absatz ist dann leicht verständlich:

Das „Ganze der sinnlichen Gewißheit" soll weder aus zeitlicher noch räumlicher Distanz angeschaut werden, weder

„*nachher*" noch „*entfernt*"; wir müssen uns die Gewißheit

„zeigen" „lassen", indem

„wir zu ihr hinzu" „treten..."

Wir lassen uns damit ein

„*Jetzt* oder ein *Hier*" zeigen, auf welche sich das Ich jetzt

„einschränkt"; einschränkt, als Einschränkung auf einen

„Punkt der Zeit oder des Raums", in welchem wir verschwinden sollen.

„Hinzutreten": der Begriff verrät doch schon räumliche und zeitliche Distanz — im Sinne unseres problematisierenden Vorgriffs. Dies deckt der folgende Absatz auch auf.

Text
(18. Absatz)

Es wird das *Jetzt* gezeigt, *dieses Jetzt. Jetzt;* es hat schon aufgehört zu sein, indem es gezeigt wird; das *Jetzt,* das *ist,* ist ein ànderes als das gezeigte, und wir sehen, daß das Jetzt eben dieses ist: indem es ist, schon nicht mehr zu sein. Das Jetzt, wie es uns gezeigt wird, ist es ein *gewesenes,* und dies ist seine Wahrheit; es hat nicht die Wahrheit des Seins. Es ist also doch dies wahr, daß es gewesen ist. Aber was *gewesen* ist, ist in der Tat *kein Wesen; es ist nicht,* und um das Sein war es zu tun.

Kommentar
(18. Absatz)

Ein besonders bemerkenswerter Absatz, der das Wie, die Methode, solchen „Zeigenlassens" vorführt und dabei die oben von uns vorskizzierte Dialektik.

Gegenstand und Ich hatten sich in den vorangegangenen Analysen Hegels (zugleich) als das Allgemeine und insofern als das *Nicht-Wesentliche* herausgestellt.
Denn das „*Wesen*" der sinnlichen Gewißheit muß doch gerade das Besondere, Individuelle (der Dinge!) sein, nicht das Allgemeine, der Begriff. Das Begriffliche ist vielmehr das Wesen des Denkens ...

Das „Wesen" der sinnlichen Gewißheit

Gegenstand und Ich, für sich genommen, waren nicht das „Wesen".
Nun soll demnach untersucht werden, ob nicht die *Bezie-*

hung von Gegenstand und Ich das *Wesen*(tliche) der sinnlichen Gewißheit sei.

Dazu „()treten" wir (lt. Absatz 17) in jenen „Punkt der Zeit oder des Raums" „ein()", in welchem Gegenstand und Ich, Objekt und Subjekt identisch, in welchem sie unmittelbar eins sind. Jener „Punkt der Zeit" ist

„das Jetzt" „wird" „gezeigt"

„das *Jetzt"*, *„dieses Jetzt."* Es

„wird" „gezeigt": *in* diesem Punkt (der übrigens zugleich, als Punkt, räumliches *Hier* ist).

Bzw.: Es wird *als* dieser Punkt gezeigt;

„ ... indem es (aber; J. N.) gezeigt wird", „hat (es) schon aufgehört zu sein ..."

Auch das *Zeigen* des Jetzt, sein Gezeigtwerden, ist nicht (reines) „Sein",

„Sein", „um das ... es (bei der sinnlichen Gewißheit; J. N.) zu tun" ist, zu tun sein soll;

„das Jetzt, das ist", „ist ein anderes als das gezeigte" ...

„das *Jetzt, das ist"* und nur: *„ist"*, als reines Sein,

„ist ein anderes als das gezeigte". Bzw.:

„wir sehen, daß das Jetzt ... indem es ist, schon nicht mehr" ist.

Als reines Sein schlägt es — erneut — um ins reine Nichts, wie am Anfang der WdL, wie am Anfang der PhdG. Als dasjenige Sein, das

... es ist (zugleich) „gewesen", „kein Wesen"

„gewesen ist", ist es zugleich nicht das Sein, nicht die

„Wahrheit des Seins", *„kein Wesen ..."*

Wir haben mithin erneut nicht das *unmittelbare* Jetzt betrachtet, sondern das *vermittelte* Jetzt, in Beziehung zu anderem.

Text
(19. Absatz)

Wir sehen also in diesem Aufzeigen nur eine Bewegung und folgenden Verlauf derselben: 1. Ich zeige das Jetzt auf, es ist als das Wahre behauptet; ich zeige es aber als Gewesenes oder als ein Aufgehobenes, hebe die erste Wahrheit auf, und

2. Jetzt behaupte ich als die zweite Wahrheit, daß es *gewesen*, aufgehoben ist. 3. Aber das Gewesene ist nicht; ich hebe das Gewesen- oder Aufgehobensein, die zweite Wahrheit auf, negiere damit die Negation des Jetzt, und kehre so zur ersten Behauptung zurück, daß *Jetzt* ist. Das Jetzt und das Aufzeigen des Jetzt ist also so beschaffen, daß weder das Jetzt, noch das Aufzeigen des Jetzt ein unmittelbares Einfaches ist, sondern eine Bewegung, welche verschiedene Momente an ihr hat; es wird *Dieses* gesetzt, es wird aber vielmehr *ein anderes* gesetzt, oder das Diese wird aufgehoben: und dieses *Anderssein* oder Aufheben des ersten wird selbst *wieder aufgehoben* und so zu dem ersten zurückgekehrt. Aber dieses in sich reflektierte erste ist nicht ganz genau dasselbe, was es zuerst, nämlich ein *Unmittelbares*, war; sondern es ist eben *ein in sich Reflektiertes* oder *Einfaches,* welches im Anderssein bleibt, was es ist: ein Jetzt, welches absolut viele Jetzt ist: und dies ist das wahrhafte Jetzt, das Jetzt als einfacher Tag, das viele Jetzt in sich hat, Stunden; ein solches Jetzt, eine Stunde, ist ebenso viele Minuten, und diese Jetzt gleichfalls viele Jetzt usf. — Das *Aufzeigen* ist also selbst die Bewegung, welche es ausspricht, was das Jetzt in Wahrheit ist, nämlich ein Resultat oder eine Vielheit von Jetzt zusammengefaßt; und das Aufzeigen ist das Erfahren, das Jetzt *Allgemeines* ist.

Kommentar
(19. Absatz)

Zusammenfassung des Vorigen: drei-schrittige Dialektik, in ihrer „*Bewegung*", ihrem „*Verlauf*".

Zunächst zur 1. Hälfte des Absatzes, bis:

„ ... und dieses *Anderssein* oder Aufheben des ersten wird selbst *wieder aufgehoben* und so zu dem ersten zurückgekehrt."

Die soeben auch von Hegel umrissene Dialektik des Gezeigtwerdens wird hier noch einmal — prägnanter — in ihrer „Bewegung", ihrem „Verlauf" vorgeführt: das Umschlagen vom reinen Sein ins reine Nichts, vom Jetzt, das ist, in das, welches gewesen ist.

„These, Antithese, Synthese"

Diesen Umschlag beschreibt bereits Absatz 18: den Übergang von einer ersten zu einer zweiten Stufe. Es sollen aber (erneut) drei Stufen sein, die Hegel nun schematisiert und damit das aufzählt, was man populär mit *„These-Antithese-Synthese"* bezeichnet hat.

Systematisch wird hier eine Dialektik beschrieben, die auf allen Stufen der PhdG – und des Hegelschen Systems insgesamt – stattfindet und die imgrunde in jedem Absatz gegenwärtig ist (wenn auch mitunter weniger deutlich ausgesprochen bzw. nicht voll entfaltbar).

Was nämlich hier im 18. bzw., zusammenfassend, im 19. Absatz vorgeführt wird, spiegelt noch einmal im Kleinen (mikrologisch*, mikrokosmisch*) auch den Drei-Schritt des gesamten 1. Kapitels der PhdG wider: 1. Analyse des Gegenstandes (Dieses), 2. Analyse des Ich (Meinen), 3. Analyse der Beziehung von Gegenstand und Ich; spiegelt ihn deshalb, weil diese (makrologische) dritte Stufe (oder: Ebene)[1], auf der wir uns jetzt befinden („Beziehung...‟), wieder auf die erste zurückverweist (Unmittelbarkeit) und damit auf den gesamten Prozeß: erste bis dritte Stufe (Ebene). Und diese Dialektik spiegelt auch den Drei-Schritt: Sinnliche Gewißheit (= 1. Kap.) – Wahrnehmung (= 2. Kap.) – Kraft und Verstand (= 3. Kap.), einen Drei-Schritt innerhalb der Dimension (des Mediums) des Bewußtseins.

Zur soeben als makrologisch bezeichneten dialektischen Struktur verhält sich diese Großstruktur wiederum als Makrokosmos. Im Ganzen der PhdG ist auch sie wiederum Mikrokosmos...

Erneuter Vorausblick: Gang der PhdG

Immer handelt es sich dabei für Hegel um eine Subjekt-Objekt-Dialektik. Sie hält alle Stufen zusammen: Es ist der feingliedrige Stufengang des (absoluten) Geistes, des Geistes, der sich als Subjekt immer wieder am Objekt abarbeitet, (aber als ‚Selbstnegation'), bis er, wie imgrunde schon zu Anfang angelegt, wie genuin*, als absoluter Geist, als absolutes Wissen, bei sich ist. Ebenfalls in einem Drei-Schritt: A Bewußtsein, B Selbstbewußtsein, C (ohne Titel); vgl. dazu das Inhaltsverzeichnis der PhdG, oben auf S. 43ff.

1 Vgl. oben, S. 93. –

Erläutern Sie knapp den „Verlauf" der Dialektik in Abs. 18/19 als den Ihnen bekannten Mechanismus. Da die ersten beiden Stufen bereits Abs. 18 erläuterte, lesen Sie ihn sich evtl. noch einmal durch.	Aufgabe 31
Wie erklären Sie sich den Übergang von der zweiten zur dritten Stufe, insbes. die Formulierung zur dritten: „... und kehre so zur ersten Behauptung zurück".?	Zusatzfrage Lösungsvorschläge S. 183.
Lesen Sie nun die zweite Hälfte des Absatzes: „Aber dieses in sich reflektierte erste ist nicht ganz genau dasselbe, was es zuerst, nämlich ein *Unmittelbares,* war; ..."	Arbeitsanleitung
Trotz ‚Rückkehr zur ersten Behauptung' soll für Hegel zugleich eine höhere Stufe erreicht sein, eben eine dritte. Das Jetzt ist (wieder) nicht (mehr nur) unmittelbar sondern vermittelt. (Aber: Vermittlung, wie genuin schon die erste Stufe vermittelt war, deshalb die Rede von der ‚Rückkehr'!).	Erläuterung (Kommentar)

Thesis: *Jetzt,* auf welches das Subjekt nun eingeschränkt sein soll, soll festgehalten werden;
aber, indem es ausgesprochen (imgrunde ‚gedacht') wird, ist es schon (wie eigentlich von Anfang an) seine eigene Negation, ist die

Antithesis: das *gewesene Jetzt,* das nun Wahrheit sei.
Der Inhalt dieser Wahrheit aber ist, daß sie gewesen ist. M. a. W.: ‚Diese Negation ist gewesen' heißt: Sie ist von Anfang an ihre *eigene* Negation (Negation der Negation).
Ein gewesener Inhalt *ist* nicht. Also ist das gewesene Jetzt selber gewesen und ist

Synthesis: *Jetzt...*

Schematisierte Zusammenfassung

Eine *Negation* kann m. a. W. für Hegel kein Bestehen haben – wie schon in der metaphysischen Tradition; sie geht in die Position über (zurück), ist bei Hegel entgegen der Tradition als Prozeß gefaßt.	Hinweise a) zur Negation
Es erweist sich somit, was vom 1. Absatz an deutlich wurde: Alles Unmittelbare (1. Schritt, 1. ‚Stufe'), alles Unmittelbar-Scheinende, ist schon vermittelt (3. Stufe), und zwar vermittelt durch die Negation (2. Stufe) hindurch; m. a. W.: durch die *Abstraktion* des Denkens hindurch, die sich Hegel zufolge jeweils *(nach und nach)* selbst *negiert.* *Vermittlung* heißt insofern *nicht* nur: *Wechselwirkung,* wie	b) zur Vermittlung (bei Hegel)

in der philosophie-geschichtlichen Tradition, sondern: Vermittlung des Unmittelbaren durch die Negation alles übrigen hindurch (reines Sein → reines Nichts). Sofern diese Negation aber erzeugt ist — durch Denken (Abstraktion), sofern verläuft jene Dialektik, verläuft jener spezifische Drei-Schritt im Begriff, im Denken; in jenem Denken, das bereits das Unmittelbare (abstrakt) erzeugt hat. Da dann in ihm *alles*

Das Absolute verläuft, ist dies Denken für Hegel *das Absolute*. Aber eben nicht als bloß rationalistisches Prinzip, das gleichsam durch eine zweite Stufe nur repräsentiert, mitangesprochen ist.

absolutes Wissen Deshalb gipfelt die PhdG im *absoluten* Wissen. Absolut ist es, weil es *alle* Stufen erzeugt, nach dem Modell der (immer wieder) beschriebenen Dialektik. (Vgl. dazu noch einmal das Inhaltsverzeichnis der PhdG, oben, auf S. 43 ff.).

Das Kapitel über sinnliche Gewißheit erläuterte insbesondere die Stufe des Jetzt, den Verlauf, die Bewegung der Zeit im Denken; desjenigen Denkens, in dem für Hegel der zeitliche Prozeß überhaupt entsteht: Das Jetzt ist nur eine Fixierung und insofern Verräumlichung der Zeit als Prozeß. Imgrunde gibt es nur die *Bewegung* als die Bewegung des Begriffs (*im* Denken).

Text
(20. Absatz)

Das *aufgezeigte Hier*, das ich festhalte, ist ebenso ein *dieses* Hier, das in der Tat *nicht dieses* Hier, sondern ein Vorn und Hinten, ein Oben und Unten, ein Rechts und Links ist. Das Oben ist selbst ebenso dieses vielfache Anderssein in oben, unten usf. Das Hier, welches aufgezeigt werden sollte, verschwindet in andern Hier, aber diese verschwinden ebenso; das Aufgezeigte, Festgehaltene und Bleibende ist ein *negatives Dieses,* das nur so *ist,* indem die *Hier,* wie sie sollen, genommen werden, aber darin sich aufheben; es ist eine einfache Komplexion vieler Hier. Das Hier, das gemeint wird, wäre der Punkt; er *ist* aber nicht: sondern, indem er als seiend aufgezeigt wird, zeigt sich das Aufzeigen, nicht unmittelbares Wissen, sondern eine Bewegung von dem gemeinten Hier aus durch viele Hier in das allgemeine Hier zu sein, welches, wie der Tag eine einfache Vielheit der Jetzt, so eine einfache Vielheit der Hier ist.

Zum 20. Absatz

Absatz 20 wiederholt nur das soeben explizierte Modell von Dialektik: nun nicht am Jetzt sondern am Hier.

Text
(21./22. Absatz)

Es erhellt, daß die Dialektik der sinnlichen Gewißheit nichts anders als die einfache Geschichte ihrer Bewegung oder ihrer Erfahrung, und die sinnliche Gewißheit selbst nichts anders als nur diese Geschichte ist. Das natürliche Bewußtsein geht deswegen auch zu diesem Resultate, was an ihr das Wahre ist, immer selbst fort und macht die Erfahrung darüber; aber vergißt es nur ebenso immer wieder und fängt die Bewegung von vorne an. Es ist daher zu verwundern, wenn gegen diese Erfahrung, als allgemeine Erfahrung, auch als philosophische Behauptung und gar als Resultat des Skeptizismus aufgestellt wird: die Realität oder das Sein von äußern Dingen als *diesen,* oder sinnlichen, habe absolute Wahrheit für das Bewußtsein. Eine solche Behauptung weiß zugleich nicht, was sie spricht, weiß nicht, daß sie das Gegenteil von dem sagt, was sie sagen will. Die Wahrheit des sinnlichen *Diesen* für das Bewußtsein soll allgemeine Erfahrung sein; aber vielmehr ist das Gegenteil allgemeine Erfahrung; jedes Bewußtsein hebt eine solche Wahrheit, wie z. B. *das Hier ist ein Baum,* oder *das Jetzt ist Mittag,* selbst wieder auf und spricht das Gegenteil aus: das Hier ist *nicht* ein Baum, *sondern* ein Haus; und was in dieser die erste aufhebenden Behauptung wieder eine ebensolche Behauptung eines sinnlichen Diesen ist, hebt es sofort ebenso auf; und wird in aller sinnlichen Gewißheit in Wahrheit nur dies erfahren, was wir gesehen haben, das *Dieses* nämlich als ein *Allgemeines,* das Gegenteil dessen, was jene Behauptung allgemeine Erfahrung zu sein versichert. — Bei dieser Berufung auf die allgemeine Erfahrung kann es erlaubt sein, die Rücksicht auf das Praktische zu antizipieren. In dieser Rücksicht kann denjenigen, welche jene Wahrheit und Gewißheit der Realität der sinnlichen Gegenstände behaupten, gesagt werden, daß sie in die unterste Schule der Weisheit, nämlich in die alten Eleusischen Mysterien der

Ceres und des Bacchus zurückzuweisen sind und das Geheimnis des Essens des Brotes und des Trinkens des Weines erst zu lernen haben; denn der in diese Geheimnisse Eingeweihte gelangt nicht nur zum Zweifel an dem Sein der sinnlichen Dinge, sondern zur Verzweiflung an ihm, und vollbringt in ihnen teils selbst ihre Nichtigkeit, teils sieht er sie vollbringen. Auch die Tiere sind nicht von dieser Weisheit ausgeschlossen, sondern erweisen sich vielmehr am tiefsten in sie eingeweiht zu sein; denn sie bleiben nicht vor den sinnlichen Dingen als an sich seienden stehen, sondern, verzweifelnd an dieser Realität und in der völligen Gewißheit ihrer Nichtigkeit langen sie ohne weiteres zu und zehren sie auf; und die ganze Natur feiert, wie sie, diese offenbare(n) Mysterien, welche es lehren, was die Wahrheit der sinnlichen Dinge ist.

Die, welche solche Behauptung aufstellen, sagen aber, gemäß vorhergehenden Bemerkungen, auch selbst unmittelbar das Gegenteil dessen, was sie meinen, — eine Erscheinung, die vielleicht am fähigsten ist, zum Nachdenken über die Natur der sinnlichen Gewißheit zu bringen. Sie sprechen von dem Dasein *äußerer* Gegenstände, welche noch genauer, als *wirkliche,* absolut *einzelne, ganz persönliche, individuelle* Dinge, deren jedes seines absolut gleichen nicht mehr hat, bestimmt werden können; dies Dasein habe absolute Gewißheit und Wahrheit. Sie meinen *dieses* Stück Papier, worauf ich *dies* schreibe oder vielmehr geschrieben habe; aber was sie meinen, sagen sie nicht. Wenn sie wirklich dieses Stück Papier, das sie meinen, *sagen* wollten, und sie wollten *sagen,* so ist dies unmöglich, weil das sinnliche Diese, das gemeint wird, der Sprache, die dem Bewußtsein, dem an sich Allgemeinen angehört, *unerreichbar* ist. Unter dem wirklichen Versuche, es zu sagen, würde es daher vermodern; die seine Beschreibung angefangen, könnten sie nicht vollenden, sondern müßten sie andern überlassen, welche von einem Dinge zu sprechen, das nicht *ist,* zuletzt selbst eingestehen würden. Sie meinen also wohl *dieses* Stück Papier, das hier ein ganz anderes als das obige ist; aber sie sprechen „wirkliche *Dinge, äußere* oder *sinnliche Gegenstände, absolut einzelne Wesen"* usf., d. h. sie sagen von ihnen nur das *Allgemeine;* daher, was das Unaussprechliche genannt wird, nichts anderes ist als das Unwahre, Unvernünftige, bloß Gemeinte. — Wird von etwas weiter nichts gesagt, als daß es *ein wirkliches Ding*, ein *äußerer Gegenstand* ist, so ist es nur als das Allerallgemeinste und damit viel mehr seine *Gleichheit* mit allem, als die Unterschiedenheit ausgesprochen. Sage ich: ein *einzelnes Ding,* so sage ich es vielmehr ebenso als *ganz Allgemeines,* denn Alle sind ein einzelnes Ding; und gleichfalls *dieses* Ding ist alles, was man will. Genauer bezeichnet, als *dieses Stück Papier,* so ist *alles* und *jedes* Papier *ein dieses* Stück Papier, und ich habe nur immer das Allgemeine gesagt. Will ich aber dem Sprechen, welches die göttliche Natur hat, die Meinung unmittelbar zu verkehren, zu etwas anderem zu machen und so sie gar nicht *zum Worte kommen* zu lassen, dadurch nachhelfen, daß ich dies Stück Papier *aufzeige,* so mache ich die Erfahrung, was die Wahrheit der sinnlichen Gewißheit in der Tat ist: ich zeige es auf, als ein *Hier,* das ein Hier anderer Hier, oder an ihm selbst ein *einfaches Zusammen* vieler *Hier,* d. h. ein Allgemeines ist; ich nehme so es auf, wie es in Wahrheit ist, und statt ein Unmittelbares zu wissen, *nehme ich wahr.*

Zum 21./22. Absatz

Die Absätze 21/22 stellen gleichfalls Wiederholungen dar.

Lesen Sie sie durch und vergegenwärtigen Sie sich noch einmal den Gang der

Arbeitsanleitung

„Dialektik der sinnlichen Gewißheit" (wie es Abs. 21 nennt).

Die Bewegung der Begriffe führt uns durch das gesamte 1. Kapitel: von der sinnlichen Gewißheit zur Wahrnehmung, mit der dann das 2. Kapitel beginnt. Doch bei *keiner* Form des Bewußtseins kann es für Hegel bleiben, auch bei der Wahrnehmung nicht — bis das Bewußtsein beim absoluten Wissen angelangt sein wird.

Überleitung und Vorausblick

Der Grund für den Fortgang (auch den weiteren): Die sinnliche Gewißheit war schon notwendiges Fortschreiten, da sie sich bereits im „Element" (wie es die Vorrede zur PhdG nennt) des absoluten Wissens befindet, wenn auch noch als unausgeformtes Absolutes; die Wahrnehmung soll nur einen Schritt weiter sein. Jedes Stehenbleiben auf diesem Weg ist Fixierung, Abstraktion, wie das Jetzt.

VI. Gesamtrückblick und Vorausblick.
Zum 2. Kapitel über ‚Wahrnehmung' als Fortgang des Vorigen (Absätze 23 ff.)

Die sinnliche Gewißheit hat sich als von Anfang an vermittelt, als nicht (nur) unmittelbar erwiesen. Ihr Gegenstand ist weder bloße Erscheinung, bloßes Ding (Empirismus), noch ist er ein unbekanntes Ding an sich, bloßes Material und insofern wieder bloßes Ding, als Abstraktion (Rationalismus). Schon eher ist der Gegenstand für Hegel, wie für Kant, *beides*. Aber für ihn in dialektischer Einheit. Der Gegenstand ist von vornherein als Ding mit Eigenschaften angesetzt — imgrunde bereits in der sinnlichen Gewißheit; dies macht Hegel durchschaubar, wissen *wir* sehr bald und weiß das Bewußtsein selbst, im Fortgang des 1. Kapitels, immer deutlicher. Diese Eigenschaften zu bestimmen, bedarf es zwar des Begriffs. Das bestimmte Ding ist insofern wesentlich auf die begriffliche Bestimmung (Negation und Abstraktion) verwiesen. Doch auf eine begriffliche Bestimmung, die sich nicht im Rationalismus erschöpfen, bei ihm nicht stehenbleiben soll. Wenn in der PhdG mit dem (reinen) Diesen angefangen wird (= Begriff, Etikett des Empirismus), so imgrunde mit einem reinen Begriff. Mit einem Begriff, der von Empirie (der Außenwelt, den Dingen) so rein ist, wie es der Begriff gerade im Rationalismus sein sollte. Mithin wird bei Hegel mit einer *Abstraktion* begonnen, wie im Empirismus und Rationalismus; nur, daß Hegel dies auf den Begriff bringt, auf einen dialektischen; und, daß er dies zunächst uns (Absätze 1 - 4) und dann zunehmend ‚dem Bewußtsein' (an sich selber) deutlich machen möchte. Dies ist das Wahrheitsmoment an Hegel. Dies Wahrheitsmoment, der Gang zum absoluten Wissen, zehrt vom Licht eines Rationalismus, der Abstraktion *als* Abstraktion *benennt*, m. a. W.: Negation *als* Negation. Er macht aus dieser Einsicht, und dies scheint uns Hegel-kritisch zu überdenken, eine dritte Stufe — eben die Vermittlung, mit der zugleich schon begonnen wurde —, leitet sie aus der kritischen (gleichsam rationalistischen) Einsicht ab, daß die reine Unmittelbarkeit des Empirismus (erste ‚Stufe'), eben als ‚bloße' Abstraktion, der Negation und Abstraktion des Rationalismus (zweite ‚Stufe') verwandt ist; verwandt nämlich *in* ihrer beider Abstraktheit, gerade für (bzw.: an) *sich,* un-vermittelt genommen.

Diese dritte Stufe, bereits Fortgang, soll ständigen Fortgang erzeugen, indem sie ihre Negativität noch mitschleppt. Fortgang ist sie für Hegel deshalb, weil schon das Abstrakte des Empirismus (reines Dieses . . .) Ausdruck dafür ist, daß es auf den *Begriff* verwiesen ist, aber eben imgrunde nicht einfach auf den Begriff des Rationalismus, welcher immer nur (selber noch abstrakte) Durchgangsstation ist. Vielmehr auf den absoluten Begriff, den dialektischen Vermittlungs-Begriff, der erst im absoluten Wissen zu sich kommen soll, zuvor aber beständig wirksam ist. Der abstrakte Begriff entfaltet sich so, der PhdG zufolge, immer und immer mehr zum konkreten, das Ich zum absoluten Wissen. Im *Medium* („Element") dieses Begriffes soll sich der Gegenstand zum Konkreten erst entfalten. Aber von Anfang an. Diese Dialektik kündigte sich im 1. Kapitel beständig an.

Insofern wurde immer auch mit einer höheren, nämlich vermittelten Stufe des Bewußtseins angesetzt. Insofern ist Vermittlung gar nicht dritte Stufe – wie es Hegel bereits selber andeutet, indem er sie auch als ‚*Rückkehr* zur ersten' sieht (die sich ja gerade als Nichts erwiesen hatte). Seine Behauptung vom Fortgang tangiert dieser Rückgang nicht nur nicht; dieser Rückgang soll vielmehr gerade Fortgang ermöglichen: zur Identität.

Eine solche ‚höhere' Stufe, von der im 2. Kapitel explizit ausgegangen werden soll, ist die „Wahrnehmung" – bevor dann im 3. Kapitel der „Verstand" zur Darstellung gelangt.

Dieser Wahrnehmung sind die Dinge nicht reine Diese sondern Dinge mit Eigenschaften (vgl. bereits Absatz 7 ff.: Nacht/Tag, Baum/Haus).

<u>Arbeitsanleitung</u> Lesen Sie Absatz 23 (= Anfang 2. Kapitel). Wenden Sie den in Abs. 21 eingesetzten *„Erfahrungs"*-Begriff an.

Text
(23. Absatz = Anfang 2. Kapitel)

Die Wahrnehmung;
oder das **Ding** und die **Täuschung**.

Die unmittelbare Gewißheit nimmt sich nicht das Wahre, denn ihre Wahrheit ist das Allgemeine; sie aber will das *Diese* nehmen. Die Wahrnehmung nimmt hingegen das, was ihr das Seiende ist, als Allgemeines. Wie die Allgemeinheit ihr Prinzip überhaupt, so sind auch ihre in ihr unmittelbar sich unterscheidenden Momente, Ich ein allgemeines und der Gegenstand ein allgemeiner. Jenes Prinzip ist uns *entstanden,* und unser Aufnehmen der Wahrnehmung daher nicht mehr ein erscheinendes Aufnehmen, wie der sinnlichen Gewißheit, sondern ein notwendiges. In dem Entstehen des Prinzips sind zugleich die beiden Momente, die an ihrer Erscheinung nur *herausfallen,* geworden; das eine nämlich die Bewegung des Aufzeigens, das andere dieselbe Bewegung, aber als Einfaches; jenes das *Wahrnehmen,* dies der *Gegenstand.* ...

Welche Art von „*Erfahrung*" ist die sinnliche Gewißheit; welche die Wahrnehmung? (Die PhdG hieß ja ursprünglich: „Wissenschaft der Erfahrung des Bewußtseins").

Aufgabe 32 (Wiederholungs-Frage)

Lösungsvorschlag S. 184.

Differenz sinnliche Gewißheit/Wahrnehmung: So ist zu verstehen, wenn nun in Absatz 23 gesagt wird: Unser „Aufnehmen" der Wahrnehmung sei

Erläuterung (Abs. 23)

„nicht mehr ein erscheinendes Aufnehmen, wie der sinnlichen Gewißheit, sondern ein notwendiges."

Es ist kein Aufnehmen mehr, wie es der sinnlichen Gewißheit erscheint, bzw. uns, analog, erscheinen mußte. („Wir haben uns ebenso (!) ... *aufnehmend* zu verhalten ..." hieß es im 1. Absatz). Entsprechend nehmen *wir* jetzt die Haltung der Wahrnehmung ein.

„Notwendig" ist *dies* Aufnehmen nun in dem Sinne, daß bereits die sinnliche Gewißheit eigentlich immer schon notwendig weitertreibt, in einem dialektischen Prozeß und insofern auf die Wahrnehmung, letztlich auf das absolute

Wissen zu. Aber dies weiß vollständig erst der (absolute) Begriff. Diesen Sinn hat der eben von uns (als Lösungsvorschlag Aufg. 32) zitierte Satz (des Abs. 21):

Zitat, Abs. 21 „Das natürliche Bewußtsein (d. i.: die sinnliche Gewißheit; J. N.) geht ... zu diesem Resultate (der Wahrnehmung/des absoluten Wissens; J. N.) ... immer selbst fort ..."

Nur eben, daß die *sinnliche Gewißheit* die

„Erfahrung" dieses „Resultat(s)" „immer wieder" „vergißt", „die Bewegung von vorne an(fängt)."

Dies Vergessen hebt die ‚Notwendigkeit' des Prozesses für *dies* Bewußtsein jedes Mal zugleich wieder auf (wie wir sahen).

Solche Notwendigkeit soll nun der Wahrnehmung zukommen, die als höhere Ebene des Bewußtseins dem absoluten Wissen näher stehen soll — und insofern nicht ganz so leicht das Resultat ihrer Erfahrung vergessen soll wie die sinnliche Gewißheit, der das Resultat mehr oder minder unbewußt blieb.

Was als Ich bzw. schließlich:

„Aufzeigen ()", sowie als „Gegenstand", als Subjekt und Objekt, aus der sinnlichen Gewißheit „nur *heraus*(fiel)" — so nun Absatz 23 (vgl. schon Abs. 4 und die letzten Absätze) — das soll uns als

„*Wahrnehmen*" und „*Gegenstand*" auf der zuletzt erreichten Stufe

„*entstanden*", „geworden" sein.

Hegel nennt die Wahrnehmung demnach noch einmal „Aufzeigen", um zu verdeutlichen, daß das 2. Kapitel die Fortsetzung der Dialektik mit der zuletzt erreichten Stufe in Gang kommen sieht.

Wir ahnen freilich begründet, *wie* Hegel den Fortgang sichern wird — ihn auf seine Weise bereits gesichert hat. Eine Wahrnehmung, die (zunächst) nicht *mehr* ist als „Aufzeigen", deutet auf den mit ihr in Wirklichkeit vermittelten Begriff nur unzureichend. (Sie erinnern sich etwa an unser Planspiel und die Erläuterungen). Gerade dieser Mangel soll (der sinnlichen Gewißheit immerhin verwandt) als Negativität den Fortgang sichern.

VII. Ausblick: Nachhegelsche Dialektik

Es wäre kaum sinnvoll, namentlich in diesem Rahmen, eine Auflistung all derjenigen nachhegelschen Richtungen zu geben, die mit Hegel in Zusammenhang stehen — bewußt oder unbewußt, direkt oder indirekt. Die Liste wäre endlos und sehr weitgehend identisch mit der Aufzählung der wichtigsten nachhegelschen Philosophie insgesamt. Die meisten bedeutenden Philosophen kamen um Hegel nicht herum.[1] Zumindest auch insofern die Entwicklung neuerer Philosophie erneute Fortsetzung der traditionellen Debatte Metaphysik (Ontologie) vs. Nominalismus (Empirismus) ist — Fortsetzung mit anderen Mitteln, nach Maßgabe der Entwicklung der Wissenschaften und der ökonomischen Basis —, zumindest *insofern* hat die neuere Philosophie mit dem Hegelschen Lösungsversuch dieser Problematik zu tun; nimmt mit ihm Kontakt, auch dort, wo Hegel abgelehnt oder einfach nur ignoriert wurde und wird. Der neuere Positivismus* etwa zehrt noch von der Tradition des Empirismus, die Fundamentalontologie* Heideggers und seiner Nachfolger von der traditionellen Ontologie — und von Kritiken an beiden durch Hegel. Eine Rekonstruktion, die sich mit der notwendigen (zumal kritischen) Subtilität auf diese — immer wieder dialektisch oder antidialektisch ausformulierte — Thematik einließe, würde demnach Bände füllen.

Selbst die Skizzierung der im strengen Sinne *dialektischen* Ansätze nach Hegel (und ihrer Kontrahenten) muß

---

[1] Zur Wirkungsgeschichte der PhdG vgl. etwa das Vorwort zu dem von F. Fulda/D. Henrich hrsg. Materialien-Band, a.a.O., S. 7-41. — (Die vollständigen Literaturangaben auch zu diesem unseren Ausblick finden Sie im Literaturverzeichnis! Ferner: Weiterführende Literatur zum Thema). —

deshalb — in einem knappen Ausblick zu einer Einführung in Hegels Dialektik — notwendigerweise *exemplarisch* verfahren. Der Sinn solch exemplarischer Skizzierung von prägnanten Stufen liegt im Motivieren des Lernenden zum Transfer — im Motivieren also zu *Ihrem* Übertragen des Gelernten auf andere Bereiche; zunächst: auf verwandte Texte.

Ich will Möglichkeiten eines solchen Transfers am Beispiel, am Modell der Entwicklung des *Zeit*-Bewußtseins im Anfang der PhdG wenigstens andeuten, auf die Gefahr der Verkürzung hin. (Namentlich, was den Aspekt angeht, daß dialektischer Materialismus seit Marx Hegels Idealismus ‚auf die Füße stellen will‘, wie er sagt. Aber auch, erst recht, was Antipoden zu dialektischen Ansätzen betrifft).

Zeit — Raum: Form — Inhalt Denken — Anschauung	Vergleichen Sie besonders den Exkurs zur Zeit bei Hegel: Daß Hegel die sinnliche Gewißheit vom Zeit- und Raum-Bewußtsein her (vom Jetzt und Hier) entfaltet, ist zunächst Konsequenz aus der Philosophie seiner Vorgänger.
Kant	Exemplarisch sind bei Kant (dem sozusagen ‚direkten‘ Vorgänger) Raum und Zeit: „Formen der Anschauung", also diejenigen Formen, *in* denen uns die Erscheinungen erscheinen. (Vgl. K. d. r. V., B 33 - 73). Kant bringt damit ein zentrales Problem des Empirismus auf den Begriff, des Empirismus, der noch die sinnliche Anschauung absolut gesetzt hatte, — doch gerade, indem er, Kant, bereits eine Vermittlung mit dem Rationalismus, eine Vermittlung von Anschauen und Denken (im Bewußtsein) anvisiert: durch einen ambivalenten (zweiwertigen) Erscheinungs- und Erkenntnis-Begriff, demzufolge Erkenntnis durch Denken *und* Anschauung ist. Die Kategorien eines transzendentalen ‚Ich denke‘ strukturieren durch unser Denken bei Kant das der Anschauung in Raum und Zeit gegebene Material, welches solcherart erst als Erscheinung *erkannt* wird. Die Anschauung ist von Kant — in Richtung auf das Denken hin — *form*alisiert worden. Daß *in* Raum und Zeit Erscheinungen anschaulich gegeben sind, bedeutet bei Kant, im Gegensatz etwa zu Empirismus, daß in der empirischen Erkenntnis nicht Raum und Zeit selber angeschaut werden (als *Inhalt*).
Hegel	Bereits im ersten Kapitel der PhdG nun wird deutlich,

daß Raum und Zeit zwar *Formen* der Anschauung (*in* denen etwas angeschaut wird) sein, daß sie zugleich aber selbst beständig (wieder) zu *Inhalten*, daß sie selber auch angeschaut werden sollen. Sie sollen auch selber (mit-) „erscheinen", nicht nur soll etwas *in* ihnen erscheinen. Aber sie bleiben (sofern nur empiristisch angesetzt) zunächst noch abstrakt und damit gerade auf den Begriff verwiesen. Doch abstrakt auch bloß rationalistisch gefaßt (gedacht). Niemand anderer schaut sie letztlich an als eben das absolute Wissen, das sich damit selbst anschaut. Dies heißt am Ende der PhdG, als „der Begriff selbst", schließlich „Zeit" und soll im Gegensatz zur sinnlichen Gewißheit *„begreifendes* Anschauen" sein (a.a.O., S. 549ff.) — Form und Inhalt, zugleich Zeit und Raum in *konkreter* Einheit, die höchste *Abstraktion* ist. Als Abstraktion aber ist sie noch bei Hegel: Reduktion auf Logik — wenn auch in der Gestalt einer Idealistischen Dialektik. Dies Ende ist etwa in dem Theorem, daß wir uns in der sinnlichen Gewißheit ein Jetzt (und Hier) ‚zeigenlassen' immerhin angelegt. In dieser Anschauung, als sinnlicher Gewißheit, bereits treibt Anschauung über sich selber hinaus — auf Denken zu; Inhalt auf Form, die, als absolutes Wissen, beide vermitteln soll — aber letztlich, als metaphysisches Absolutes, ‚formalisiert' bleibt.

Die Weise nun, in der (zunächst) anschaulicher Inhalt als *Raum*-Bewußtsein (der Gegenstand als fixierter reiner Dieser) in *Zeit*-Bewußtsein, in Anschauung als: imgrunde denkende Form umschlägt (in Jetzt als seine Negation zugleich), aber beständig dabei auch zurückschlägt in den Raum (in ein Jetzt, das, etwa als Punkt, auch das Hier ist), die Weise, in der Raum und Zeit bei Hegel verschränkt, vermittelt sein sollen als Anschauung und Denken, deutet voraus auf spätere Lösungsversuche:

Etwa auf Marx'[1] Dialektik von *Natur* und *Geschichte:* Marx bezieht, was bei Hegel (resp. der PhdG) auch *„natürliches* Bewußtsein" heißt (d. i. zunächst: die sinnl. Gewißheit; vgl. Abs. 21), in jenem spezifisch dialektischen Zusammenhang mit dem absoluten Wissen, materialistisch ge-

Marx

---

1 Zu Marx' Rezeption der PhdG vgl.: Ökonomisch-philosophische Manuskripte, a.a.O. — Thesen über Feuerbach, a.a.O. —

wendet, imgrunde auf Hegels Dialektik von „erster" und „zweiter *Natur*"[1]; und auf einen Begriff von „Bedürfnissen" des Subjekts – der Menschen, namentlich der ‚geknechteten'. (Insbes. Marx' kritische Bestimmung entfremdeter Arbeit knüpft, auch Hegel-kritisch, an der PhdG an!)

Diese legitimen Bedürfnisse des Subjekts, Marx' Utopie eines „Reichs der Freiheit"[2], sprechen letztlich von der *Sehnsucht* (!) nach (Wieder-) Einswerdung mit der *Natur*; erkenntnistheoretisch formuliert: mit dem Objekt, – sowie nicht zuletzt mit sich selber. Über jene Bedürfnisse der Individuen, des Einzelnen hinweg, setzt sich das Allgemeine durch: etwa als Ideologie, etwa in Gestalt der Religion, die zwar Ausdruck dieser legitimen Bedürfnisse bleibt, aber bereits in entfremdeter Gestalt. Dies, weil sie nicht mehr das Bewußtsein der Individuen ist.

Auch dies: (kritisches) Anknüpfen – besonders an eine Hegelsche *Geschichtsphilosophie,* in der sich die Hegelsche Erkenntnistheorie (gerade der PhdG) durchhält; zudem: (kritisches) Anknüpfen an die PhdG selber, in der die Religion – beispielhaft – eine der höchsten Stufen des Bewußtseins darstellt. In der Geschichtsphilosophie Hegels aber erst wurde das, was bereits im Anfang der PhdG (und auch in Hegels „Naturphilosophie")[3] *Zeit* heißt, umformuliert zu einem Begriff von *Geschichte*. In der Geschichte setzt sich

---

1 „Die erste Natur als außerhalb der Menschen bestehende Dingwelt beschreibt Hegel als blindes, begriffsloses Geschehen. Die Welt des Menschen, soweit sie Gestalt annimmt in Staat, Recht, Gesellschaft und Ökonomie, ist ihm ‚zweite Natur', manifestierte Vernunft, objektiver Geist. Dem hält die Marxsche Analyse entgegen, daß die zweite Natur bei Hegel eher zu beschreiben wäre mit den Begriffen, die er selbst auf die erste anwendet, nämlich als Bereich der Begriffslosigkeit, in dem blinde Notwendigkeit und blinder Zufall koinzidieren. Hegels zweite Natur ist selber noch erste. Noch immer sind die Menschen aus der Naturgeschichte nicht herausgetreten." (A. Schmidt: Der Begriff der Natur..., a.a.O., S. 36f.). –

2 „Das Reich der Freiheit beginnt ... erst·da, wo das Arbeiten, das durch Not und äußere Zweckmäßigkeit bestimmt ist, aufhört; es liegt also der Natur der Sache nach jenseits der Sphäre der eigentlichen materiellen Produktion. ..." (K. Marx: Das Kapital. Bd. 3. Berlin 1953, S. 873f.). –

3 Sämtl. Werke (Glockner). Bd. 9, a.a.O. –

nach Hegel die „Vernunft", als ein allgemeines Prinzip (bei Marx materialisiert), mit „List"[1] durch — über die Individuen hinweg; so, wie sich in der PhdG *analog* das absolute Wissen bereits über das Einzelne (das „natürliche Bewußtsein" der sinnlichen Gewißheit) hinweg durchsetzt, indem es das Einzelne weitertreibt — zu sich hin. —
Spricht Hegel in der Geschichtsphilosophie von „List der Vernunft", so ist zum obigen als wesentlich festzuhalten, daß Marx diese „List" gerade nicht, wie Hegel, verklärt, daß er sie vielmehr entlarvt hat. (Adorno sprach, im Sinne Marx', von „List der *Un*vernunft"):
Daß es so ist, heißt für Marx nicht, daß es notwendig so bleiben muß. Prinzipieller besteht er auf der Kraft der Negation. (Vergleichen Sie etwa Marx' — radikalisierte — Expropriation der Exproriateure mit Hegels Negation der Negation!). Er knüpft dabei an Hegel nur an, um ihn seinerseits durch „immanente Kritik" zu widerlegen.[2] Über Anknüpfungen in der Methode, dem Prinzip der Dialektik hinaus, reichen Berührungspunkte — wahrhaft dialektisch — bis hin zu Inhalten: So, wie angedeutet, insbesondere, wenn Marx zentral aufgreift und interpretiert, was, Stufe der PhdG, bereits bei Hegel keineswegs zufällig als eine Dialektik von „Herrschaft und Knechtschaft" entfaltet wird (4. Kapitel).

Bloch hat zurecht auf die Analogie dieses Stufengangs der PhdG und des Strebens von Goethes Faust nach immer höherem Wissen, zugleich höherem Dasein, hingewiesen;[3] zu einem Wissen (wie ich interpretiere), das seine individuel-

„Neomarxismus": Bloch

---

1 Die Vernunft in der Geschichte. Sämtl. Werke (Studienausg.). Bd. 35, a.a.O. (^{5}1963), S. 63, 105.
2 Auch inspiriert durch die „Kritik der Hegelschen Philosophie" L. Feuerbachs (a.a.O.) pointiert Marx in der berühmten „11. Feuerbach-These": „Die Philosophen haben die Welt nur verschieden interpretiert; es kömmt darauf an, sie zu verändern." (A.a.O., S. 7). (Die Feuerbach-Thesen implizieren allerdings auch eine Kritik an Feuerbach). — Undiskutiert muß hier bleiben, wiefern auch Marx' „Reich der Freiheit" identitätsphilosophische Ontologisierung darstellt. —
3 E. Bloch: Das Faustmotiv der Phänomenologie des Geistes, a.a.O. — Ders.: Nochmals das Faustmotiv der Phänomenologie des Geistes, a.a.O. — Vgl. auch: ders.: Subjekt — Objekt, a.a.O., insbes. S. 53-100. —

len Bedürfnisse (Gretchenliebe!) gerade zunehmend verleugnet; das so zugleich — auf eine paradoxe Weise — Hoffnung notwendig, Gnade möglich macht — bei Goethe: die „Liebe von oben".

Benjamin   Das Wissen bereitet der sinnlichen Gewißheit, dem natürlichen Bewußtsein, den laufenden ‚Sündenfall', wie in der Bibel. Der frühe Benjamin hat ähnliches immer wieder dargestellt, (geschichts-) theologisch und genuin marxistisch zugleich[1] (obwohl unabhängig von Hegel, von dem er vermutete, daß er „fürchterlich" sei[2]). Dem späten Benjamin hieß der Status der immer wieder verräumlichten, materialisierten Zeit als Geschichte konsequent: *„dialektisches Bild"*[3]. In dieser Figur sucht ein gleichsam natürliches Bewußtsein (wie ich interpretiere) immer wieder stillzustehen, sich der Bewegung des Allgemeinen (des absoluten Wissens, bzw. eines materialen Prozesses) zu widersetzen. Insofern spricht Benjamin auch von einer *„Dialektik im Stillstand"*[4].

„Fundamental-Ontologie": Heidegger   Aber diese Verräumlichung kann zur abstrakten „Ontologisierung",[5] zur verabsolutierenden Metaphysik werden: dort, wo — wie einigen Interpretationen zufolge: in Heideggers Fundamentalontologie[6] — dieser Zusammen-

---

1 Vgl. W. Benjamin: Über die Sprache überhaupt . . ., a.a.O. — Vgl. auch: ders.: Ursprung des deutschen Trauerspiels, a.a.O. — Hier, wie insgesamt für diesen Ausblick auf nachhegelsche Dialektik, gilt, daß die Subtilität der *Differenzen* zu Hegel undiskutiert bleiben muß. Es soll lediglich ein Fundament, sowie ein erster Anstoß gegeben werden, sich (transferierend) weiter zu bewegen. — Zur spezifischen Dialektik bei Benjamin vgl.: J. Naeher: Walter Benjamins Allegorie-Begriff als Modell. Stuttgart 1977. —
2 So die Mitteilung in einem frühen Brief (Briefe, a.a.O.). —
3 Vgl. etwa: W. Benjamin: Zentralpark, a.a.O. — Paris, die Hauptstadt des XIX. Jahrhunderts, a.a.O. — Ferner: Geschichtsphilosophische Thesen, a.a.O. —
4 Vgl. Anm. 3. — Vgl. auch: Gesammelte Schriften, 5.: Das Passagen-Werk, a.a.O. —
5 Vgl. zu Nähe und Differenz Benjamins zur (Fundamental-) Ontologie: R. Tiedemann: Studien zur Philosophie Walter Benjamins, a.a.O. —
6 M. Heidegger: Sein und Zeit, a.a.O. — Ders.: Hegels Begriff der Erfahrung, a.a.O. —

hang letztlich abgeschnitten, nicht mehr durchgängig mitgedacht oder gar vollzogen wird: als (zugleich) *Prozeß* der Verräumlichung. Mit anderen Worten: wo das (quasi natürliche) Bewußtsein sein „je schon" - Stillstehen (beim Sein) feiert, sich damit vom dynamischen Wissen, vom Gang der Geschichte abspaltet. Heideggers Philosophie der sich „zeitigenden Zeitlichkeit"[1] und „Geschichtlichkeit" sperrte sich letztlich doch gegen Dynamik – der Geschichte, wie der sie ausdrückenden Begriffe. Das so als Geschichte nur verdrängte Allgemeine setzte sich mit um so größerer „List" durch, und soll sich Heidegger zufolge ja auch als „Sein" durchsetzen.

In dieser Ontologisierung scheint die Fundamentalontologie ihrem Antipoden verwandt: jenem Neopositivismus, dem freilich gerade das einzelne Faktum, analog dem Empirismus, das Oberste ist.[2]

„Neopositivismus"

Deshalb hat der frühe Marcuse[3], hat der frühe Sartre[4] versucht, Heideggers Hauptwerk „Sein und Zeit" materialistisch (marxistisch) zu wenden. Es geschah dies – analog Heidegger – zugleich in einem Rückgriff (u. a.) auf Hegels PhdG.[5]

Neomarxistische Ontologie: (früher) Marcuse (früher) Sartre

Die Intention von Adornos erkenntnistheoretischem (zugleich: geschichtsphilosophisch ausgerichteten) Hauptwerk „Negative Dialektik" geht schließlich, gerade Heidegger-kritisch ansetzend, dahin, noch eine *„Dialektik im*

„Kritische Theorie": Adorno

---

1 Sein und Zeit, a.a.O., insbes. § 30 u. 40ff. –
2 Vgl. hierzu kritisch: Adorno, Habermas, Dahrendorf in: Adorno (u. a.): Der Positivismusstreit in der deutschen Soziologie, a.a.O. (insbes. gegen Popper und Albert gerichtet). –
3 H. Marcuse: Hegels Ontologie . . ., a.a.O., insbes. S. 257ff. –
4 J. P. Sartre: L'être et le néant, a.a.O. –
5 Entspr. knüpft das Hauptwerk des Heidegger-Schülers H. G. Gadamer, „Wahrheit und Methode. Grundzüge einer philosophischen Hermeneutik" (a.a.O.), in Struktur und (historisch-systematischer) Konzeption, bewußt bei Hegels PhdG an. Wiewohl, um Hegels Begriff der Erfahrung von *hermeneutischer** Erfahrung letztlich gerade abzugrenzen und zugleich, zumindest der Konzeption nach, *gegen* Objektivismus von Hermeneutik gerichtet; vgl. dazu: J. Habermas: Erkenntnis und Interesse, a.a.O., S. 224f.–

Stillstand" — zunächst Ausdruck legitimer Bedürfnisse — beständig ihrer tendenziellen Ontologisierung zu entheben: der Verabsolutierung zu statischen Seins-Begriffen.[1] „Dialektik im Stillstand" soll noch strenger dialektisch gedacht werden, Negation der Negation weder auf Heideggers noch auf Hegels (letztlich) verklärende Positivität zurückfallen. (Dies kritische Festhalten an [der] Negativität sollte der Exkurs, oben Seite 105, bzw. die Zusammenfassung, Seite 114f., angedeutet haben).

Habermas

Habermas wiederum, der vielfach (wie Adorno, Horkheimer, etwa auch Marcuse, ja Bloch, Benjamin) der „Kritischen Theorie" zugerechnet wird, Habermas, der aber sehr eigenständige Ansätze vorlegt, hat man Mangel an Dialektik vorgehalten[2]. Die Triftigkeit einer solchen These kann hier nicht diskutiert werden: es sei nur abschließend darauf hingewiesen, daß Habermas' Position im Spannungsfeld der skizzierten dialektischen und nichtdialektischen philosophischen Richtungen als eine Anstrengung aufgefaßt werden kann, diese Richtungen miteinander zu vermitteln. Indem er sich, m. a. W., gerade auf den undialektischen Hauptkontrahenten der „Kritischen Theorie", den Neopositivismus kritisch einläßt, steht er ihm auch zunächst so nahe, wie analog Hegel dem Empirismus. Ähnliches gälte für Habermas' Nähe zur Hermeneutik*, die gerade in Heideggers Fundamentalontologie zentral steht. Zu diskutieren wäre mithin, *ob*, und wenn ja: *wie* Habermas eine solche Ver-

---

1 T. W. Adorno: Negative Dialektik, a.a.O., insbes. Teil 1, sowie S. 157. —
2 Vgl. D. Böhler: Über das Defizit an Dialektik ..., a.a.O. —
Zu überprüfen wäre ein solcher Einwand insbes. an Habermas' Erkenntnis und Interesse (a.a.O.), dessen kritische Standortbestimmung insbes. der „Geisteswissenschaften" (ihrer hermeneutischen und dialektischen Tradition) konsequent bei Hegels „Programmschrift dieser Geisteswissenschaft" (Geldsetzer: Die Geisteswissenschaften ..., a.a.O., S. 149), bei der PhdG ansetzt — jedenfalls zentral. Das grundlegende Kapitel I, 1 von Erkenntnis und Interesse widmet sich „Hegels Kant-Kritik ..." (zur PhdG vgl. insbes. S. 17ff.). Vgl. insbes. auch Kap. I, 2 „Marxens Metakritik an Hegel ...", sowie S. 258ff. — Zum Rekurs auf Hegels Kritik der sinnlichen Gewißheit vgl. auch Habermas' Positivismuskritik: Gegen einen positivistisch halbierten Rationalismus, a.a.O. —

mittlung wahrhaft gelingt; eine Vermittlung zudem, die nicht in die Hegelsche zurückfallen möchte. Eine Vermittlung, die gleichwohl an Hegels eigener „Anstrengung des Begriffs" als einer Anstrengung des Begreifens, zu messen wäre. Zu diesem Begreifen gehört, und dies sieht Habermas sehr deutlich, Positionen wie die Hegelsche, bei allem, was modellhaft von ihnen zu lernen ist, nicht unhistorisch zu aktualisieren; bei allem, was sie als *nicht* „überholt" ausweist — gerade *weil* es „Geschichte" ist.

Konnte ich in diesem Ausblick einige Motive nachhegelscher Dialektik nur andeuten, so bleibt das weiterhin produktive Ausziehen dieser skizzenhaften Linien, bei der Interpretation *auch* neuerer und neuester Ansätze, — zumindest bis zum Zeitpunkt einer (in Vorbereitung befindlichen) ausführlichen Darstellung — *Ihrer* „Anstrengung des Begriffs", *Ihrer* Kraft des Transfers überantwortet.

VIII. Literatur (in Auswahl)

1. Werke Hegels

Werke. Vollst. Ausg. Hg. durch einen Verein von Freunden des Verewigten. 18 Bde. (in 21). Berlin 1832 ff.
(Noch *keine kritische* Edition, nach modernen Kriterien betrachtet!).
Sämtliche Werke. Jubiläumsausg. in 20 Bden. (Neu) hg. v. H. Glockner. Stuttgart 1927 ff. – Bd. 21/22. H. Glockner: Hegel.
Bd. 23-26. Ders.: Hegel-Lexikon.
(Auf der Grundlage der ersten Werkausg.: Faksimile u. kl. Zusätze).
Sämtliche Werke. Hg. v. G. Lasson. Leipzig 1911 ff. (Philosophische Bibliothek).
(Zusammenfassung mehrerer in der „Philos. Bibliothek" ersch. Einzelausgaben. Auf 21 Bde. angelegt; unvollst. geblieben).
Sämtliche Werke. Neue kritische Ausg. Hg. v. J. Hoffmeister. Hamburg 1952 ff. (Philosophische Bibliothek).
(Auf der Grundlage der v. Lasson hg. Werkausg. Auf 32 Bde. angelegte Neuordnung; gleichfalls unabgeschlossen geblieben).

(Diese Ansätze kritischer Edition innerhalb der „Philos. Bibliothek" des Meiner-Verlages rechtfertigen einen besonderen Hinweis, als auf insbes. (seit 1959) nützliche Studienausgaben, die in Wiederauflagen laufend durchgesehen und ggf. komplettiert wurden: Mit der Herausgabe der „Enzyklopädie der philosophischen Wissenschaften im Grundrisse (1830)". Hg. v. F. Nicolin/O. Pöggeler. Hamburg 1969 (wieder: 1975) treten diese Studienausgaben an die Seite der kritischen Gesamtausgabe innerhalb der „Philosophischen Bibliothek"):

Gesammelte Werke. Hg. im Auftrag der Deutschen Forschungsgemeinschaft von der Rheinisch-Westfälischen Akademie der Wissenschaften. Hamburg 1968 ff. (Erschienen sind):
Bd. 4. Jenaer kritische Schriften. Hg. v. H. Buchner/O. Pöggeler. 1968.
Bd. 6. Jenaer Systementwürfe I. Hg. v. K. Düsing/H. Kimmerle. 1975.
Bd. 7. Jenaer Systementwürfe II. Hg. v. R.-P. Horstmann/J. H. Trede. 1971.
Bd. 8. Jenaer Systementwürfe III. Hg. v. R.-P. Horstmann. 1976.
Bd. 9. Phänomenologie des Geistes. Hg. v. W. Bonsiepen/R. Heede. 1980.

Bd. 11. Wissenschaft der Logik. Bd. 1. Hg. v. F. Hogemann/W. Jaeschke. 1978.

Ferner:
Werke in 20 Bänden. Auf der Grd.lage der Werke v. 1832-1845 neu ed. Ausg. Red. E. Moldenhauer/K. M. Michel. Frankfurt/M 1969ff.

2. Weiterführende Literatur (einschließlich der zitierten)

Als Organ, das sowohl über den Aspekt Hegel-Bibliographie informiert als auch selber wichtige Beiträge zur Hegel-Forschung beisteuert, sind hervorzuheben die

Hegel-Studien des Hegel-Archivs Bochum. In Verb. mit der Hegel-Kommission der Deutschen Forschungsgemeinschaft hg. v. F. Nicolin/O. Pöggeler. Bonn 1961 ff.
(In Beiheften werden seit 1969 die „Hegel-Tage" dokumentiert).

Die folgende *Auswahl* aus der nahezu unüberschaubar gewordenen Vielfalt an Literatur zum Thema Idealistische Dialektik Hegels ist zumindest exemplarisch um die Angabe leicht zugänglicher Ausgaben bemüht. (Zitiert wird, wo nicht anders vermerkt, nach der Erstauflage).

Adorno, T. W.: Minima Moralia. Reflexionen aus dem beschädigten Leben. Frankfurt/M 1951. Wieder: 1969; sowie 1980 (Ges. Schr. Bd. 4. Hg. v. R. Tiedemann). (Zitiert nach: 1969).
Ders.: Drei Studien zu Hegel. Frankfurt/M 1963. Wieder: 1971. (Ges. Schr. Bd. 5).
Ders.: Negative Dialektik. Frankfurt/M 1966. Wieder: 1975; sowie 1973 (Ges. Schr. Bd. 6).
Ders. (u. a.): Der Positivismusstreit in der deutschen Soziologie. Neuwied/Berlin 1969.
Ders.: Einleitung. Und: Soziologie und empirische Forschung. Und: Zur Logik der Sozialwissenschaften. In: Ders. (u. a.): Der Positivismusstreit . . ., a.a.O., S. 7-79. S. 81-101. S. 125-143.
Becker, W.: Idealistische und materialistische Dialektik. Das Verhältnis von ‚Herrschaft und Knechtschaft' bei Hegel und Marx. Stuttgart 1970.
Ders.: Hegels ‚Phänomenologie des Geistes'. Eine Interpretation. Stuttgart 1971.
Benjamin W.: Illuminationen. Ausgew. Schriften. Hg. v. S. Unseld. Frankfurt/M 1961. Darin bes.: Paris, die Hauptstadt des XIX. Jahrhunderts, S. 185-200. – Zentralpark, S. 246-267. – Geschichtsphilosophische Thesen, S. 268-281. – Wieder: 1977.

Ders.: Angelus Novus. Ausgew. Schriften 2. Frankfurt/M 1966. Darin bes.: Über die Sprache überhaupt und über die Sprache des Menschen, S. 9-26.
Ders.: Ursprung des deutschen Trauerspiels. Rev. Ausg., besorgt v. R. Tiedemann. Frankfurt/M 1963. Wieder: 1972ff.
Ders.: Briefe. 2 Bde. Hg. u. mit Anm. vers. v. T. W. Adorno/G. Scholem. Frankfurt/M 1966. Wieder: 1978.
Ders.: Ges. Schriften. Unter Mitwirkung v. T. W. Adorno/G. Scholem hg. v. R. Tiedemann/H. Schweppenhäuser. Frankfurt/M 1972 ff. Darin insbes.: Bd. 5. Das Passagenwerk. Hg. v. R. Tiedemann (in Vorbereitung).
Bloch, E.: Das Faustmotiv der Phänomenologie des Geistes. In: Hegel-Studien. 1 (1961), S. 155-171.
Ders.: Subjekt – Objekt. Erläuterungen zu Hegel. Berlin 1952. Frankfurt/M 1962.
Ders.: Nochmals das Faustmotiv der Phänomenologie des Geistes. In: Ders.: Tübinger Einleitung in die Philosophie 1. Frankfurt/M 1963, S. 84-114.
Bodamer, Th.: Sprache und Bewußtsein. In: Ders.: Hegels Deutung der Sprache. Interpretationen zu Hegels Äußerungen über die Sprache. Hamburg 1969.
Böhler, D.: Über das Defizit an Dialektik bei Habermas und Marx. In: W. Dallmayr (Hg.): Materialien zu Habermas' ‚Erkenntnis und Interesse'. Frankfurt/M 1974, S. 369-385.
Bubner, R.: Dialektik und Wissenschaft. Frankfurt/M 1973.
Dahrendorf, R.: Anmerkungen zur Diskussion. In: T. W. Adorno (u. a.): Der Positivismusstreit..., a.a.O., S. 145-154.
Diemer, A.: Elementarkurs Philosophie: Dialektik. Düsseldorf/Wien 1977.
Eley, L.: Metakritik der formalen Logik. Sinnliche Gewißheit als Horizont der Aussagenlogik und elementaren Prädikatenlogik. Den Haag 1969.
Ders.: Logik und Dialektik. In: H. Rombach (Hg.): Studienführer Wissenschaftstheorie 2. Struktur und Methode der Wissenschaften. Freiburg/Basel/Wien 1974, S. 84-99.
Ders.: Hegels Wissenschaft der Logik. München 1976.
Fetscher, I.: Hegel. Eine Vergegenwärtigung des Denkens. Stuttgart 1958.
Ders.: Hegels Lehre vom Menschen. Kommentar zu den § 387-482 der Enzyklopädie. Stuttgart 1970.
Ders. (Hg.): Hegel in der Sicht der neuen Forschung. Darmstadt 1973.
Feuerbach, L.: Kritik der Hegelschen Philosophie. In: Ders.: Sämmtliche (!) Werke. Leipzig 1846. Bd. 2.
Fischer, K.: Hegels Leben, Werke und Lehre. Heidelberg 1901. Wieder: Darmstadt 1963.
Fulda, H. F.: Das Problem einer Einleitung in Hegels Wissenschaft der Logik. Frankfurt/M 1965.

Ders.: Zur Logik der Phänomenologie. Neuerdings in: Ders./D. Henrich (Hg.): Materialien . . ., a.a.O., S. 391-425.

Ders./D. Henrich (Hg.): Materialien zu Hegels ‚Phänomenologie des Geistes'. Frankfurt/M 1973.

Ders./R.-P. Horstmann/M. Theunissen: Kritische Darstellung der Metaphysik. Eine Diskussion über Hegels ‚Logik'. Frankfurt/M 1980.

Gadamer, H. G.: Wahrheit und Methode. Grundzüge einer philosophischen Hermeneutik. Tübingen 1960.

Ders.: Die verkehrte Welt. Neuerdings in: H. F. Fulda/D. Henrich (Hg.): Materialien . . ., a.a.O., S. 106-130.

Geldsetzer, L.: Die Geisteswissenschaften — Begriff und Entwicklung. In: H. Rombach (Hg.): Studienführer Wissenschaftstheorie 1. Probleme und Positionen der Wissenschaftstheorie. Freiburg/Basel/Wien 1974, S. 141-151.

Haag, K. H.: Kritik der neueren Ontologie. Stuttgart 1960.

Ders.: Philosophischer Idealismus. Untersuchungen zur Hegelschen Dialektik mit Beispielen aus der Wissenschaft der Logik. Frankfurt/M 1967.

Habermas, J.: Erkenntnis und Interesse. Frankfurt/M 1968. Mit einem neuen Nachwort 1973. (Zitiert nach: 1973).

Ders.: Gegen einen positivistisch halbierten Rationalismus. In: T. W. Adorno (u. a.): Der Positivismusstreit . . ., a.a.O.: S. 235-266.

Ders.: Theorie und Praxis. Sozialphilosophische Studien. Frankfurt/M 1971.

Hartmann, N.: Hegel. Berlin 1929.

Heede R./J. Ritter: Hegel-Bilanz. Zur Aktualität und Inaktualität der Philosophie Hegels. Frankfurt/M 1973.

Heidegger, M.: Sein und Zeit. Tübingen 1927.

Ders.: Hegels Begriff der Erfahrung. In: Ders.: Holzwege. Frankfurt/M 1950 ff., S. 105-192.

Henrich, D.: Hegel im Kontext. Frankfurt/M 1971.

Holz, H. H.: Herr und Knecht bei Leibniz und Hegel. Zur Interpretation der Klassengesellschaft. Neuwied/Berlin 1968.

Horstmann, R.-P. (Hg.): Seminar: Dialektik in der Philosophie Hegels. Frankfurt/M 1978.

Hyppolyte, J.: Anmerkungen zur Vorrede der Phänomenologie des Geistes und zum Thema: das Absolute ist Subjekt. Neuerdings in: H. F. Fulda/D. Henrich (Hg.): Materialien . . ., a.a.O., S. 45-53.

Kimmerle, H.: Zur Entwicklung des Hegelschen Denkens in Jena. Hegel-Studien. Beiheft 4 (1969), S. 125-176.

Ders.: Das Problem der Abgeschlossenheit des Denkens. Hegels ‚System der Philosophie' in den Jahren 1800-1804. Hegel-Studien. Beiheft 8 (1970).

Kojève, A.: Hegel. Eine Vergegenwärtigung seines Denkens. Kommentar zur Phänomenologie des Geistes. Hrsg. v. I. Fetscher. Stuttgart 1958. Wieder: Mit einem Anhang: Hegel, Marx und das Christentum. Frankfurt/M 1975.

Kroner, R.: Von Kant bis Hegel. Tübingen 1921/24. Wieder: 1961.
Krüger, G.: Die dialektische Erfahrung des Bewußtseins bei Hegel. In: R. Bubner/K. Cramer/R. Wiehl (Hg.): Hermeneutik und Dialektik. Tübingen 1970, S. 285-303.
Krumpel, H.: Über den Sinn des Lebens und des Todes (Zu Alexandre Kojèves Hegelinterpretation). In: Ders.: Zur Moralphilosophie. Berlin 1972, S. 96-103.
Lakebrink, B.: Kommentar zu Hegels ‚Logik' in seiner ‚Enzyklopädie' von 1830. Bd. 1. Sein und Wesen. Freiburg 1979.
Lenin, W. I.: Hefte zu Hegels Dialektik. (Einl. T. Meyer). München 1969.
Litt, T.: Hegel. Versuch einer kritischen Erneuerung. Heidelberg 1953.
Löwith, K.: Von Hegel zu Nietzsche. Stuttgart 1941 ff. ^{7}1977.
Lukács, G.: Der junge Hegel. Über die Beziehungen von Dialektik und Ökonomie. Zürich/Wien 1948. Wieder in: Ders.: Werke. Neuwied/Berlin 1967.
Marcuse, H.: Hegels Ontologie und die Grundlegung einer Theorie der Geschichtlichkeit. Frankfurt/M 1932. Darin bes.: Leben als Seinsbegriff in der ‚Phänomenologie des Geistes', S. 257-362.
Ders.: Eros und Kultur. Stuttgart 1957.
Ders.: Vernunft und Revolution. Hegel und die Entstehung der Gesellschaftstheorie. Neuwied/Berlin 1962 (d. i.: Reason and revolution ... London/New York 1941, dt.).
Marx, K.: Thesen über Feuerbach. In: Ders./F. Engels: Werke („MEW"). Bd. 3. Berlin 1958.
Ders.: Ökonomisch-philosophische Manuskripte. In: Ders./F. Engels: Werke. Ergänzungsbd. 1. Berlin 1968.
Marx, W.: Hegels Phänomenologie des Geistes. Die Bestimmung ihrer Idee in ‚Vorrede' und ‚Einleitung'. Frankfurt/M 1971.
Maurer, R. K.: Hegel und das Ende der Geschichte. Stuttgart 1965.
Negt, O. (Hg.): Aktualität und Folgen der Philosophie Hegels. Frankfurt/M 1970.
Nicolin, F.: Zum Titelproblem der Phänomenologie des Geistes. In: Hegel-Studien. 4 (1967), S. 113-123.
Nicolin, F.: Hegel 1770-1970. Leben, Werke, Wirkung. Stuttgart 1970 (Katalog. Hg. v. K. Leipner. Ausstellung d. Archivs d. Stadt Stuttgart).
Nink, C.: Kommentar zu den grundlegenden Abschnitten von Hegels Phänomenologie des Geistes. Regensburg 1948.
Oelmüller, W.: Die unbefriedigte Aufklärung. Beiträge zu einer Theorie der Moderne von Lessing, Kant und Hegel. Frankfurt/M 1969. Mit einer neuen Einleitung 1979.
Ottmann, H. H.: Das Scheitern einer Einleitung in Hegels Philosophie. Eine Analyse der Phänomenologie des Geistes. München 1973.
Pöggeler, O.: Zur Deutung der Phänomenologie des Geistes. In: Hegel-Studien. 1 (1961), S. 255-294.

Ders.: Hegels Jenaer Systemkonzeption. In: Philosophisches Jahrbuch. 71 (1963/64), S. 286-318.

Ders.: Die Komposition der Phänomenologie des Geistes. Neuerdings in: H. F. Fulda/D. Henrich (Hg.): Materialien . . ., a.a.O., S. 329-390.

Ders.: Hegels Idee einer Phänomenologie des Geistes. Freiburg/München 1973.

Ders.: G. W. F. Hegel: Philosophie als System. In: J. Speck (Hg.): Grundprobleme der großen Philosophen. Philosophie der Neuzeit II. Kant, Fichte, Schelling, Hegel, Feuerbach, Marx. Göttingen 1976, S. 145-183.

Popper, K. R.: Was ist Dialektik? In: E. Topitsch (Hg.): Logik der Sozialwissenschaften. Köln/Berlin 1966.

Ricoeur, P.: Die Interpretation. Frankfurt/M 1969 (d. i.: De l'interpretation. Essai sur Freud. Paris 1965, dt.).

Riedel, M. (Hg.): Materialien zu Hegels Rechtsphilosophie I/II. Frankfurt/M 1974/75.

Riegel, K. F. (Hg.): Zur Ontogenese dialektischer Operationen. Frankfurt/M 1978.

Ritter, J.: Hegel und die französische Revolution. Frankfurt/M 1965.

Ders.: Metaphysik und Politik. Studien zu Aristoteles und Hegel. Frankfurt/M 1969.

Röd, W.: Dialektische Philosophie der Neuzeit. Bd. 1. Von Kant bis Hegel. München 1974.

Röttges, H.: Begriff der Methode bei Hegel. Meisenheim 1976.

Sartre, J. P.: Das Sein und das Nichts. Versuch einer phänomenologischen Ontologie. Hamburg 1952 (vollst.: Hamburg 1962) (d. i.: L'être et le néant. Paris 1943/49, dt.).

Schmidt, A.: Der Begriff der Natur in der Lehre von Marx. Überarb., erg. u. mit einem Postscriptum vers. Neuausg. Frankfurt/M 1971.

Ders.: Geschichte und Struktur. Fragen einer marxistischen Historik. München 1971.

Schmitz, H.: Die Problematik des Selbstbewußtseins. In: Ders.: System der Philosophie. Bd. 1. Bonn 1964, S. 254-264.

Simon, J.: Das Problem der Sprache bei Hegel. Stuttgart 1966.

Theunissen, M.: Sein und Schein. Die kritische Funktion der Hegelschen Logik. Frankfurt/M 1978.

Tiedemann, R.: Studien zur Philosophie Walter Benjamins. Mit einer Vorr. von T. W. Adorno. Frankfurt/M 1965. Wieder: 1973.

Westphal, M.: Hegels Phänomenologie der Wahrnehmung. In: H. F. Fulda/D. Henrich (Hg.): Materialien . . ., a.a.O., S. 83-105.

Wiehl, R.: Über den Sinn der sinnlichen Gewißheit in Hegels Phänomenologie des Geistes. In: Hegel-Studien. Beiheft 3 (1966), S. 103-134.

Wieland, W.: Hegels Dialektik der sinnlichen Gewißheit. Neuerdings in: H. F. Fulda/D. Henrich (Hg.): Materialien . . ., a.a.O., S. 67-82.

Zahn, L.: Die letzte Epoche der Philosophie. Von Hegel bis Habermas. Stuttgart 1976.

IX. Text-Anhang

1. Der Anfang der „Wissenschaft der Logik" (WdL)

Erstes Kapitel[1].

A. Sein.

Sein, reines Sein, — ohne alle weitere Bestimmung. In seiner unbestimmten Unmittelbarkeit ist es nur sich selbst gleich und auch nicht ungleich gegen Anderes, hat keine Verschiedenheit innerhalb seiner, noch nach außen. Durch irgendeine Bestimmung oder Inhalt, der in ihm unterschieden, oder wodurch es als unterschieden von einem Andern gesetzt würde, würde es nicht in seiner Reinheit festgehalten. Es ist die reine Unbestimmtheit und Leere. — Es ist *nichts* in ihm anzuschauen, wenn von Anschauen hier gesprochen werden kann; oder es ist nur dies reine, leere Anschauen selbst. Es ist ebensowenig etwas in ihm zu denken, oder es ist ebenso nur dies leere Denken. Das Sein, das unbestimmte Unmittelbare, ist in der Tat *Nichts,* und nicht mehr noch weniger als Nichts.

B. Nichts.

Nichts, das *reine Nichts;* es ist einfache Gleichheit mit sich selbst, vollkommene Leerheit, Bestimmungs- und Inhaltslosigkeit; Ununterschiedenheit in ihm selbst. — Insofern Anschauen oder Denken hier erwähnt werden kann, so gilt es als ein Unterschied, ob etwas oder *nichts* angeschaut oder gedacht wird. Nichts Anschauen oder Denken hat also eine Bedeutung; beide werden unterschieden, so *ist* (existiert) Nichts in unserem Anschauen oder Denken; oder vielmehr ist es das leere Anschauen und Denken selbst, und dasselbe leere Anschauen oder Denken als das reine Sein. — Nichts ist somit dieselbe Bestimmung oder vielmehr Bestimmungslosigkeit und damit überhaupt dasselbe, was das reine *Sein* ist.

---

[1] D. i.: 1. Teil. 1. Buch. Die Lehre vom Sein. 1. Abschnitt. Bestimmtheit (Qualität), a.a.O., S. 66ff. —

C. Werden.

1. Einheit des Seins und *Nichts.*

Das reine Sein und das reine Nichts ist also dasselbe. Was die Wahrheit ist, ist weder das Sein, noch das Nichts, sondern daß das Sein in Nichts, und das Nichts in Sein — nicht übergeht, — sondern übergegangen ist. Aber ebensosehr ist die Wahrheit nicht ihre Ununterschiedenheit, sondern daß *sie nicht dasselbe,* daß sie *absolut unterschieden,* aber ebenso ungetrennt und untrennbar sind und unmittelbar *jedes in seinem Gegenteil verschwindet.* Ihre Wahrheit ist also diese *Bewegung* des unmittelbaren Verschwindens des Einen in dem Anderen: *das Werden;* eine Bewegung, worin beide unterschieden sind, aber durch einen Unterschied, der sich ebenso unmittelbar aufgelöst hat.

(...)

2. Momente des Werdens: Entstehen und Vergehen.

Das Werden ist die Ungetrenntheit des Seins und Nichts, nicht die Einheit, welche vom Sein und Nichts abstrahiert; sondern als Einheit des *Seins* und *Nichts* ist es diese *bestimmte* Einheit, oder in welcher sowohl Sein als Nichts *ist.* Aber indem Sein und Nichts, jedes ungetrennt von seinem Anderen ist, *ist es nicht.* Sie sind also in dieser Einheit, aber als Verschwindende, nur als *Aufgehobene.* Sie sinken von ihrer zunächst vorgestellten *Selbständigkeit* zu *Momenten* herab, *noch unterschiedenen,* aber zugleich aufgehobenen.

Nach dieser ihrer Unterschiedenheit sie aufgefaßt, ist jedes in *derselben* als Einheit mit dem *Anderen.* Das Werden enthält also Sein und Nichts als *zwei solche Einheiten,* deren jede selbst Einheit des Seins und Nichts ist; die eine das Sein als unmittelbar und als Beziehung auf das Nichts; die andere das Nichts als unmittelbar und als Beziehung auf das Sein; die Bestimmungen sind in ungleichem Werte in diesen Einheiten.

Das Werden ist auf diese Weise in gedoppelter Bestimmung; in der einen ist das Nichts als unmittelbar, d. i. sie ist anfangend vom Nichts, das sich auf das Sein bezieht, das heißt, in dasselbe übergeht, in der anderen ist das Sein als unmittelbar, d. i. sie ist anfangend vom Sein, das in das Nichts übergeht, — *Entstehen* und *Vergehen.*

Beide sind dasselbe, Werden, und auch als diese so unterschiedenen Richtungen durchdringen und paralysieren sie sich gegenseitig. Die eine ist *Vergehen;* Sein geht in Nichts über, aber Nichts ist ebensosehr das Gegenteil seiner selbst, Übergehen in Sein, Entstehen. Dies Entstehen ist die andere Richtung; Nichts geht in Sein über, aber Sein hebt ebensosehr sich selbst auf und ist vielmehr das Übergehen in Nichts, ist Vergehen. — Sie heben sich nicht gegenseitig, nicht das Eine äußerlich das Andere auf; sondern jedes hebt sich an sich selbst auf und ist an ihm selbst das Gegenteil seiner.

3. Aufheben des Werdens.

Das Gleichgewicht, worein sich Entstehen und Vergehen setzen, ist zunächst das Werden selbst. Aber dieses geht ebenso in *ruhige Einheit* zusammen. Sein und Nichts sind in ihm nur als Verschwindende; aber das Werden als solches ist nur durch die Unterschiedenheit derselben. Ihr Verschwinden ist daher das Verschwinden des Werdens oder Verschwinden des Verschwindens selbst. Das Werden ist eine haltungslose Unruhe, die in ein ruhiges Resultat zusammensinkt.
Dies könnte auch so ausgedrückt werden: Das Werden ist das Verschwinden von Sein in Nichts und von Nichts in Sein und das Verschwinden von Sein und Nichts überhaupt; aber es beruht zugleich auf dem Unterschiede derselben. Es widerspricht sich also in sich selbst, weil es solches in sich vereint, das sich entgegengesetzt ist; eine solche Vereinigung aber zerstört sich.
Dies Resultat ist das Verschwundensein, aber nicht das *Nichts;* so wäre es nur ein Rückfall in die eine der schon aufgehobenen Bestimmungen, nicht Resultat des Nichts *und des Seins.* Es ist die zur ruhigen Einfachheit gewordene Einheit des Seins und Nichts. Die ruhige Einfachheit aber ist *Sein,* jedoch ebenso, nicht mehr für sich, sondern als Bestimmung des Ganzen.
Das Werden, so Übergehen in die Einheit des Seins und Nichts, welche als *seiend* ist oder die Gestalt der einseitigen *unmittelbaren* Einheit dieser Momente hat, ist *das Dasein*.
(...)

2. Das Diese und das Meinen – Zur Sprache in Wittgensteins „Philosophischen Untersuchungen"[1]

§ 38. Was benennt aber z. B. das Wort „dieses" im Sprachspiel (8), oder das Wort „das" in der hinweisenden Erklärung „Das heißt ..."? – Wenn man keine Verwirrung anrichten will, so ist es am besten, man sagt gar nicht, daß diese Wörter etwas benennen. – Und merkwürdigerweise wurde von dem Worte „dieses" einmal gesagt, es sei der *eigentliche* Name.

Wie geht es vor sich: die Worte „*Das* ist blau" einmal als Aussage über den Gegenstand, auf den man zeigt – einmal als Erklärung des Wortes „blau" meinen? Im zweiten Fall meint man also eigentlich „Das heißt ‚blau'" – Kann man also das Wort „ist" einmal als „heißt" meinen, und das Wort „blau" als ‚‚‚blau'"? und ein andermal das „ist" wirklich als „ist"?
Es kann auch geschehen, daß jemand aus dem, was als Mitteilung gemeint war, eine Worterklärung zieht. [*Randbemerkung:* Hier liegt ein folgenschwerer Aberglaube verborgen.]
Kann ich mit dem Wort „bububu" meinen „Wenn es nicht regnet, werde ich spazieren gehen"? – Nur in einer Sprache kann ich etwas mit etwas meinen. Das zeigt klar, daß die Grammatik von „meinen" nicht ähnlich der ist des Ausdrucks „sich etwas vorstellen" und dergl.

Alles, was wir sonst „Name" nennen, sei dies also nur in einem ungenauen, angenäherten Sinn.
Diese seltsame Auffassung rührt von einer Tendenz her, die Logik unserer Sprache zu sublimieren – wie man es nennen könnte. Die eigentliche Antwort darauf ist: „Name" nennen wir *sehr Verschiedenes;* das Wort „Name" charakterisiert viele verschiedene, mit einander auf viele verschiedene Weisen verwandte, Arten des Gebrauchs eines Worts; – aber unter diesen Arten des Gebrauchs ist nicht die des Wortes „dieses".
Es ist wohl wahr, daß wir oft, z. B. in der hinweisenden Definition, auf das Benannte zeigen und dabei den Namen aussprechen. Und ebenso sprechen wir z. B. in der hin-

---

1 In: L. Wittgenstein: Philosophische Untersuchungen. Frankfurt/M 1967, S. 32f. –

weisenden Definition, das Wort „dieses" aus, indem wir auf ein Ding zeigen. Und das Wort „dieses" und ein Name stehen auch oft an der gleichen Stelle im Satzzusammenhang. Aber charakteristisch für den Namen ist es gerade, daß er durch das hinweisende „Das ist N" (oder „Das heißt ‚N'") erklärt wird. Erklären wir aber auch: „Das heißt ‚dieses'" oder „Dieses heißt ‚dieses'"?

Dies hängt mit der Auffassung des Benennens als eines, sozusagen, okkulten Vorgangs zusammen. Das Benennen erscheint als eine *seltsame* Verbindung eines Wortes mit einem Gegenstand. — Und so eine seltsame Verbindung hat wirklich statt, wenn nämlich der Philosoph, um herauszubringen, was *die* Beziehung zwischen Namen und Benanntem ist, auf einen Gegenstand vor sich starrt und dabei unzählige Male einen Namen wiederholt, oder auch das Wort „dieses". Denn die philosophischen Probleme entstehen, wenn die Sprache *feiert*. Und da können wir uns allerdings einbilden, das Benennen sei irgend ein merkwürdiger seelischer Akt, quasi eine Taufe eines Gegenstandes. Und wir können so auch das Wort „dieses" gleichsam *zu* dem Gegenstand sagen, ihn damit *ansprechen* — ein seltsamer Gebrauch dieses Wortes, der wohl nur beim Philosophieren vorkommt.

X. Lösungsvorschläge zu den Aufgaben

Die Formulierung der 1. Fragestellung könnte jetzt etwa lauten:
1. Wie verhält sich *der Anfang* der PhdG *mit der „sinnlichen Gewißheit"* zum Empirismus (Hume) bzw. zum Rationalismus (Descartes, Kant)?

Aber auch:
1. Wie verhält sich *die „sinnliche Gewißheit"* (der PhdG) zum Empirismus (Hume) bzw. zum Rationalismus (Descartes, Kant)?
   (Vielleicht haben Sie auch hinter dieser Frage Komplizierteres vermutet!?)

Lösungsvorschläge Aufg. 1

Die Formulierung der 1. Fragestellung könnte jetzt etwa lauten:
1. Ist der Anfang der PhdG mit der „sinnlichen Gewißheit": *Nachfolge* des Empirismus?

Oder auch:
1. ... *Epigonentum** (*Rückzug auf* die Position) des Empirismus?

Bzw.:
1. ... (zumindest) *Analogie** ...?
1. ... *(o. ä.)* ...?

Wenn Sie die Frage mit einem dieser oder einem *ähnlichen* Begriff gestellt haben, so haben Sie sie bereits beantwortet.
Auf jeden Fall dürfte Ihnen die *Zwischenüberlegung, S. 50* weitere Orientierung geben!)

Lösungsvorschläge Aufg. 2

1. *Setzt sich* der Anfang der PhdG von einem Rationalismus (Descartes, Kant) *ab*, indem er feststellt, daß bei der Darstellung der „sinnlichen Gewißheit" (wie „ebenso" bei

Lösungsvorschlag Aufg. 3

der sinnlichen Gewißheit selber) „das *Begreifen* abzuhalten" sei? (o. ä.) —
Dazu die *Zwischenüberlegung*, S. 50.

Lösungsvorschlag Aufg. 4

Ein *Begriff*, der *zugleich*(!) den (leisen) Anklang zum Rationalismus belegt, ist im 2. Absatz etwa der — zunächst *auch:* empiristische — Begriff: „*Erkenntnis*" — und zwar insbes. im Zusammenhang mit „*Wahrheit*" („*wahrhafteste*" „Erkenntnis"; „keine Grenze" etc.); jener Erkenntnis, als die „(d)er konkrete Inhalt der sinnlichen Gewißheit" *erscheint*. (Hier etwa auch den Begriff „Gewißheit" zu nennen, zielte gleichfalls in diese Richtung). —
Die wichtigste *Stelle* dürfte in diesem Zusammenhang jene sein, die diese Erkenntnis der sinnlichen Gewißheit als die in Wirklichkeit (Hegel sagt: „in der Tat") „*abstrakteste und ärmste Wahrheit*" bezeichnet.

Eine erste Erläuterung des Lösungsvorschlags

Hiermit wird eine Position, die quasi von einem Empiristen (etwa: Hume) vertreten wird, und wie sie Überschrift und 1. Absatz noch zu vertreten scheinen, zugleich radikal infragegestellt, zurückgenommen. (Auch „abstrakt ( )" ist übrigens ein Begriff aus dem Umfeld des Rationalismus, dessen „*Wahrheit*" freilich gerade *nicht* arm sein soll! Die rationalistische ist kritische Kategorie).

Lösungsvorschlag Aufg. 5

— Wo der 1. Absatz Nachfolge des Empirismus scheint (also in derjenigen Grundtendenz, wie sie die Überschrift vorgibt), dort steigt Hegel (unausgesprochen) *vor* Kant (etwa auf Hume) zurück; auf die bloße sinnliche ‚Erscheinung' als die höchste Gewißheit. Dort *scheint* er das Ding an sich tatsächlich wieder fallenzulassen. (Dies bloße Ansetzen jenseits des „Rationalismus" ist bereits tendenziell aufgegeben in Begriffen wie „Wissen" aber auch bereits: „Gewißheit").

— Hegel *beginnt* offenbar nicht mit dem Ding an sich, sondern wie der Empirismus (Hume) mit den *Dingen* (dem „Unmittelbaren oder Seienden"). Die sinnliche Gewißheit soll ein „Wissen" der *Dinge,* nicht ein Denken der Dinge an sich sein.
Er läßt offensichtlich das Ding an sich fallen!

Vom Gegensatz: *Empirismus – Rationalismus.* Die gegensätzlichen Aussagen (Formulierungen, Begriffe) lauten: „reichste Erkenntnis" – „abstrakteste und ärmste Wahrheit". (Wobei die zweite Aussage mehr eine Antwort [der betr. Position] auf die erste ist).

Lösungsvorschlag
Aufg. 6

– *Nein!* Es ist zunächst immer noch das Ich des Empirismus. Wenn es heißt: „... in dieser Gewißheit ..." sei das „Bewußtsein" „... nur als reines *Ich* ...", dann ist immer noch die *sinnliche* Gewißheit des Empirismus gemeint.
In ihr ist das Ich tatsächlich insofern ein „reines Ich" als es ein *leeres* Ich ist (‚tabula rasa' = leerer Tisch). Auf es wirkt die Dingwelt nur ein.
– „Rein" ist dabei zunächst kein Werturteil, schon gar kein positives Werturteil!
Dieser Begriff „rein" ist zunächst nur *beschreibend* gemeint (*deskriptiver** Begriff). Er beschreibt nämlich, was im Empirismus der Fall ist.

Lösungsvorschlag
Aufg. 7
zugleich erste
Erläuterung

– *Ja!*
Auch der bloße Rationalismus kann keine alleinige Wahrheit beanspruchen. (Einem *bloßen* Rationalismus darf deshalb kein Vorsprung gegeben werden. Das wäre erneut nur einseitig).
– In seiner Armut (und Abstraktheit).

Lösungsvorschläge
Aufg. 8

„Ich denke, also bin ich!" („Cogito ergo sum!")

Lösungsvorschlag
Aufg. 9

Die höchste und (wie wir jetzt mit Hegel kritisch sagen:) zugleich *arme* Gewißheit, die das Ich des bloßen Rationalismus von sich hat, ist die des „cogito ergo sum" – da über die Dinge *nichts* gesagt werden kann.

☐ ...
☒ Beginnt auch die WdL zunächst (scheinbar) mit den Dingen, also mit etwas Konkretem?
☐ ...

Lösungsvorschlag
Aufg. 10

Möglich wäre evtl. auch die Lösung:
☐ ...

☐ (s. o.)
☒ Beginnt auch die WdL mit der sinnlichen Gewißheit?

(Ausgesprochen falsch wäre ein Kreuz im 1. Feld:
„☒ Beginnt *auch* die WdL mit dem ‚Ich denke'?" — denn die PhdG beginnt ja nicht mit dem ‚Ich denke', wie Sie schon wissen! Das *„auch"* ist nicht gerechtfertigt).

<u>Erste Erläuterung</u> des Lösungsvorschlags

Die zweite der „richtigen" Lösungen *(Kreuz im 3. Feld)* führt aber deshalb nicht sehr weit, weil sie *zu sehr zugespitzt* ist auf den ganz besonderen Anfang der PhdG. Man bekäme doch wohl — so ist schon jetzt zu vermuten — lediglich die Antwort: „Nein! Die WdL beginnt anders!"

Hätte Hegel sonst dies spätere Werk geschrieben, wenn es nicht anders begänne? Aber: wie beginnt die WdL? *Ganz anders?* („Fundamental" anders — wie wir es auch ausdrücken können?!).

Methodischer Hinweis: Präzisierung darf weitere Fragen nicht verstellen!

Die erste der „richtigen" Lösungen *(Kreuz im 2. Feld)* hat demgegenüber den Vorzug, zwar *auch* auf den besonderen Anfang der PhdG *zugespitzt* zu sein, aber nicht zu sehr; sie hat den Vorzug, durch den *Ding*-Begriff („... mit den Dingen, also mit etwas Konkretem?") *weiter gefaßt* zu sein, weitere *Fragen* zu ermöglichen.

Beispiele für solche weiteren Fragen finden Sie auf S. 66f., bes. S. 67.

<u>Lösungsvorschläge Aufg. 11</u>

Die Benennung dieses Gegenteils wäre zu suchen in Richtung: *Ding an sich;* oder auch (anders gewendet): transzendentales *Subjekt,* ‚Ich denke';
bzw.: *das Abstrakte,* ein abstraktes Prinzip, o. ä.

<u>Lösungsvorschlag Aufg. 12</u>

1. Sie werden zunächst einen Unter-Satz gebildet haben, wie „Hans ist ein Mensch — (und daraus den Schluß:) also ist Hans sterblich". — Ein formal-logisch richtiger Schluß!
2. Wenn Sie nun das Sokrates-Beispiel variiert haben, indem Sie Sokrates-sterblich vertauschten, erhielten Sie das Beispiel:
„Alle Menschen sind sterblich,

Sokrates ist sterblich —
also ist Sokrates ein Mensch!"

Der Satz scheint zwar formal-logisch richtig gebaut (und er stimmt ja sogar in der Realität!) — Erste Erläuterung des Lösungsvorschlags

Warum aber ist er trotzdem unbefriedigend? — Zusatzfrage

Weil man dann auch hätte einsetzen können: — Antwort
„Alle Menschen sind sterblich,
der Fuchs ist sterblich —
also ist der Fuchs ein Mensch!"

(a) Erwarten würde ich hier primär: — Lösungsvorschläge Aufg. 13 (a-c)
☒ ja (und dies ist durchaus der Fall!)
Möglich wäre aber auch:
☒ nein — da Sie über den genauen Anfang der WdL nur vermuten können,
— da man die Anfänge schon jetzt auch als *gleich* ansehen kann, wenn man sie vom Ansatz her betrachtet. (Lesen Sie die Begründung!)

(b) ☒ ja (Begründungsvorschlag):
Im Gegensatz zum quasi *erkenntnistheoretischen* Ansatz der PhdG mit den Dingen dürfte die WdL mit einem *logischen* Ansatz, mit etwas *Abstraktem* beginnen.

☒ nein (Begründungsvorschlag):
Da innerhalb einer dialektischen Reflexion wie der Hegels jeder *andere* Anfang auch ein *gleicher* Anfang ist.
Mit anderen Worten: Die PhdG hat ja imgrunde nur scheinbar einen bloß erkenntnistheoretischen Ansatz, die WdL dürfte nur scheinbar einen bloß (formal-)logischen haben.
Oder: Auch die PhdG beginnt imgrunde, vom Ansatz her, *abstrakt*.

(c) Entsprechend könnte Ihr Kreuz hier (zunächst!) faktisch überall plaziert sein:
☒ gänzlich (radikal) verschieden   ☒ ...
☒ ...

⊠ gar nicht so sehr verschieden   ⊠ ...
⊠ ...

Lösungs- vorschlag Aufg. 14	– *Bei der PhdG:* Empirismus (Hume)/bzw. Nominalismus. – *Bei der WdL:* Rationalismus (Descartes, Kant)/bzw. antike und mittelalterliche Metaphysik.
Erläuterung des Lösungs- vorschlags	Die WdL beginnt mit einem Abstrakten, das tatsächlich mit dem *Ding an sich* Kants verwandt ist – und mit der Tradition der Metaphysik (meta-physis = *hinter den Dingen);* verwandt insofern auch mit dem ‚Ich denke' Kants und Descartes'. Aber eben nur verwandt.
Lösungs- vorschläge Aufg. 15	– Hegel schien im Anfang der PhdG das Ding an sich ... zunächst *fallenzulassen,* gleichsam aus der Position des Empirismus ...; – um zugleich aber *den Rationalismus (und damit imgrunde das Ding an sich) ins Spiel zu bringen".* Variante: „... *das Ding an sich wieder aufzunehmen",* o. ä. – „Im Anfang der WdL *wird mit einem* Ding an sich (= Rationalismus/*Metaphysik) bzw. mit einem Abstrakten angefangen, das dem Ding an sich verwandt ist. –* *Aber mit ihm wird nur angefangen (!) (nicht: angesetzt!);* *d. h.: bei ihm wird nicht stehengeblieben."* Varianten: „... *Es wird zugleich negiert (reines Nichts):* ‚fallengelassen'!"
Erläuterung der Lösungs- vorschläge	‚Hegel läßt das Ding an sich fallen' – das heißt für die WdL: Er *führt vor,* wie es fallengelassen werden muß. Damit kommt er aber *nicht* umstandslos wieder beim *Ding* an. Er läßt ja letztlich, so sagten wir, die vordialektische *Trennung* von Ding an sich und Erscheinung (Ding) fallen!
Lösungs- vorschlag Zusatzaufg. (15a)	– *Ja. Im Prinzip* – nämlich von der *Methode,* vom *Mechanismus* her, wäre der Anfang (der Ansatz) völlig identisch! Hegel beginnt ja imgrunde, in der WdL wie in der PhdG, tatsächlich mit etwas Leerem, nämlich etwas Abstraktem. Auch in der PhdG (vom *Ansatz* her), nämlich: mit dem *reinen* Dieses als dem *reinen* Sein und dem *reinen* Dieser.

- (a) Formal (und z. T. schon methodisch):
  Weil leichter einsichtig ist, daß das *reine* Sein *ohne* Bestimmung ist, mithin das *Nichts* ist; als daß aus dem reinen *Nichts* ein (wenn auch *reines*) Sein abzuleiten (zu „deduzieren"*) wäre!
  (b) Philosophiegeschichtlich:
  Weil er mit einem metaphysisch-formal-logischen bzw. rationalistischen Ansatz beginnen will; d. h.: mit dem reinen Sein und der gleichsam formal-logischen Deduktion*, daß aus ihm das reine Nichts folge!

(1) Die sinnliche Gewißheit nimmt die Dinge wie der Empirismus, also als *„(reines) Dieses"*.

(2) Das Ich des Empirismus ist dabei *leer*(, tabula rasa'), oder mit Hegels Worten: ein *„(reiner) Dieser"*, *„reines Ich"*.

(3) Die Dinge werden dabei imgrunde genommen als *„reines Sein"* (Zitat: „... sie [die Sache] *ist*, dies ist dem sinnlichen Wissen das Wesentliche, und dieses reine *Sein* ... macht ihre *Wahrheit* (!) aus.").

Lösungsvorschläge
Aufg. 16

Zuerst im 2. Absatz.

Lösung
Aufg. 17

1. Zur Beantwortung zitieren wir den letzten Satz des 2. Absatz'. (Die ersten beiden Hervorhebungen von mir):

Lösungsvorschläge
Aufg. 18

„Das *Bewußtsein* ... ist in dieser (*sinnlichen*) Gewißheit nur als reines *Ich;* oder *Ich* bin darin nur als reiner *Dieser* und der Gegenstand ebenso nur als reines *Dieses*".

D. h.: Die sinnliche Gewißheit ist eine besondere, nämlich *unterste Ebene des* Bewußtseins; „nur" heißt es jeweils; das deckt sich mit dem Inhaltsverzeichnis, wonach „Sinnliche Gewißheit" erstes von drei Kapiteln zum „Bewußtsein" ist!
Auf dieser ersten Ebene des Bewußtseins, eben der Ebene der sinnlichen Gewißheit, ist das Bewußtsein „nur als reines Ich" oder „reiner Dieser" usw.

Drei *Ebenen*
...

2. Einige Sätze zuvor hieß es: Diese sinnliche Gewißheit habe „von dem *Gegenstande* noch nichts weggelassen, sondern ihn ... vor (!) sich". Also ist der Gegenstand

... der *Dimension* Bewußtsein	(noch?) *außerhalb* der sinnlichen Gewißheit, *„vor"* ihr; gehört also begrifflich in die *Dimension des Bewußtseins* (welches sinnliche Gewißheit zwar auch ist – immerhin meint die sinnliche Gewißheit ja den *Gegenstand* (vor sich) zu *haben* –, aber sie ist eben, „in der Tat", unterste Ebene davon!).

Entsprechend heißt es im oben bereits zitierten letzten Satz: Der *„Gegenstand"* sei *in* der sinnlichen Gewißheit „nur (!) als reines *Dieses"*.

3. Wir haben dies gerade insofern schon beantwortet, als wir sagten, „Gegenstand" gehöre begrifflich in die *Dimension des Bewußtseins*. Auf der Ebene der sinnlichen Gewißheit heißt Gegenstand: „reines Dieses"[1].

Schema zu Absatz 2 (Begriffl. *Differenzierung*)

4. „Bewußtsein":   „Ich ---------------------- „Gegenstand"
                     |
                 „in"
                     |
„Sinnl. Gewißheit": „reines (!) Ich" ---- „reines Dieses"
(„nur als"):   = „reiner Dieser"

Lösungsvorschlag Aufg. 19 (a-b) (= zugleich weitere Erläuterung von Abs. 4).

Ebenen des philologischen Problems

(a) = Ebene der Syntax*
    = Ebene der Form

1. *Hervorhebung:*
Entweder müßten (am Ende des Satzes) beide „als" hervorgehoben werden oder noch besser: keines von beiden.

2. *Kommasetzung:*
Es ist nun deutlich, daß ein Komma hinter „Gegenstand" stehen müßte.

---

[1] Wobei als wichtig mitzudenken ist, daß Bewußtsein nicht etwa einfach höchste „Ebene" ist. Deshalb auch sprechen wir von einer „begrifflichen *Dimension*" des Bewußtseins; in dieser Dimension sind die drei Ebenen: (1) Sinnl. Gewißheit, (2) Wahrnehmung, (3) Kraft und Verstand. – Bewußtsein ist *Vermittlung* der drei *Ebenen*, von denen die sinnl. Gewißheit die unterste ist (vgl. den Methodischen Hinweis auf S. 93). –

Der Schluß des Satzes lautet dann:

> „... daß nämlich in ihr sogleich aus dem reinen Sein die beiden schon genannten *Diesen*, ein *Dieser* als *Ich*, und ein *Dieses* als *Gegenstand*, herausfallen."

Verändertes Zitat:

Die nochmalige Interpretation der Begriffe bezieht sich nun auf ein *Heraus*setzen *aus* der sinnlichen Gewißheit; wir interpretieren unser Schema (Lösungsvorschlag 4., Aufg. 18) jetzt also von unten nach oben:
(reiner) „*Dieser*" (war „reines Ich" und) wird in der begrifflichen Dimension des Bewußtseins zu: „*Ich*", – (reines) „*Dieses*" wird zu: „*Gegenstand*".
Anmerkung: Auf das Adjektiv „rein" hat Hegel zu „Dieser" und „Dieses" hier verzichtet; es ist wie selbstverständlich eingeschlossen (impliziert, nämlich durch das vorausgehende Adjektiv zu Sein: „reines Sein"!).

(Mit der Ebene der Syntax zusammenhängend):

(b) = Ebene der Semantik*
= Ebene des Inhalts

„Hervorzaubern"/„Münchhausen"-Trick:
Es ist schon eine Art Zaubertrick, mit dem Hegel hier eine Schöpfung aus dem *Nichts* zustandebringt (sich – gleichsam – mit dem Schopf aus dem Sumpf zieht).
– *Sumpf* ist Metapher für dies Nichts.
– Inwiefern aus *Nichts?*
Insofern, als den *Fortgang* gerade (und: schon) die *entlarvende* Analyse sichern soll, daß die beiden *abstrakten* Positionen – die des Empirismus und die des Rationalismus – zu (einem) *Nichts* als höchster Gewißheit *kommen*.

Lösungsvorschläge
Aufg. 20

Denn die sinnliche Gewißheit, als reine, d. i.: *abstrakte Unmittelbarkeit* entspricht, wie wir wissen, der Position des Empirismus; Ich und Gegenstand, als – *abstrakt!* – getrennt entsprechen der Position des Rationalismus; nimmt man sie ganz ernst: immanente Kritik. –

Erläuterung der Lösungsvorschläge

Deshalb sagt Haag, Adorno ergänzend: Imgrunde hatte Münchhausen/Hegel nicht mal einen *Schopf,* an dem er sich herausziehen könnte[1]. Der Schopf scheint für Hegel bereits jene Problematik, an der er Rationalismus und Empirismus „packt".

1 Ebda. –

Lösungsvorschlag Aufg. 21 (zugleich Erläuterung)	Merkwürdig erscheint dieser Vorrang des Objekts, des Gegenstandes, im 5. Absatz der PhdG nur zunächst. Verständlich wird diese Wendung des 5. Absatz: wenn wir sie, im Gesamtzusammenhang, als die von Hegel (immer wieder und gerade hier) beabsichtigte Rück-Wendung zur sinnlichen Gewißheit, zur Ebene des Empirismus begreifen.

Da wird eben nur in nuce*, im Keim angelegt, eine dialektisch-*materialistische* Aussage gemacht – und insofern ist die Stelle bei Adorno, dem *materialistisch*-idealistischen Dialektiker, nur scheinbar, nur zunächst analog, in Wahrheit ist sie differenzierter. Es wird aber schon bei Hegel immerhin deutlich, wie sehr sich eine Dialektik *zugleich* auch „vom (idealistischen) Kopf auf die Füße" stellen muß, wie Marx es dann erst nachdrücklich forderte: auf die materialistischen Füße nämlich, eine Abhängigkeit von der Materie deutlich ansetzend; zugleich idealistischer (mit Adorno) gesprochen: eine Abhängigkeit vom „Objekt". In der *immanenten* (!) Kritik Hegels am Empirismus deutet sie sich (nur) an.

Deshalb aber kann Adorno Hegels Gesamtkonstruktion (gerade der PhdG), bei aller Kritik, auch zustimmen:

„Hegels vermessen idealistische Präsupposition, das Subjekt könne darum dem Objekt, der Sache selbst, rein, vorbehaltlos sich überlassen, weil jene Sache im Prozeß als das sich enthülle, was sie an sich schon sei, Subjekt, notiert wider den Idealismus (!) ein Wahres über die denkende Verhaltensweise des Subjekts: es muß wirklich dem Objekt ‚zusehen', weil es das Objekt nicht schafft, und die Maxime von Erkenntnis ist, dem beizustehen."[1]

Das ‚Zusehen' des Subjekts fordert das Programm der PhdG, die Vorrede.

Lösung Aufg. 22	Dem „Ich" entspricht: *„reines Ich"* (als „reiner Dieser") und dem „Gegenstand" entspricht: *„reines Dieses"*.
Erläuterung der Lösung	Mit genau diesem Begriff vom Gegenstand (‚Dieses') soll der Gegenstand nun auch analysiert („betrachte[t]") werden; soll gefagt werden, ob er wirklich das „Wesen" ist. Diese Begriffe werden nun von Hegel tatsächlich wieder verwendet.
Lösungsvorschläge Aufg. 23	In Wahrheit ist es damit (wird bestimmt als) *seine eigene Negation;* (*un*bestimmt und leer); (etwas „Nichtseiendes"); = 2. Stufe der Dialektik, usf.

1 A.a.O., S. 187. –

Die Dinge sind gerade als Diese, nämlich Einzelne (Wahrheit des Empirismus), in Wirklichkeit unterschieden vom Bewußtsein (ärmste Wahrheit, wie es im Rationalismus bewußt ist). Gerade im ersten Versuch, sie in ihrer Individualität ernst zu nehmen, sind sie noch das Allgemeine.

Lösungsvorschlag Aufg. 24

... (Vermittlungs-)-*Begriff;* (etwas Allgemeines; als Vermittlung — wenn auch unterer Stufe); o. ä.

Lösungsvorschläge Aufg. 25

„1. Schritt (Stufe): Das Ich, zunächst angesetzt und bestimmt als einzelnes Ich („ich, dieser": 13. Abs./„dieser einzelne Ich": 14. Abs.), ist *in diesem bloßen Selbstbezug:* unterschiedslose Einheit, d. h.: *zugleich nicht bestimmt,* unbestimmt und leer. Es ist damit *seine eigene Negation* (Umschlag in die 2. Stufe).

Lösungsvorschlag Aufg. 26 z. T. bereits Erläuterung

Als solche *Selbstnegation* aufgewiesen, imgrunde als *Negation der Negation* (nämlich *Negation* von etwas *Abstraktem*), bleibt es auch bei sich, bleibt Ein(fach)heit; aber wesentlich als *ein Negatives überhaupt,* (Umschlag in die 3. Stufe), als *allgemeines Ich:* als *Vermittlung,* die Abstraktheit auch aufbewahrt."

Sie sollten (möglichst) einige der *zentralen* Stichwörter verwendet haben (zumindest sinngemäß). Zum Problem der Stufenanordnung u. ä. nimmt die Erläuterung, oben im Kommentar (S. 127) Stellung.

„Gegenstand" und „Ich".

Lösung Aufg. 27

Gliederung des Anfangs der PhdG (Abs. 1 - 15)

Lösungsvorschläge Aufg. 28 und Erläuterung

(In dieser Ausführlichkeit mußten Sie die Absätze nicht zusammenfassen; Ihre Zusammenfassung sollte an einigen entscheidenden Stellen sinngemäß mit dieser übereinstimmen):

1. Abs. : sinnliche Gewißheit = Wissen des Unmittelbaren,
2.   : ihr konkreter Inhalt — scheint reichste und wahrhafteste Erkenntnis, ist aber (zugleich) abstrakteste und ärmste Wahrheit; Ich = reiner Dieser — Gegenstand = reines Dieses.

Vorbereitung: Abs. 1 - 4 (Spiegelung der kommenden Dialektik, in unserer Reflexion)

(Es bereitet sich so von Anfang an vor, daß der

Gegenstand als Wahrheit nicht festzuhalten ist. Dennoch soll von ihm ausgegangen werden, da die sinnl. Gewißheit ihn als Wahrheit behauptet, aber imgrunde als:)

3. : reines Sein der Sache = Wahrheit der sinnl. Gewißheit; (aber:)

4. : reines Sein, wirkliche sinnl. Gewißheit ist nicht nur reine Unmittelbarkeit, sondern Beispiel (Vermittlung);

durch Abstraktion ermittelt:
- (reiner) Dieser — Ich
- (reines) Dieses — Gegenstand

Wesen	— Vermittlung
Wesen	— Beispiel

= Wesen u. d. Wahre =
= Gegenstand ...
... als das *Diese*

       Jetzt   Hier

1. Absätze 5 - 11:
Analyse des Gegenstandes durch Analyse des Dieses

5. - 7. : an der sinnl. Gewißht. selber zu ermitteln (Analyse — am [Begriff] ‚Dieses')

Jetzt wird als Wahrheit schal ...

8. : ... ist insofern (wesentlich auch) ein *Negatives* überhaupt, bzw. ein *Allgemeines*.

9. : Exkurs: Sprache (Begriff) drückt dies Wahre (Wesentliche), Allgemeine (Negation bzw. *Vermittlung*) aus — jenseits unserer (empiristischen) Meinung vom Gegenstand.

Übergang zum Meinen

10. : Hier = auch Negation bzw. Vermittlung (nicht festzuhalten für das Ich); auch es damit: ein Allgemeines ...

11. : (Zusammenfassung):
    ... das Allgemeine (Wahrheit) des Gegenstandes als reines Sein (Wesen) ist nicht Unmittelbarkeit (!) (wie zu Anfang angesetzt), sondern: Negation (reines Nichts) und Vermittlung (*durch* die Negation *hindurch*).

12.	: Da der Gegenstand (wesentlich) Negation ist, ist er (auch) das Unwesentliche; er ist das Allgemeine nicht mehr als das Wesentliche. Das Wesentliche könnte nun noch das *Meinen* sein, das Ich.	*2. Absätze 12 - 14:* Analyse des Ich durch Analyse des Meinen
13. (vgl. 10)	: Dem einzelnen Ich entzieht sich aber (wie wir eigentlich schon wissen) der Gegenstand als Wahrheit und Allgemeines (bzw. Negatives).	
14.	: Auch das Ich (Meinen) ist so selber allgemein (einzelne Iche!). (Es ist zwar als Negation auch Vermittlung, zugleich durch die Negation aber unterschieden!). „Ich ist nur allgemeines wie Jetzt, Hier oder Dieses überhaupt; . . .".	
15.	: Damit liegt das Wesen weder im *Gegenstand* (als reines Dieses) noch im *Ich* (als einzelnes Ich oder reiner Dieser), sondern in *beidem*: in der „ganze(n) sinnlichen Gewißheit selbst".	*3. Absätze 15ff.:* Analyse der Beziehung von Gegenstand und Ich

Dies Ich soll die unmittelbare Gewißheit vom Gegenstand als *„reines Anschauen"* haben; unabhängig von „Baum" als Gegensatz zu „Nichtbaum", von „andere(m) Ich" etc.

Lösungsvorschlag Aufg. 29

Warum nennt Hegel es reine Anschauung?

Zusatzfrage

Im Gegensatz zum (reinen) Denken, das wieder Unterschiede wie Baum/Nichtbaum etc. machen würde.

Antwort

„*Rot* (Der Einband ist rot). — Schwarze Buchstaben . . ."

Lösungsvorschlag Aufg. 30

Befanden Sie sich, z. B. mit Ihrem Bewußtsein von „Rot", in unmittelbarer Einheit mit dem Umschlag?

Zusatzfrage

Das ist auch eine rhetorische Frage! Natürlich nicht. Bzw.: Ja und, nicht zuletzt, nein.

Antwort

Warum nicht?

2. Zusatzfrage

„ . . . ."
(Lesen Sie dazu die Erläuterung oben, S. 133).

1. Stufe (verkürzt gesprochen: These) Jetzt.
Die 2. Stufe (Antithese), die Stufe der *Negation* des Jetzt (als reines Sein), bezieht sich auf etwas Gewesenes, das

Lösungsvorschlag Aufg. 31

„nicht" „ist". Sie nun etwa (gegenüber der ersten) als das Wahre, das Wesen, zu behaupten, stimmt also auch nicht. Denn etwas *Ge*wesenes kann nicht das *Wesen* sein (soweit Abs. 18).

Damit ist die zweite Stufe so nichtig wie die erste, sind beide ihre eigene Negation; muß sich gerade auch diese zweite Stufe, die sich als wahr behauptet, *negieren,* muß sich die *Negation negieren,* d. h.: die (bloß abstrakte) Aufhebung „aufheben" — und zwar in einer „höheren" Einheit: der Synthese der dritten Stufe.

Lösungs-
vorschlag zur
Zusatzfrage

Dadurch „kehre" ich gewissermaßen „zur ersten Stufe (Behauptung) zurück", nämlich zu etwas, das sich nicht als Negation sondern offenbar als Position (Bejahung) behaupten darf.

Zunächst behaupten darf; das dann natürlich — als doch negativ wieder und wieder „aufgehoben" werden muß — bis zum Schluß der PhdG. Wie dies dann die Identität sein soll, wird dabei zu eben jenem Rätsel, jener Mystik (jenem Münchhausen-Trick), wie er sich ganz zu Anfang ankündigte: Es dürfte imgrunde bei Hegel schon am Anfang gar kein Fortgang mehr sein, weil es ein Fortgang aus *Nichts* ist (aus zwei abstrakten Nichtsen). Läßt man sich auf ihn erst einmal ein, gerät man in einen Strudel der Plausibilität, der, im „besten" Falle, zum Erwachen am Ende führt. Eben zu der Frage am Ende, wo denn die Identität nun sei.

Lösungs-
vorschlag
Aufg. 32

Eine bündige Antwort zur sinnlichen Gewißheit findet sich gegen Anfang des Absatz 21:

„Das natürliche Bewußtsein (d. i.: die sinnliche Gewißheit; J. N.) geht ... zu diesem Resultate, was an ihr das Wahre ist, immer selbst fort und macht die Erfahrung darüber; aber vergißt es nur ebenso immer wieder und fängt die Bewegung von vorne an."

Die *Wahrnehmung* vergißt ihr Resultat offenbar schon weniger leicht.

XI. Glossar

Prinzipiell werden die im Glossar erläuterten Begriffe nur bei der *ersten Nennung* mit * gekennzeichnet. (Ausnahme ist insbes. ihre zusätzliche Kennzeichnung in Einleitung bzw. Kap. I. [Hinführung]; auch hier: nur beim ersten Vorkommen).

Das Glossar gibt primär Zusätzliches an die Hand: Begriffsgeschichte, in einem mehrfachen Sinne – einem etymologischen (wortgeschichtlichen), philosophiegeschichtlichen, z. T. werkgeschichtlichen, aber auch aktualen Sinne: Es bietet Zusammenhänge, Zusammenfassung; auch durch jene Querverweise, welche → „Bewegung des Begriffs", ein Arbeiten mit diesen Begriffen in Gang setzen wollen.

An Hilfsmitteln sei insbes. hingewiesen auf:
Historisches Wörterbuch der Philosophie. Hg. v. J. Ritter/K. Gründer. Darmstadt 1971ff. Völlig neu bearb. Ausg. des „Wörterbuchs der philosophischen Begriffe" v. R. Eisler. (Ersch. bislang bis Bd. 5: L – Mn. 1980).

Absolute, das → auch *Abstraktion, (philosophierende)*
v. lat. *absolutus:* uneingeschränkt, das von nichts anderem abhängt. Zentralbegriff der → Metaphysik, Theologie seit Anbeginn.
Neuzeit: Zentralbegriff insbes. des → Idealismus.
Bei Hegel: Grundbegriff seiner → Dialektik („absolutes Wissen"; „absoluter Geist" etc.).
PhdG: sie kritisiert die Auffassung, „daß das Absolute *auf einer Seite stehe* und *das Erkennen auf der andern Seite* für sich und getrennt von dem Absoluten ..." (Einl., a.a.O., S. 65).

Abstraktion, (philosophierende) → auch *Metaphysik*, → *Logik*
v. lat. *abstraho:* ab-, wegziehen: das Allgemeine vom (zufälligen) Einzelnen absondern, zum Begriff erheben (– bilden); verallgemeinern.
Bei Aristoteles: Die Abstraktion von dem, was Akzidens (im folg.: in Begriffen der lat., neuaristotel. Tradition;

Akzidens: das Zufällige), was akzidentell an den Dingen ist, führt zu ihrem → Wesen.
Z. B.: Das Wesen des Menschen (des „homo") als eines „animal rationale" ist „animalitas" und „rationalitas" — letztlich seine „humanitas". (Kritisch hierzu → auch Verdopplung!).
Bei Hegel: Die philosophierende Abstraktion, als höchste Abstraktion (etwa: absolutes Wissen), muß „konkret" sein, soll sie zum Wesen(tlichen) führen; „konkret" in einem höheren Sinne, nämlich: wirklich, erfüllt, vollständig bestimmt.

Analogie; analog
v. griech. *analogon,* lat. *analogia:* u. a. Entsprechung, Ähnlichkeit, Gleichartigkeit von Verhältnissen, Übereinstimmung, Erkenntnis durch Vergleich; entsprechend, ähnlich, gleichartig.
Analogieschlüsse; von einem Gegenstand (o. ä.) auf einen anderen ähnlichen Gegenstand wurden auch als → heuristische Verfahren gesehen.
Über Analogie(schlüsse) kann die → dialektische → „Bewegung des Begriffs", der Begriffe hergestellt bzw. erkannt werden.

Anschauung
Kann sowohl den Vorgang des Anschauens wie sein Ergebnis, das Angeschaute, bezeichnen. Bes. vieldeutig: visuelle Anschauung; wahrnehmungshafte Anschauung (allg.); empirisches, sinnliches Auffassen, Ergreifen von Wirklichkeit (nicht-rational, vgl. Empirismus); kann aber auch, umgekehrt, das unmittelbare Innewerden unabhängig von den Sinnen bedeuten (etwa der Ideen, Werte bei Plato);
Vermittlungspositionen: in der K. d. r. V. Kants: reine Formen der Anschauung: Raum und Zeit — in der
PhdG: zunächst empirisch, zugleich auf das „absolute Wissen" bezogen.

„Aufbewahren", Dialektik als „—" → *„Aufhebung", „-heben"* bei Hegel

‚Aufdröseln', Methode des ‚—s'
Methode des Ent-wickelns und insofern mit Hegels → dialektischer Methode verwandt: etwa mit der Ent-wicklung des absoluten Wissens.
Von *einem* Punkt her (etwa einem Begriff) soll das *Ganze* (hier: des Texts als eines Gewebes; v. lat. *texere:* weben) ent-faltet werden.

„Aufhebung", „Aufheben" bei Hegel → auch „*Negation, bestimmte*"; „*Negation der Negation*" bei Hegel
Grundbegriff; dreifache[1] Bedeutung:
1. Wegnehmen, Abschaffen (Negation, i. S. v. lat. *tollere*);
2. (Auf)bewahren (i. S. v. lat. *conservare*);
3. (Hinauf)heben auf eine höhere Stufe (i. S. v. lat. *elevare*).
PhdG: vgl. z. B. a.a.O., S. 90.
WdL: vgl. den in unserem Anhang abgedruckten Anfang der WdL, S. 167.

(Begrifflich)-formal — methodisch → *methodisch*

„Bewegung des Begriffs", „— der (von) Begriffe(n)", „— des Satzes" bei Hegel
Hegels → Dialektik ist wesentlich von einer Dynamik der Begriffe bestimmt. Es soll eine Bewegung im Objektiven sein, die zugleich die des Denkens selbst ist, eine „dialektische Bewegung" (PhdG, Vorr., a.a.O., S. 53). „Das bewegende Prinzip des Begriffs ... heiße ich die Dialektik." (Grundlinien der Philosophie des Rechts, Einl. § 31. Ausg. E. Moldenhauer/K. M. Michel, a.a.O., S. 84). „Durch diese Bewegung werden die reinen Gedanken *Begriffe,* und sind erst, was sie in Wahrheit sind, Selbstbewegungen, Kreise, das ihre Substanz ist, geistige Wesenheiten." (PhdG, Vorr., a.a.O., S. 31). Dies ist gleichsam ein Gesetz „philosophische(r) Methode" (a.a.O., S. 40), welches nach Hegel auch die Kriterien, die Maßstäbe für das „Studium" „der Philosophie" (a.a.O., S. 54) bestimmt.
PhdG und insgesamt: vgl. insbes. Vorr., a.a.O., S. 31ff. und 48ff.

deduzieren; Deduktion („—des Werdens")
v. lat. *deduco:* ableiten, herleiten (das Besondere aus dem Allgemeinen); im Gegensatz zu: induzieren, zu induktivem Vorgehen.
Bei Kant: etwa die berühmte Deduktion der reinen Verstandesbegriffe oder Kategorien (vgl. oben, Kap. I. 1.3.).
Bei Hegel: etwa die berühmte Deduktion des Werdens (vgl. dazu, oben S. 80f., sowie den in unserem Anhang abgedruckten Anfang der WdL, S. 165-167).

Deskription; deskriptiv (-er Begriff)
v. lat. *descriptio:* Beschreibung; beschreibend.
Bedeutsam ist der Gegensatz etwa: von präskriptiven (nor-

---

[1] Als eine weitere Bedeutung des „seit Hegel viel gebr. Wort(es)" nennt etwa J. Hoffmeister (Hg.): Wörterbuch der philosophischen Begriffe. Hamburg ²1955, S. 92: Entdecken (i. s. v. lat. *detegere*). —

mativen) vs. deskriptiven Sätzen gerade in der gegenwärtigen philosophischen oder auch etwa erziehungs- und sozialwissenschaftlichen Debatte, insofern sie sich i. w. S. an Ethik orientiert.

Deutscher Idealismus → *Idealismus, Deutscher*

Denken → *Logik*

Dialektik; dialektisch → insbes. auch *„Bewegung des Begriffs"*
v. griech. *dialektike techne:* die Kunst der Unterredung, der Beweisführung.
Bei Sokrates: Wechselgespräch zur Findung der Wahrheit, Überwindung von Widersprüchen in Denken und Sein.
Bei Plato: die oberste Wissenschaft zur Erkenntnis der Ideen.
Von der Stoa bis in 16. Jh.: zugleich Bezeichnung für die formale → *Logik*.
Bei Kant: Die Konzeption der K. d. r. V. wird gerade durch die Entfaltung einer „Transzendentalen Dialektik" in sich uneinheitlich. — Von einer „Dialektik des Scheins" kann Kant insofern sprechen, als in ihr metaphysische Erkenntnisse einzig durch die *Vernunft* geleitet, ohne Stützung auf *Erfahrung* erlangt werden.
Bei Hegel: vgl. insbes. die Definitionen im Zusammenhang mit der → „Bewegung des Begriffs"!, Thesis-Antithesis-Synthesis' ist nur eine populäre Beschreibung dieser Bewegung. Vgl. auch Erläuterung zu → „Aufbewahren", Dialektik als „—". (Ferner: oben, Kap. I. 2.). —
Mit einer *vor*dialektischen Trennung verbindet sich m. E. das Prinzip einer *notwendigen Bedingung* von Dialektik, einer „conditio sine qua non", die noch keine *hinreichende* Bedingung darstellt. Gemeint ist das strikte Herausarbeiten von Gegensätzen, etwa von Begriffen, die sich — zunächst — gegenseitig ausschließen (Sein — Nichtsein).

dynamisch; Dynamik des Begriffs → auch *„Bewegung des Begriffs"*
v. griech. *dynamis:* Kraft: die Kraft betreffend, voll innerer Kraft, bewegt. Als Übertragung aus der Mechanik, für Dynamik auch: Vermögen, Möglichkeit, Fähigkeit.
Dieser Bewegungsbegriff ist zentral in der Philosophiegeschichte seit Aristoteles;
auch *nach* Hegel, etwa bei: Trendelenburg, Marx/Engels, Schopenhauer, Nietzsche, dem Neukantianismus, der Lebensphilosophie, Adorno u. a.

Epigone(ntum)

v. griech. für: Nachgeborener; in bedeutungsverschlechterndem (pejorativem) Gebrauch: schwacher, unbedeutender Nachfolger bedeutender Vorgänger, Nachahmer, ohne eigene Schöpferkraft.
In Zusammenhängen wie unseren: nicht pejorativ gebraucht, neutral. Der philosophiegeschichtlich reflektierenden Interpretation werden in bes. Maße Zusammenhänge von *Vorläuferschaft* und *Nachfolge* einsichtig.

Erfahrung

griech. *empeiria*.
Im Empirismus: Lehre vom Vorrang der Erfahrung.
Bei Kant: vieldeutig; zumeist: „empirische Erkenntnis" (B 147) (→ Transzendentalphilosophie . . .).
Bei Hegel: Akzentuierung des *allgemeinen, notwendigen Zusammenhangs* von Erfahrung (darin Kant folgend).
PhdG: hieß ursprünglich „Wissenschaft der *Erfahrung* des Bewußtseyns".
Vgl. etwa Einl., a.a.O., S. 73f.

Erkenntnistheorie; erkenntnistheoretisch

Vorbemerkung: (zugl. zu → Logik, → Metaphysik, → Nominalismus, u. ä.!)
In Zusammenhängen wie unseren: zugleich in bes. Maße „Arbeitsbegriff". „Arbeitsbegriff" meint dabei (i. S. etwa eines → heuristischen Begriffs), daß Erkenntnistheorie (daß Logik usf.) legitimerweise auf Grundstrukturen (-annahmen) gebracht werden muß, um, darin ähnlich einem „Modell", auf → analoge Phänomene bzw. Strukturen bezogen werden zu können. Um Vergleiche überhaupt anstellen zu können. Gewonnen wird ein solcher Arbeitsbegriff nicht zuletzt durch → „Bewegung des Begriffs": im Zusammenhang weiterer Grundbegriffe/Methoden (eben, etwa im Zusammenhang mit Logik, Metaphysik, Nominalismus, usf.). – Gerade, um die notwendige Reduktion, welche Bedingung der Beziehbarkeit als „Arbeitsbegriff" ist, ein Stück weit rückgängig zu machen, sei in diesem Glossar Zusätzliches, zur Reflexion von Zusammenhängen an die Hand gegeben:

Antike: Das philosophiegeschichtlich erste Zeugnis der Frage nach der wahren Erkenntnis ist ein Lehrgedicht des Parmenides (540 v. Chr. – nach 480).
Heraklits (ca. 544 - 483) und Parmenides' Reflexion des Erkennens impliziert bereits die folgenreiche Unterscheidung begründbaren Wissens von nichtbegründbarem.
Plato(n) (427 v. Chr. - 347) folgt Heraklit im Abweisen sinnlicher Wahrnehmung als Grund wahrer Erkenntnis. Dabei wendet er die Erkenntnislehre des Sokrates (469 -

399) vom Pol des Objektiven her (→ Ontologie). Idee(n) und Erscheinung sind dualistisch angesetzt, Gegenstand wahrer Erkenntnis sind einzig die Ideen, an denen die Erscheinungen ‚teilhaben'. Sinnlich wahrnehmbare Dinge werden auf diese Ideen bezogen und *insofern* erkannt.

Aristoteles (384/3 - 322/1) versucht das Problem dieses „Chorismos", dieses Bruchs zwischen Idee und Erscheinung, dadurch zu lösen, daß er die Ideen als die Wesenheiten, den Dingen immanent setzt (→ Abstraktion, [philosphierende]).

Neuzeit (vgl. oben, Kap. I. 1.!): Die mittelalterliche Isolierung der Erkenntnisproblematik (etwa: intelligere vs. credere), der berühmte Streit um die „Universalien" (Allgemeinbegriffe), vom objektivistischen wie vom subjektivistischen Pol her geführt, prägt durchaus auch die Zeit *nach* Th. v. Aquin(o) (1225/26 - 1274) (verlängert sich, strukturell, in Aspekten bis in unsere Zeit). Von bes. Bedeutung ist, so oder so, die spätestens mit dem → Nominalismus einsetzende zunehmende Selbstverständigung des Erkennens (bzw. des erkennenden Subjekts) — in jenem (historisch wie systematisch) weiten Sinne, der auch etwa → Denken einschließt. Mehr oder minder parallel hierzu verläuft eine Geschichte zunehmender Entsubstantialisierung der Substanz (→ Metaphysik).

Das Fortschreiten der Entwicklung der Wissenschaften, nicht zuletzt der Naturwissenschaften, macht das Erkenntnisproblem immer dringlicher. —

Geht das Problem einer Erkenntnis*theorie* ganz wesentlich auf Kants → Transzendentalphilosophie zurück, so findet sich „Theorie der Erkenntnis" dem Begriff nach „(w)ohl zum ersten Mal . . . bei E. Reinhold 1832 . . ." (Historisches Wörterbuch . . . Bd. 2, a.a.O., Sp. 683; zum weiterführenden Studium s. dort, insbes. Sp. 643ff.). —

PhdG: vgl. etwa Einl., a.a.O., S. 65 („Die gewöhnliche Meinung von dem Erkennen"):

„Sie (d. i.: die im Hegelschen Sinne unkritische erkenntnistheoretische Problemstellung; J. N.) setzt nämlich *Vorstellungen* von dem *Erkennen* als einem *Werkzeuge* und *Medium,* auch einen *Unterschied unserer selbst von diesem Erkennen* voraus; vorzüglich aber dies, daß → das Absolute *auf einer Seite stehe* und *das Erkennen auf der andern Seite* . . .".

Von hier muß Hegel die Erkenntnistheorie seiner Vorgänger und Zeitgenossen insgesamt suspekt werden, die Descartes' genausowohl wie die Fichtes, selbst Kants; muß sie *prinzipieller* noch mit → Logik wahrhaft *vermittelt* werden.

Die Zwei- bzw. Mehrdeutigkeit des Erkenntnisbegriffs selber, wie sie bereits spätestens von Kant her deutlich werden konnte, sollte auf diese Weise auf ihren (→ dialektischen) Begriff zu bringen sein.

Fundamental-Ontologie → auch *Ontologie*
Philosophie Heideggers, in seinem Hauptwerk „Sein und Zeit". Bestimmend ist die Frage nach dem Sinn von Sein, Grundlage ist eine Analyse des menschlichen Daseins.
Neuere philosophiegesch. Tradition: Schüler und Nachfolger Husserls, aber auch jener Existenzphilosophie, die in der Existenztheologie Kierkegaards gründet (Kierkegaard wendete die spezifische Problematik der Existenz des Individuums insbes. gegen Hegel!).

genuin → auch *in nuce*
v. lat. *genuinus:* angeboren; auch: echt, naturgemäß, rein, unverfälscht.
In Zusammenhängen wie unseren: am ehesten: rein, nämlich auf eine ähnliche Weise wie „reines → Sein" (etwa in Hegels WdL), aus dem sich alles (Seiende, u. ä.) ent-wickelt. In der spezifischen Bedeutung: im *Ansatz,* (noch) *unentfaltet,* ist genuin hier mit der Bedeutung: angeboren zusammenzubringen. Spezifisch wäre m. E. auch die Bedeutungszuweisung: der Herkunft nach.

heuristisch
v. griech. *heureka!:* „ich hab's (gefunden)!"
Angeblich der Ausruf des Archimedes bei der Entdeckung des hydrostatischen Grundgesetzes (d. i.: − des Auftriebs).
In Zusammenhängen wie unseren: insofern auch *problemlösend;* gemäß der Heuristik als (griech.-neulat. für:) Erfindungskunst, als methodische Anleitung/Anweisung, Neues zu (er)*finden.*
Als prinzipielle Methode folgt daraus: Heuristisch Eingeführtes (z. B. Begriffe, Verfahren) beansprucht gerade (noch) keine Endgültigkeit, etwa wie eine (Arbeits-)Hypothese nur Hilfsmittel im Forschungsprozeß sein kann: vorläufige Annahme zum Zwecke des besseren Verständnisses, der Erkenntniserweiterung *formuliert* − zu überprüfen bzw. zu korrigieren.

Hermeneutik; hermeneutisch
v. griech. *hermeneutike (techne):* Kunst der interpretativen Auslegung überlieferter Texte; des Sinnverstehens fremdartiger Äußerungen. Der jeweils eigene (geschichtliche) Standort wird dabei kritisch einbezogen.

Die neuere Tradition führt von Schleiermacher (Zeitgenosse Hegels!) über Dilthey, schließlich Heidegger und Gadamer, bis hin, erneut kritisch gewendet, zu Habermas.

Idealismus
v. griech. *idea:* Vorbild, Urbild.
Bei Plato: Entsprechend ist Idee das wahrhaft wesentlich- → Seiende (z. B.: die Idee des Guten).

Idealismus, Deutscher
Bezeichnet im wesentlichen die Entwicklung der deutschen Philosophie von Kant zu Hegel. Wichtige Zwischenstufen, insbes. J. G. Fichtes (1762 - 1814) subjektiver Idealismus, F. W. Schellings (1775 - 1854) objektiver Idealismus.

Identität; „Satz der —"
v. lat. *idem:* (eben)derselbe: vollkommene Gleichheit bzw. Übereinstimmung; Wesensgleichheit. Identisch sind Begriffe vom selben Inhalt.
Daß jeder Begriff mit sich selbst identisch ist, führt auf den *Satz der Identität* (→ Logik): A = A (A ist A); mathematisch: jede Größe ist sich selber gleich. —
Philosophiegesch. Tradition Hegels: Identität von Denken und Sein setzte bereits Parmenides an, Schelling etwa („imgrunde") die von Natur und Geist.

immanente Kritik → auch *„Negation, bestimmte"* . . .,
→ in nuce
Zentrale Methode Hegels und im Anschluß an Hegel.
„Über das Wesen der philosophischen Kritik überhaupt" schreiben Schelling/Hegel (in der programmatischen Einl. zu dem gemeins. hg. „Krit. Journal der Philosophie"): „Wo aber die Idee der Philosophie wirklich vorhanden ist, da ist es das Geschäft der Kritik, die Art und den Grad, in welchem sie frei und klar hervortritt, so wie den Umfang, in welchem sie sich zu einem wissenschaftlichen → System der Philosophie herausgearbeitet hat, deutlich zu machen" (Hegel. Gesammelte Werke. Bd. 4, a.a.O., S. 119).
Ist darin schon viel von der Intention der immanenten Kritik formuliert, so hält es die spezifischer gefaßte immanente Kritik für notwendig, „die Schale aufzureiben, die das innere Aufstreben noch hindert, den Tag zu sehen" (a.a.O., S. 120.) —
PhdG: → synonym für Kritik: „Prüfung (der Realität des Erkennens)" (Einl., a.a.O., S. 70). „Das Bewußtsein gibt seinen Maßstab (für diese Prüfung; J. N.) an ihm selbst" (a.a.O., S. 71), d. h.: es bezieht ihn nicht von außen.

WdL: (immanente) Kritik soll „in die Kraft des Gegners eingehen und sich in den Umkreis seiner Stärke (! J. N.) stellen" (Sämtl. Werke [Glockner]. Bd. 5, a.a.O., S. 11).

in nuce
lat.: in der Nuß(schale): im Kern; in Kürze, kurz und bündig.
In Zusammenhängen wie unseren auch: im Keim angelegt, → genuin, aus ihm zu ent-wickeln; etwa durch → immanente Kritik.
Da Hegel das Bild des Keimes, der zur Blüte treibt, im Zusammenhang seiner organologischen Auffassung von → System, als Bild → dialektischer Ent-wicklung und Ent-faltung sieht: ein möglicher Zentralbegriff sowohl dialektischen Denkens als auch seiner Darstellung. Durchaus auch im Wortsinne: als „Aufreißen", als „Herausarbeiten" jenes Kerns aus seiner Schale, der eigentlich die Frucht, *in nuce* das Ganze, Wesentliche darstellt.

Logik (vgl. Vorbemerkung zu → *Erkenntnistheorie!*)
v. griech. *logos:* u. a. Wort, Rede, Sprache, Gedanke, Begriff, Vernunft, Sinn, Weltgesetz.
Mit bedingt durch die Vieldeutigkeit von logos, ist Logik innerhalb der Geschichte der Philosophie auf verschiedene Weise gesehen worden — Ausdruck der Komplexität des zusammenhängenden Problems.

Bei Plato(n): als → *„Dialektik"* — die Analyse und Synthese von Begriffen (letztlich: zum Begreifen der Ideen). Insofern sowohl eine „Kunst" („Technik") der Argumentation als auch eine → Metaphysik des → Absoluten.

Bei Aristoteles: → synonym mit *Dialektik*, welche bei ihm bedeutet: das, aus vagen Voraussetzungen, nur als *wahrscheinlich* zulässig Gefolgerte (Unterschied z. beweiskräftigen Analytik).
Im *weiteren* Sinne repräsentiert Dialektik bei Aristoteles eine *Begriffs*-Logik (Syllogistik = Lehre v. den *schlüssigen* Syllogismen). Gemeint ist jenes Schlußverfahren der (in späterer Begrifflichkeit: formalen) Logik, das aus *mehreren* Urteilen (Voraussetzungen) *eines*, die Schlußfolgerung ableitet. (Unser Beispiel, oben, Kap. III. gibt insofern nur die am wenigsten komplexe, klassische Möglichkeit!).

Bis ins 16. Jh. deckt „Dialektik" begrifflich auch (formale) Logik ab. Dieser Logik (zumind. der gesamten Antike) liegt die Auffassung zugrunde, sie sei einzig vom Allgemeinen her denkbar. Als Grund, als Ursprung der logischen (Schluß-) Regeln aber gilt die Frage nach dem → Wesen. (Was-ist-es?).

Insofern ist auch Logik in Metaphysik bzw. → Ontologie fundiert. (Sie kommen überein in der „Methode" der → Abstraktion).

Neuzeit: Das Fortschreiten der modernen Naturwissenschaften schränkt zugleich die Bedeutung bzw. Funktion der syllogistischen Logik ein. (Wesentlich hier setzt unsere → heuristische Differenzierung von moderner → Erkenntnistheorie vs. Logik an). Das Motiv der Ent-deckung neuer Wahrheiten eint etwa Rationalismus und Empirismus, mag auch der Akzent etwa in Descartes' Rationalismus auf analytischen Methoden mathematischer Beweisfindung liegen (insofern traditioneller ‚Logik' auch → analog), im Empirismus eher bereits auf *induktiver* Logik (vgl. → deduzieren; Deduktion).

In seiner (kritischen) Differenzierung von „formaler" und → „transzendentaler Logik" kann Kant Leibniz' Syllogismus-Kritik aufnehmen:

„... (D)ie allgemeine, aber reine Logik hat es also mit lauter Prinzipien a priori zu tun und ist ein *Kanon des Verstandes* und der Vernunft, aber nur in Ansehung des Formalen ihres Gebrauchs, der Inhalt mag sein, welcher er wolle (empirisch oder transzendental)" (K. d. r. V., B 77).

W. T. Krug (vgl. oben, S. 129) folgt der Kantischen Differenzierung.

Stärker als Kant, der die Grenzen der Metaphysik kritisch ziehen wollte, wenden Ansätze des → Deutschen Idealismus *nach* Kant Logik durchaus zugleich metaphysisch bzw. ontologisch.

Hegel knüpft in Jena (1801 - 06) an Kants transzendentale Logik an.

Setzt er dabei aber wesentlich die → Anschauung des → Absoluten an, so versucht er auch (manifest 1804/05) Logik (Dialektik) von Metaphysik abzugrenzen.

WdL: Wenn schließlich die WdL als die „eigentliche Metaphysik oder rein spekulative Philosophie" fungieren soll, dann allerdings, weil Hegel — vermittelt über die PhdG — zu einer spezifischen Dialektik gefunden hat, die Metaphysik zentral in sich aufnimmt und dabei nicht unverändert läßt.

Als Begründer der modernen (math.) Logik kann G. Frege gelten (1848 - 1925). In neuerer Zeit ist insbes. P. Lorenzen (geb. 1915) zu nennen.

Metaphysik (vgl. Vorbemerkung zu → *Erkenntnistheorie!*) v. griech. *meta ta physika:* nach, hinter dem Physischen.

Wissenschaft von der Wahrheit (unserer Erkenntnis).
Ähnlich vieldeutig wie → Logik.
Bei Aristoteles: „Erste Philosophie"; d. i.: die platonische Tradition einer Theorie des göttlichen → Seins, die vermittelt bis hin zu Hegel führt.
Das Allgemeinste (das → Wesen) einer Sache, als eines → Seienden, ist (dem Denken) ihr → Sein. Diese → Ontologie (in neuzeitlicher Begrifflichkeit) ist zugleich Theologie: das Sein als göttliches Sein (vgl. 1. Buch der „Metaphysik").
Als Prinzipien, die Erkenntnis — letztlich des Seienden *als solches* — möglich machen, gelten die syllogistischen Verfahren der (in weit späterer Begrifflichkeit: formalen) Logik, die zugleich ontologische Prinzipien sind. (Etwa: der „Satz der → Identität").

Der → Nominalismus bestreitet den Anspruch auf Universalität: sieht etwa *Physik* stärker im Zusammenhang.

Descartes (vgl. oben, Kap. I. 1.) gelangt zu unbezweifelbaren Grundsätzen, die noch immer Metaphysik als Wissenschaft von der Wahrheit (unserer Erkenntnis) immerhin implizieren. So führt noch Descartes Gottesbeweise. Doch ist Gott auch in dieser neuzeitlich *erkenntnistheoretischen* Wendung ein verborgener Gott, ein „deus absconditus".

Vermittelt über die Radikalisierung solch erkenntnistheoretischer Wendung durch die (etwa: empiristischen) Nachfolger, erscheint die Kantische Einschränkung der dogmatischen Metaphysik, wie seine Kritik an den Gottesbeweisen, als konsequent.

Hegel schließlich nimmt diese Kritik an Metaphysik, wie zugleich die (Kantische) Suche nach „Metaphysik als Wissenschaft" auf. Logik soll damit wieder Theologie werden, „welche die Evolution der Idee Gottes in dem Äther des reinen Gedankens betrachtet" (Vorlesungen über d. Beweise v. Dasein Gottes. In: Sämtliche Werke (Glockner). Bd. 16, a.a.O., S. 434).
WdL: vgl. etwa a.a.O., S. 75 (z. Kritik am ontolog. Gottesbeweis).

methodisch; Methode
v. griech. *methodos:* das Nachgehen, Verfolgen, der Weg: die Untersuchungs-, Behandlungs-, (planmäßige) Vorgehensweise, das Verfahren. Methodisch kann insofern: planmäßig, aber auch überlegt, durchdacht (reflektiert!) heißen; In Zusammenhängen wie unseren auch: schrittweise, Stufe für Stufe. —

Insofern kann „methodisch" in einem gewissen Gegensatz zu bloß → *(begrifflich)-formalem* Vorgehen stehen. Es ist dies aber eine nur → heuristische, → vordialektische Trennung: Begrifflich-formale *Unterscheidungen* müssen selber in Methode, den Zusammenhang eingehen, der auch Methode der *Unterscheidung* ist. In ihm ist zu verdeutlichen, wie sehr Formales von vornherein auf Inhalt(e), letztlich Gehalt(e) verwiesen ist. Eine solche Forderung an → *dialektische* Methode und Methodologie steht im Gegensatz zu formalistischen Methodologien.
PhdG: vgl. insbes. Vorr., a.a.O., S. 39ff. (etwa: zur Methode der Philosophie).

mikrologisch; mikrokosmisch
v. griech. *mikr(o):* klein, gering, fein und *logos:* u. a. Wort, Geist; bzw. *kosmos:* Welt.
Mikrologisch veralt.: kleinlich denkend.
In Zusammenhängen wie unseren: genau, fein-gliedrig um das Wort (den „Buchstaben") wie zugleich den „Geist" bemüht − um logos in mehrfacher Bedeutung. Mikrologisches Vorgehen ist insofern → in nuce makrologisches Vorgehen (v. griech.: groß): Zusammenhänge erschließend, etwa werk-, etwa philosphiegeschichtliche, das Textganze in seiner Vielfalt.
Mikrokosmisch ist, so gesehen, → synonym verwendbar; v. griech. für: die kleine Welt. Mikrokosmische Elemente (etwa des Textes) verweisen auf makrokosmische (i. S. v.) übergreifende Zusammenhänge.

Movens → auch *„Bewegung des Begriffs"* . . .
lat. für: bewegender Grund, Antriebskraft.

„Negation, bestimmte"; „Negation der Negation" bei Hegel
→ auch *„Aufhebung"* . . .
Grundbegriff, bzw. Prinzip.
Gegensatz zur bloß *abstrakten* Negation.

„Das Einzige, *um den wissenschaftlichen Fortgang zu gewinnen,* − und um dessen ganz *einfache* Einsicht sich wesentlich zu bemühen ist, − ist die Erkenntnis (,) des logischen Satzes, daß das Negative ebenso sehr positiv ist, oder daß das sich Widersprechende sich nicht in Null, in das abstrakte Nichts auflöst, sondern wesentlich nur in die Negation seines *besondern* Inhalts, oder daß eine solche Negation nicht alle Negation, sondern die *Negation der bestimmten Sache,* die sich auflöst, somit *bestimmte Negation* (Hervorhbg. J. N.) ist; daß also im Resultate wesentlich das enthalten ist, woraus es resultiert . . ." (WdL, a.a.O., S. 35f.).
PhdG: vgl. etwa Vorr., a.a.O., S. 21 (zu Negativität und Werden); Einl., a.a.O., S. 69.
WdL: vgl. auch etwa a.a.O., S. 98ff., bes. 102.

Nominalismus (vgl. Vorbemerkung zu: → *Erkenntnistheorie!*)
Erst im Sinne eines „Arbeitsbegriffes" auf Grundstrukturen gebracht, um auf → analoge Phänomene bzw. Strukturen bezogen werden zu können, wird, etwa, der Empirismus zum Nominalismus. Erst insofern eignen dem Kantischen Ansatz, auch dem Hegelschen, nominalistische *Züge* usf. (im Widerspiel gegenläufiger Züge selbstverständlich!). –
v. lat. *nomen:* Name, Benennung.
Vgl. Kap. I. 1.2. (etwa: zur Subjektivität als „flatus vocis", als „Hauch der Stimme"; gerade in diesem subjektiven Aspekt: im Zusammenhang mit Erkenntnistheorie!).
Philosophiegeschichtliche Tradition: aspekthaft zurückgehend auf jene Kyniker und Stoiker, die sich gegen den platonischen Begriffsrealismus wendeten.
In der Frühscholastik insbes. durch Roscelinus vertreten. Als ein Hauptvertreter gilt Wilhelm v. Ockham (Occam) (vor 1300 - 1349/50).

Ontologie; ontologisch → auch *Metaphysik,* → *Logik*
v. griech. *on:* seiend und *logos:* u. a. Lehre, Geist.
Die Lehre vom → *Seienden.* Zugleich vom → *Sein,* als dem was wesentlich als → *Wesen,* zum Seienden gehört (allg. Seinsbedeutungen u. -bestimmungen).
Bei Aristoteles: Das Seiende als solches wird zugleich als höchstes Seiendes, das Göttliche betrachtet.
Auch diese (in eins: theologische) Tradition führt zu Hegel. Sie wird, vermittelt über → Nominalismus, rationalistische und empiristische, sowie → transzendentalphilosophische → Erkenntnistheorie (und Logik), vom ontologisch-*objektiven* Pol in *Idealismus* ent-wickelt.

Paraphrase
v. griech. *para:* neben, gegen und *phrasis:* Satz: Umschreibung, Kommentar. Etwa im Zusammenhang mit Exegese (der Bibel) entstand die Form des Zwischenzeilen-Kommentars (der „Interlinearversion").
In Zusammenhängen wie unseren: method. Bedingung zum Verstehen jener Texte, die ein Über-setzen (Humboldt) notwendig machen.

philologisch; Philologie → auch *Syntax,* → *Semantik*
v. griech. *phil(o):* (Wahrheits)freund und *logos:* u. a. Lehre, Geist, Wort.
Sprachwissenschaftlich-geschichtliche Vorgehensweise (auch in die Literaturwissenschaften reichend).
In Zusammenhängen wie unseren: Textarbeit, als möglichst genau gefaßte (→ auch mikrologisch[e]) Grundlage zum Verstehen.

Positivismus
v. lat. *positum:* das Gegebene.
Jene Position, die als wissenschaftlich einzig das Faktische (das factum brutum), als Gewißheit ansieht (→ Nominalismus, vgl. Empirismus); jenes Gesicherte, das zugleich widerspruchsfrei sein soll (→ Logik).

postulieren
v. lat. *postulo:* u. a. fordern, verlangen, wollen.
Ein Postulat aufstellen kann in Philosophie und Wissenschaft(en) zugleich heißen: annehmen (von Grundannahmen ausgehen).

scholastisch; Scholastik
v. lat. *schola:* Schule: u. a. Schulwissenschaft; Philosophie/Theologie.
Im abendländ. Mittelalter von den christl. Dogmen als Wahrheit(en) bestimmt.
Frühscholastik: 9. - 12. Jh. — Hochscholastik: 13. Jh., zugleich als Differenzierung von Philosophie und Theologie, insbes. durch Aufnahme der Aristotelischen Philosophie. Hauptvertreter: Albertus Magnus, Thomas v. Aquin(o), Duns Scotus.

Seiendes (z. B.: „Jetzt als ein —" bei Hegel) → *Metaphysik,* → *Ontologie*

Sein → *Metaphysik,* → *Ontologie*

Semantik
v. griech. *sema:* Zeichen: Wissenschaft von der Bedeutung (im Bezug auf: Texte, deren Wörter, Sätze [→Syntax]).

Subjekt → *Subjektivität, reflexive*

Subjektivität, reflexive
v. lat. *subiectum:* das Darunterliegende und *reflexio:* Zurückbeugung.
Neuzeit: Spätestens seit Descartes' ‚Ich denke': das Abstrahieren von der dem Ich (bei Descartes: „res cogitans") entgegengesetzten Außenwelt („res extensa"). Von diesem Theorem einer Einheit des Denkens (aber auch etwa: des Wollens) ist wesentlich die Philosophie der Nachfolger bestimmt, sei es abgrenzend.
Bei Hegel: Das Ich macht die Erfahrung seiner Identität zugleich als Erfahrung der Identität mit anderen (Ichen). Dies Ich ist, als durch Rationalismus und → Transzendentalphilosophie hindurchgegangenes, nicht nur empirisches Ich.

PhdG: vgl. etwa Vorr., a.a.O., S. 19 (zum Absoluten, Wahren als wesentlich *Subjekt*); vgl. ferner etwa bereits das oben kommentierte und interpretierte 1. Kap. zum Begriff des Ich.

synonym
v. griech. *syn-:* zusammen: bedeutungsähnliche bzw. -gleiche Wörter betreffend. Z. B.: reine Verstandesbegriffe und/ oder Kategorien bei Kant.
In Zusammenhängen wie unseren: Auch das Konfrontieren synonymer Begriffe kann die → dialektische → „Bewegung des Begriffs", der Begriffe herstellen.

Syntax
v. griech. *syntaxis:* Zusammenordnung, Wortfügung, Satzgefüge: Lehre vom Satzbau, von Verknüpfungsregeln.

System → auch *in nuce,* → *methodisch; Methode*
(philosopische -e; z. B. → dialektisches System)
v. griech. für: Zusammenstellung: eines Mannigfaltigen zu einem nach Prinzipien geordneten, gegliederten Ganzen.
Auch: Lehrgebäude.
Es ist darauf hinzuweisen, daß Hegel unter System das organische Ineinanderwachsen von Teilen versteht; ineinander wachsen können sie kraft eines Ganzen, das jedem Teil schon innewohnte.
(Entspr. sieht etwa die Enzyklopädie vergangene Systeme als Zweige — des dialektischen Systems).
PhdG: vgl. Vorr., a.a.O., S. 13 (zu: wiss. System und Wahrheit).

Transzendentalphilosophie; transzendentalphilosophisch
transzendent; transzendental
transzendent:
v. lat. *transcendo:* übersteigen.
Das Problem der Transzendenz bestimmt Philosophie spätestens seit Plato. Ihre Geschichte kristallisierte im wesentlichen drei (begriffl.) Verwendungsweisen heraus (die z. T. auf einander bezogen wurden):
1. den → Erfahrungs- bzw. Gegenstandsbereich übersteigend;
2. Erkennbarkeit (die Grenze des Bewußtseins) übersteigend;
3. übernatürlich (-weltlich, -wirklich).

transzendental:
In der → Scholastik noch → synonym mit transzendent (vgl. insbes. 1.).
Bei Kant: Er gibt dem Begriff eine spezifisch moderne Bedeutung.

Der Transzendentalphilosophie soll es um *Bedingungen* der *Möglichkeit* von Erfahrung gehen, um jene Bedingungen, welche Erfahrung (empirische Erkenntnis) allererst ermöglichen. Das, was alle mögliche Erfahrung, ihre „Schranken" „überfliegt", ist für Kant demgegenüber: transzendent (vgl. K. d. r. V., B 351f.)[1].

Im → deutschen Idealismus: Insbes. bei Schelling erhält Transzendentalphilosophie durchaus auch jene spekulativ-metaphysische Bedeutung, gegen die Kant sich auch gewendet hatte: die Bedeutung reinen → Denkens bzw. reiner Vernunft.

Hegel versucht, auch jene Positionen mit einander zu vermitteln (etwa: Kant und Schelling). Spekulation erhält ihre spezifische Wendung zur → „Dialektik".

‚Verdopplung'; ‚verdoppeln'
In Zusammenhängen wie unseren: wird der Begriff auch gleichbedeutend mit „Tautologie" verwendet (vgl. unser Beispiel zu → Abstraktion, [philosophierende] in der Antike, bei Aristoteles!). Hegel will dieses Prinzip der Verdopplung zu einem reflektierten machen, in dem sich der Geist selber reflektiert. −

Bloße ‚Verdopplung' kann etwa auch: bloße ‚Widerspiegelung' meinen, bloße Abbildung. Insofern wird der Begriff auch im Zentrum von *ideologie*kritischen Argumentationen angetroffen.

‚vordialektische Trennung' → *Dialektik; dialektisch*

vorreflexive Begriffe → auch *Subjektivität, reflexive*
Im Gegensatz zu Reflexionsbegriffen, etwa im Sinne Kants: zu jenen Begriffen, die bei der Betrachtung eines bereits Erkannten entstehen. Z. B.: Inneres/Äußeres. Für Hegel sind freilich auch *vor*reflexive Begriffe nur *vor-läufig vor* der Reflexion; in Wahrheit von Anfang an auf sie verwiesen. (Z. B.: „reiner Dieser" und „reines Dieses" befinden sich so, auch im Wortsinne gesprochen, *vor* dem Ich, der Reflexion; in einem mehrfachen Sinne!).

Wahrheit → *Metaphysik*
PhdG: vgl. etwa Vorr., a.a.O., S. 13 (zu Wahrheit u. wiss. → System).

Wesen → *Abstraktion, (philosophierende)*, → *Metaphysik*, → *Ontologie*

---

1 Insofern wird oben (Kap. I. 1.3.) das Ding an sich eher transzendent genannt. − Vgl. aber etwa B 236. − Gerade die Konzeption eines Ding an sich ist bei Kant insgesamt durchaus uneinheitlich: wie Hegel in einigem sah. −